共生关系

成功的本土商人要有成熟的本土智慧

邓荣栋 著

当代中国出版社
Contemporary China Publishing House

图书在版编目（CIP）数据

共生关系 / 邓荣栋著 .— 北京：当代中国出版社，2013.11

ISBN 978-7-5154-0374-8

Ⅰ . ①共… Ⅱ . ①邓… Ⅲ . ①长篇小说—中国—当代

Ⅳ . ① I247.5

中国版本图书馆 CIP 数据核字（2013）第 275790 号

出 版 人：周五一
选题策划：晋璧东
责任编辑：杨佳凝
监　　制：于向勇 康 慨
特约策划：赵 辉
封面设计：吕彦秋
版式设计：崔振江
出版发行：当代中国出版社
地　　址：北京市地安门西大街旌勇里 8 号
网　　址：http://www.ddzg.net 邮箱：ddzgcbs@sina.com
邮政编码：100009
印　　刷：北京鹏润伟业印刷有限公司
开　　本：787mm × 1092mm 1/16
印　　张：16.5
版　　次：2014 年 1 月第 1 版
印　　次：2014 年 1 月第 1 次印刷
定　　价：35.00 元

目录
Contents

第一章 共生关系

能力大小不重要，重要的是将事情做得圆融通透，滴水不漏

到底是什么事呢？已经快到年底了，韩旭光却被一个离奇的电话搅乱了往日的平静。他在办公室里踱来踱去，思考着事情的来龙去脉。

电话是西江省委周秘书打来的。韩旭光虽然是西江省文化局的副局长，职位上属于副厅级，但文化局着实算不上一个好衙门，电视行业划给了广电局，出版行业划给了新闻出版局，像韩旭光这样的副厅级干部，仅仅是个名头而已。他大学时候的那种豪情壮志、为国为民的情操，早已在文化局被打磨得消失殆尽。此刻，他唯一想的是能够在文化局副局长的位置上了此残生，尽管这一年韩旭光才四十来岁，并不老。

由于文化局是一个并不受待见的部门，所以省委给这个部门打电话一般是例行公事，开一些群体性的会议，基本上也就是充个数。当接到周秘书电话的时候，韩旭光懒洋洋地拿起了话筒，“嗯”了一声。这种“嗯”是对生活最无力的抗诉。“是韩局长吗？”对方问道。“是的。”韩旭光继续懒洋洋地回答。“哦，省委谭省长请您明天来省委一趟。”韩旭光突然心中一亮，谭省长，难道是谭鹏飞？省委里也就这一个省长姓谭。其实谭鹏飞是主管省里经济事务的常务副省长，但显然周秘书不能说谭副省长叫你。

就如尽管韩旭光还是个副局长，周秘书询问的时候依然称韩局长，就高不就低，“副”字省略是中国人称呼的常用习惯。“是谭省长吗？”韩旭光重复了一遍，显然韩旭光并不太相信自己的耳朵。“是的，是谭省长，让您明天八点半到省委大院去找他。”这个肯定的回答打消了韩旭光心中的疑虑，他似有似无地“嗯”了一声，听到电话筒中出现嘟嘟的声音，才缓缓地挂掉了电话。

显然，这种后于周秘书挂电话的方式并不是出自礼貌。韩旭光虽然是副局长，比周秘书那个处级干部要高出半级，理应韩旭光先挂掉电话，然而人穷人欺，韩旭光这个副厅级在周秘书的眼中，似乎只是一个副处。其实，韩旭光一直看不起周秘书那种趾高气扬的派头，有什么牛气的，不就是谭鹏飞身边的一条哈巴狗吗？所以，每次通知韩旭光开会，韩旭光总是一种冷冷淡淡的态度，还没等周秘书讲完，便啪的一声挂掉电话。然而今日他没这样做，他显然陷入了沉思，谭鹏飞一个管经济的副省长，找自己这个文化局长有何公干？

韩旭光放下电话后便在办公室踱来踱去，上午，还是八点半，看来问题不小。以韩旭光浸淫官场十多年的经验，他知道，我们国家有一种不成文的规矩，但凡官员上午处理的事务，往往与政治公干有关；下午处理的事务，一般与经济事务有关；晚上的事务则是各种宴请、文化交流。上午八点半，这让韩旭光不寒而栗，难道我出事了？

一种不祥的预感捶打着韩旭光的心脏，让他感觉心烦意乱。谭鹏飞是一个管经济的副省长，自己出事了应该由纪委调查，况且这文化局是响当当的清水衙门，能出什么事呢？难道需要研究文化事务？显然也不对，省委常委会下设有主管宣传的常委，可宣传部长并未找自己，谭鹏飞一个主管经济的常务副省长怎么却找了自己？难道是升职或者贬职？这也好像说不过去，升职贬职都是组织部的工作。贬职似乎并不可能，自己没有犯下错误，中国仕途有无错不贬的成例。至于升职这种好事，恐怕也落不到自己头上。韩旭光在常委会没有亲戚与朋友，升官的好事怎么可能落到他身上呢？更何况，倘若真要升职的话，在几天前，自己的电话便已被打爆了。我们国家的官员任免机制是常委会的任免制，不是西方的选举制，在任免以前无须预测，板上钉钉，趋炎附势之徒必然会提前道贺，以便示好。可是在此之前，韩旭光的电话安静得出奇，以至于韩旭光始终怀疑电话是不是坏掉了。

本来刚才周秘书来电的时候，只要韩旭光稍作垂询，便可探知其详。然而韩旭光不能这么做。即便韩旭光与周秘书好似哥们儿，在正儿八经的电话里面，周秘书即便心知肚明，也不会透露分毫。他是谭鹏飞的秘书，怎么可能将领导的意思示之于人？至少在仕途上，当官最重要的不是管住自己的手，而是管住自己的嘴与脚，不要说错话，不要站错队。当然，韩旭光也不会自讨没趣，让对方笑话，让自己难堪。为官多年，韩旭光已经参透了为官的法则，能力大小不重要，重要的是将事情做得圆融通透，滴水不漏。

如果是常人，可能会懵懵懂懂，不去思考，不就是省委找嘛，去了不就知道了？但是仕途并非如此，揣摩出领导的想法相当重要，如果是好事，该如何应对；如果是坏事，在成为既成事实之前能不能活动公关，解决于未然——很多领导其实并不想立即拉你下水，往往会留出足够时间让你活动。尽管这些将官员们累得苦不堪言，然而一代又一代的官员又乐此不疲，因为当官意味着地位，意味着权力。更为可怕的是，当官是一条不归路，只能往上爬，一旦跌倒就将万劫不复，曾经积累的矛盾便都一齐爆发，即便已经踢倒了你也会再补上一脚。

韩旭光点的那支烟已经燃尽了，冬日的西江天黑得比较早，转眼间下午都已经过去，天暗了下来，直到烟蒂的火星像针一样刺痛了韩旭光的神经，他才恍然发觉，此时已经下班了。

韩旭光开着自己那辆破旧的北京吉普，懵懵懂懂地走在回家的路上。平时，韩旭光沿着这条道路走的时候都会心烦不堪，因为街边停满了私家车，两边的公路被挤占了三分之一，堵得让人心烦意乱。然而今日的韩旭光忽然立地成佛，居然毫无抱怨，不仅没有随口吐出几个脏字，而且还悠然自得，他还在考虑明天属于他的命运。

第二天早晨，韩旭光来到省委大院的时候，刚刚七点半。

西江省因地处长江之西而得名，全省多山，西江省的省委大院就坐落在一个虎口似的山坳里。两边山麓挺拔，虎口矗立着一座类似美国白宫的建筑，很是威严。曾几何时，韩旭光每回从附近经过，都会有意无意绕道于此，除了欣赏它的伟岸以外，他还希冀着自己有一天能够在此工作，后来年届三十，又被调到文化局，这个心思也就淡了。倘若落在别的部门，即便不能在政治上给自己捞到地位，也可以大展拳脚给自己捞利，然而韩旭光偏偏被分配到了清汤寡水的文化局，捞利的希望就此破灭，他只能读书看报，苦等退休了。

冬日的西江还有点儿冷，北风呼呼地刮着。韩旭光将他的那辆北京吉普停到了省委大院的停车场，看见省委大院的门还没有打开，便站在门口等。他从口袋中摸出一包黄鹤楼香烟来，拿出打火机点火，点了半天，这支黄鹤楼犹如韩旭光一样成了霜打的茄子，怎么也点不燃。韩旭光这才想起来，这包烟是三个月以前，底下一个县里的旅游局长来找自己办批文，在饭桌上给的，他没舍得抽，结果回家的路上，本来阳光灿烂的天空忽然风雨大作，他全身都淋了个透。因为在文化局被人请客是个稀罕事，他便将这包烟给留了下来。

韩旭光沿着省委大院门口的那条大路往前走，不远处便有家烟酒专卖店。他摸摸口袋，准备买一包红金龙，可是转念一想，进了省委大院，保不住会碰到熟人，便咬咬牙买了一包红黄鹤楼。他看到烟酒店旁边有家早点铺，犹疑再三，终究还是走进了这家早点铺。其实韩旭光没有吃早饭的习惯，老婆在家没有工作，而且还有先天性心脏病，自己工资不高，又没有外块，能省就省。但是，今天这个早饭非吃不可，尽管知道这个早点铺价格定然不菲。这顿早饭必须得吃的原因，其一是韩旭光这么早出现在谭鹏飞面前，谭鹏飞定然会询问他是否吃过早饭，韩旭光也只能回答吃过，倘若谭鹏飞喋喋不休地说一个上午，自己饥肠辘辘必然难受，倘若控制不住的肚子发出咕咕的响声，让谭鹏飞怎么看？其二是能够在省委大院旁边开早点铺的恐不是等闲之辈，大家心知肚明，所以哪怕别处便宜，也会拐弯抹角地走到这个地方来吃早点。于是，省委大院旁边的饭店或者早点铺自然成了各种信息的交流地，韩旭光想听听有没有关于自己的。

韩旭光喜欢西江省的一种小食，后来他走南闯北，发现有这种小食的地方仅有西江一处。这种小食的制作方法其实甚为简单，将筋道的面条放在滚水中略微一烫，然后用漏勺舀起，放在凉水中过一道水，之后再将过水的面条置于大碗中，淋上一种特制的芝麻酱，立即飘出一种特有的香味。其实，韩旭光上大学的时候感觉这种面条有点涩，难以下咽，后来也便入乡随俗，逐渐喜欢起来。

在这个早点铺上，韩旭光听到了很多消息：某某人跟某某人是一伙；某某人马上就要高升，需要立即给其道贺；某某人马上就会出事，正被纪委监视于郊区的平房中，已经在交代问题，需要立即与其划清界限。中国时常将这种权谋当成政治，一代代人在这上面耗尽精力，乐此不疲。不过让韩旭光失望的是，自己并不是别人谈论的对象，恐怕是自己身份低微，别人谈论的好像都是厅级以上干部的事。

尽管如此，至少就韩旭光在这家小小早点铺里听到的谈论来看，他不必过度担心了。倘若自己遇到的真是坏事，恐怕早已在这里被传得沸沸扬扬了。哪怕传话的人并不认识他，中国人飞短流长的本事，韩旭光再清楚不过。当然，捡到金元宝的想法也基本可以打消了。如果真是天大的好事，这里也肯定会有所反应，自己已经是副厅级，往上升半级便将是厅级，谁不愿意凑过去攀个高枝？

韩旭光抱着轻松的心情结了账，果不其然，一碗简单的面条，外面仅仅两元钱，这里居然十元。韩旭光虽然微笑着付了钱，但出来之后便骂骂咧咧，当面说你不成，背着你骂也不成？他在骂骂咧咧中走到了省委大院的门口，一名武警拦住了他的去路。韩旭光很少来省委大院，几次来也是开那种大会，一群人一群人地来。好在他带着工作证，在口袋中摸了半天才找了出来，颤颤巍巍地交给了武警。

省委大院的门口有一对铜狮子，口中各含着一颗珠子。韩旭光记得，前几年这对狮子还是石头的，去年才变成了黄铜的。他先前并没有搞清楚为什么要由石头的改成黄铜的，后来才知道，省长吴天佑五行属水，金能生水，土则克之。韩旭光知晓后，便恶补周易知识。混迹仕途，你可以不相信所谓的周易八卦，然而完全不懂将是一件十分危险的事情，因为有很多人都将个人仕途寄希望于周易八卦、星象风水而始终不渝。韩旭光就清楚地记得，去年开办公会议的时候——是由吴天佑主持的一个圆桌会议——吴天佑的座位被安排在了东方。吴天佑一来到会场便阴沉沉的，之后组织那场会议的秘书不仅丢官弃职，而且无缘无故地被劳教了半年。原来东方属木，水生木，泄了吴天佑的官运。看来，仕途上真是防不胜防啊！

韩旭光匆匆地走进了省委大楼，他在接待员后面那面巨大的接待牌上看到，省委大楼总共高六层，书记与省长居第五层，谭鹏飞居第四层，顶层是会议室。韩旭光便开始琢磨，周易以九五为尊，亢龙有悔，高尊下卑，书记、省长自己选在了五层，之上又不想有人挡住其官运，自然就成了会议室，那么，副省长谭鹏飞当然只能屈居四层了。

谭鹏飞与周秘书的办公室均在省委大楼的第四层。

周秘书三十来岁，做秘书已经三年了，尽管他目前还是处级，但即便是厅级干部，也会给他几分薄面。

在改革开放的头几年，找小领导便是找司机，找大领导则先找警卫，因为司机、警卫与领导关系亲密，有的司机与警卫背着领导捞到了不少好处。但司机与警卫有着天生的弱点，他们文化水平普遍不高，不仅不能在政治斗争中给领导充当幕僚，而且在偷腥之后往往难以善后，给领导带来无尽的麻烦。特别是后来，中央规定，但凡领导上任，不准带任何人员随其上任，这样不仅斩断了地方大员与亲密人员之间的利益链条，还顺应了政治趋势。但是这种安排又带来新的麻烦，地方势力往往勾结在一起，形成或明或暗的权力中心，与新任领导抗衡，使得新任领导的工作难以开展。所以，新任领导便会笼络精干的秘书与地方中不受地方势力重视的有能力的大员，开展各种各样的夺权斗争。秘书便成为新任领导与精干大员之间的纽带，一天比一天重要。

政治家与百姓考虑的往往并不一致，百姓考虑的是官清如水，而官员考虑的首要问题便是国家政权。重要的是维持一种权力的制约与平衡，没有这种制约与平衡，整个国家政权便会乱套，便会政令不通，受苦的依然是百姓。当地方势力与新任领导形成对峙的时候，上级有时也乐见其成；而当某一方逐渐形成压倒性优势的时候，便会运用人事调离等手段对这一方进行蓄意打压，上可以通过人事调动调整倾斜的权力天平，下可以用赢得阵阵掌声，给百姓以期望与鼓励，又何乐而不为呢？

因此，周秘书是一个至关重要的角色，这一点韩旭光相当清楚。他站在电梯口的时候看了一下表，此时正是八点二十八分。其实，他在早点铺吃饭的时候，就已经瞥见谭鹏飞的那辆奥迪进了停车场，此时估摸着谭鹏飞已经进入了办公室。韩旭光琢磨着，应该迟到个一分钟两分钟的，不能早到，亦不能迟到太久。早到可能领导有事而匆忙应付自己，准时到太过做作。迟到个一两分钟，不仅可以衬托出领导的准时，而且还可以让领导有一种批评下属的优越感，当然不能迟到太久，迟到太久则是工作态度不好，表现轻慢。

所以，此时此刻，韩旭光走进了电梯。当韩旭光跨出电梯门的时候，在拐角处瞥见了谭鹏飞的办公室，是电梯口旁边的第二间。电梯口旁边的第一间门虚掩着，尽管上面没有门牌，但他思忖着可能是周秘书的办公室，虚掩着的门已经泄露了其中的秘密。秘书的门虚掩着不仅能够使其看到去找谭鹏飞的每一个人，不至于误事，亦可以装作糊涂，对来人假装没有看见，省去迎来送往的麻烦。当然，有些没趣的人遇到这种情况往往在门口假咳嗽一声，让里面的秘书出门迎接。尽管韩旭光比周秘书高了半级，然而他并没有在门口咳嗽一声，而是径直走进了周秘书的办公室。韩旭光瞥见，周秘书正趴在桌上玩着报纸上的有奖填字游戏。

其实，在前往周秘书办公室那短短的距离中，韩旭光就在考虑该如何称呼周秘书。虽然周秘书年龄比自己小，级别比自己低，自己可以亲切地喊他小周，但小周是谭鹏飞的叫法，岂是自己能叫的？话到嘴边便强咽了下去，带着笑脸道："周秘书，忙着咧！"此时，周秘书显然是慌乱的，连忙将报纸翻过来，惊慌中站起来，伸出右手一边与韩旭光握手一边说道："韩局长，这么准时地到了，刚才谭省长还念叨着您呢！""哪里哪里。"韩旭光微笑地答道。

韩旭光马上注意到，这周秘书在握手上也含有深意。虽然韩旭光级别比他要高，但是自己来到此地显然是个客人，所以在看周秘书的时候并没有主动将手伸过去。反而是周秘书特别机灵，站起来之后微笑着，微弓着身子，将手伸出，轻轻地握了一下便已然松开。"谭省长在那边等着，今天还有几个会，我们先过去吧！”周秘书说道。韩旭光显然知道谭鹏飞也许并不是在有意等他，今天也未必有会，却面带惶恐的表情对周秘书说道：“是吗？那别耽搁首长的时间了，请周秘书带个路！”

就这样，周秘书走在前面，韩旭光在后面紧跟着，出了办公室的门。周秘书并没有随手将门带上，只是不停地伸出左手表现出让韩旭光在前面走的意思。韩旭光推托着，并一直尾随着周秘书来到了谭鹏飞的办公室门口。办公室的门紧闭着，周秘书便在门上轻叩三声，只听里面叫了一声“请进”，周秘书脸上立即绽放出花一样的笑容，轻手轻脚地打开了办公室的门，原来办公室的门并没有真锁。“谭省长，韩局长来了。”周秘书微弓着身子轻轻地说。谭鹏飞轻轻地“嗯”了一声，头也没抬。周秘书便将韩旭光领到了靠墙的一圈沙发上让他坐下，然后他拿出一只茶杯、一只纸杯，在饮水机旁边找了一点儿茶叶，给谭鹏飞倒了半杯茶，又将纸杯中的茶水恭敬地递给了韩旭光，便轻手轻脚地出去了，出去的时候，还随手将门轻轻地带上了。

此时，韩旭光有种坐卧不安的感觉，他呆呆地望着面前的这半杯茶。

中国人有个习惯，茶是不能倒满的，显然这个周秘书做事心细如丝。更让韩旭光感觉到周秘书做事滴水不漏的是，在旁边办公室的时候，周秘书并没有倒茶的意思，然而在谭鹏飞面前，他显得勤勤恳恳，尽职尽责，毫无半点的倨傲之感。韩旭光想，这真是个老手。

韩旭光怯怯地瞥了一眼谭鹏飞。谭鹏飞五十多岁，染得油亮的头发向后梳着，有一种毛主席的风度。他正戴着老花镜，不停地在一份文件上涂涂抹抹。此时，韩旭光最为难的是该如何称呼谭鹏飞，喊他省长略显生硬，喊他老谭显然是不行的，思来想去，还是喊他领导吧，电视上就是这么喊的。这种叫法不仅亲切，而且不失他的尊严。

在韩旭光的印象中，他没有哪一次见领导的时候，领导不是忙着批阅文件的。后来领悟到，这种举动背后其实也潜藏着一种谋略，不仅能够让谒见者感到领导的勤政与繁忙，而且还能让谒见者一进门便失去了主张。因为这种沉默往往是令人窒息的，自然让谒见者在气势上输了一大截，正如《韩非子》所说“明君无为于上，群臣竦惧乎下”。望着正在桌上涂涂改改的谭鹏飞，韩旭光心中开始七上八下，六神无主。

好不容易熬了大约五分钟，谭鹏飞收了文件，取下了眼镜，望了一眼韩旭光。韩旭光哪敢看他，只是盯着面前的那杯茶，感觉喝也不是，不喝也不是。“小韩啊，坐那么远干嘛！”谭鹏飞指着面前的那把皮椅子说道。韩旭光虽然是个副厅级干部，但还是第一次坐在一个副省长的身边。他的大脑飞快地运转，这椅子到底该怎么坐呢？我是应该一屁股全搭到椅子上，还是搭上去一半，或者搭上去三分之一？全搭上是领导对下级的坐法，这样显得等闲视之，气场十足；搭上去三分之一，身体便会自然向前倾斜，那是下级的坐法，这样坐着显得人微言轻，洗耳恭听；韩旭光既不是谭鹏飞的领导，亦不是其直接的下属，思来想去，他选择了搭上一半屁股，双脚踏地坐下了。谭鹏飞从旁边烟盒中拿出了一支烟，并将烟盒甩到了韩旭光的面前，让韩旭光来一支。韩旭光哪里敢，便以自己不会抽烟而谢绝了。当谭鹏飞将那支烟叼在嘴上，韩旭光弓身站起，本来他想拿出自己的打火机，后来寻思既然自己不抽烟，那么还带个打火机干嘛？便娴熟地拿起了谭鹏飞桌上的一个打火机，恭恭敬敬地打燃了火，给谭鹏飞点上了。

“这次找你来呢，主要是组织上决定让你去做昊天集团的总经理。”谭鹏飞将烟放在面前的烟灰缸中抖抖烟灰，又随手拿起身边的茶杯，呷了一口茶，平淡地说。“感谢组织上对我的栽培。可是我一直都是从事文化工作，没有管理企业的经验，怕辜负了组织上对我的期望。”韩旭光回答道。韩旭光是管理学硕士毕业，后来稀里糊涂地被分配到了文化局，即便如此，倘若真让他去管一家大型国有企业，他还真有些顾虑。“你的这个问题，组织上不是没有顾虑。我说，小韩是管理专业毕业的，让他担任昊天集团的总经理，也是才堪其用嘛。况且毛主席他老人家都常说，要在战争中学习战争，我们也可以从管理中学习管理嘛！”话到此处，韩旭光显然不可能再推托，显然组织上已经决定了。虽然国企算不上什么多好的单位，但比起他的那个文化局来，还是好了不少。他只好鼓起勇气说道：“谢谢领导的栽培。”本来他想说谢谢组织栽培的，话到嘴边又改了口，所谓谢谢领导栽培，自然是谢谢你谭鹏飞嘛。听到韩旭光如此说，谭鹏飞会意一笑，撩开袖口看了看手表，然后匆匆地站了起来，伸出右手笑道：“旭光同志，你可要好好干哦，我可是在党委作了保的。”

谭鹏飞站起来握手，鼓励只是其中一个意思，另一个意思便是逐客了。明清时代，官员在逐客的时候便端起一碗茶来佯做喝茶。现代官场已经不讲喝茶了，当领导站起来与人主动握手的时候，便有了逐客之意。韩旭光显然深知其中三昧，他一边握手一边对谭鹏飞说道：“我还要回去安排一下，那就不再叨扰了，领导您忙吧！”说完便准备转身往外走。谭鹏飞从办公桌后面绕出来，拍着韩旭光的肩膀，半是鼓励半是虚情地留韩旭光吃中饭，韩旭光执意要走，他便不留了。

虽然谭鹏飞并不强留，但他特意叫来周秘书，让周秘书将其送到省委大院门口。周秘书笑着答应了，与韩旭光一齐从谭鹏飞的办公室里走出来。走到电梯口，韩旭光便硬不让周秘书继续再送，说自己还要找其他领导，两人心照不宣，周秘书便不强行相送，握手告别。

此时萦绕在韩旭光心头的问题是，到底是谁举荐了自己。看谭鹏飞对自己的样子，他举荐自己的可能性应该不大。倘若是他举荐了自己，在进门的时候，周秘书对待他的态度便不会不冷不热，秘书属于领导的幕僚，心中岂能不知？退一万步讲，即便谭鹏飞对周秘书保密了，那么在韩旭光走进办公室，周秘书离开之后，谭鹏飞定然也会热情迎接，不会伏案于上，签署文件，不说称兄道弟，也肯定会显得很热情。但是谭鹏飞显然没有，而且从他的神情中透露出了对这项任命的不乐意。他对昊天集团总经理的工作细节根本就没有对自己提及丝毫，好像谭鹏飞已经认定，自己的这个总经理压根儿就干不了几天。

既然谭鹏飞不愿意自己到昊天集团，自己偏偏又被任命到了昊天集团，而且还当了总经理，那么保荐自己的人肯定就比谭鹏飞要大了，是省长吴天佑，还是书记周文博？正当韩旭光迟疑深思的时候，电话铃响了。电话是昊天集团的副总经理赵辰逸打来的："韩总，您什么时候来上班啊？我们好安排迎接！""实在是不敢当，我明天下午四点就能到，迎接就算了吧！"韩旭光在电话中说道。韩旭光本来还想说，自己只是组织上派下去历练一下的，那样在被突然撤换之后还能找回点儿颜面，然而转念一想，如此一说，自己到昊天集团之后的工作将会无法开展，便又将话咽了回去。韩旭光与赵辰逸闲聊了几句，听到又有电话打进来，韩旭光表示歉意后便匆匆先把电话给挂掉了。

电话是陈凌薇打来的，而在韩旭光的电话簿上，显示的却是老王。陈凌薇是省文工团的一名话剧演员，三十出头。由于文工团是文化局的直属单位，韩旭光便认识了她。这个陈凌薇不仅人长得漂亮，话剧也演得活灵活现，喜剧令人捧腹大笑，悲剧令人潸然泪下，而且为人处世圆融通透，上知天文下知地理，常常能帮人处理棘手的问题。

第二章 共生关系

她们恨不得立即将那个第三者抓出来，吃其肉，饮其血。即便不能如此，也会自然想到去其单位大吵大闹，甚至扭打成一团

陈凌薇其实已经结婚，丈夫以前亦是省文工团的演员，后来到底下的一个市去当了市文工团的团长，很少回省城。陈凌薇便在省城里的官场上招蜂引蝶，利用各种表演的机会接近省里领导，并且从中得到了不少好处。她的丈夫本来怒不可遏，但想到与妻子暧昧的都是领导，比他不知高了多少级，他也只能不闻不问，任其胡来。他甚至认为，将自己下放到底下的市去任文工团团长，是某些领导的刻意安排，但他毫无办法，毕竟人在仕途身不由己嘛！

韩旭光是在上一年元旦汇报演出的时候遇到陈凌薇的，那是周书记来到西江省的第一年。元旦的时候，周书记会出现在元旦汇报演出的晚会上，所以省委非常重视，特意让韩旭光这个文化局副局长亲自督促。韩旭光一看领导如此重视，元旦文艺汇演排练又非常紧张，便住在文工团周围的一家宾馆里，这样便可以排练至深夜，匆忙赶工了。

韩旭光爱好文学，曾经也编过几个剧目。陈凌薇便借口找他指导，无时无刻不在亲近韩旭光。这种眉目传情、顾盼生姿，哪个男人能够把持得住？当然，韩旭光已有了家室。他的老婆是刘欣雨，俩人是在大学里相识的，本

是同乡，相濡以沫。美中不足的是，刘欣雨不幸患有先天性心脏病，由于这个缘故，韩旭光与刘欣雨不仅没有孩子，而且连巫山云雨亦是寥寥。这样一来，一来二去之下，韩旭光开始对陈凌薇的种种媚态胡思乱想了，特别是她婀娜的身姿。

那是元旦前的一个夜晚，天空飘了雪，西江省城银装素裹，煞是好看。由于连续排练，韩旭光便让文工团的演员早点回家休息，他在街上遛达了一会儿，突然遇到了陈凌薇。陈凌薇正拿着剧本，满大街地找他呢！尽管韩旭光知道孤男寡女共处一室会引来闲话，但也不能让陈凌薇站在大街上受冻啊。此刻剧场又已经关门，迫不得已，只能与陈凌薇走进自已住的宾馆。一进门，一股暖气飘了过来。陈凌薇脱掉外面的长风衣，穿着刚才在舞台上穿的那件绿衫，韩旭光不觉地已经完全呆住了。

尽管韩旭光对陈凌薇的事情已经略有耳闻，然而秀色可餐，不由觉得下面胀得疼痛，但是他马上镇定下来，与陈凌薇坐在靠墙角的沙发上。他让陈凌薇坐在对面，然而陈凌薇不坐。他给陈凌薇讲剧本的内容，陈凌薇弯下腰来听，一股沁人的芳香扑面而来。

这不是香水，而是陈凌薇的体香，韩旭光马上分辨出来，他已然不能自持，哪知道陈凌薇却借故贴了过来，一对大奶子犹如一对正在腾空而起的乳鸽，在韩旭光的背后跳动。韩旭光哪里有过这种温存，他的老婆显然没有这种大奶子，他已经被压得好像不能喘息了。韩旭光正调整心态，陈凌薇的红唇已经凑了过来，贴住了他的唇。

此时的韩旭光已经不能自拔，他右手轻轻一拢，陈凌薇便由弯腰站在他的身旁而扑倒在他的怀中，他便放肆地用手揉着那对大奶子，并且将舌头伸到了陈凌薇的嘴里，勾住了她的舌头。陈凌薇并没有反抗，而是犹如一只兔子一样任由韩旭光摩挲。陈凌薇的身体让韩旭光感觉到了一种快意与酥软，他就恍如楚襄王到了巫山，人情练达的陈凌薇配合着韩旭光的努力而轻轻地喘息着，让其欲罢不能。

韩旭光显然已经堕入了这个女人布下的情色陷阱。尽管在床上的时候陈凌薇温顺得像一只小白兔，然而下了床之后却凶猛得像一头狼，这头狼正在吞噬着韩旭光的廉洁与操守。尽管韩旭光已经感觉到了陈凌薇的可怕，但是陈凌薇诱人的身体，让他不得不屈服。

韩旭光怕妻子发觉，便在手机上将陈凌薇存为了老王。尽管有些暧昧的短信，但韩旭光看完后便立即删除，事情做得滴水不漏。他自信妻子对自己的行径毫不知晓，亦无法发现。就这样，韩旭光与陈凌薇保持着暧昧的关系，三天两头便来到宾馆。

事情一直到了这一年的十月，韩旭光生日的那一天，已经好多年没有给他过生日的妻子给了他一个惊喜。那一晚的饭菜真是丰盛，全部是韩旭光爱吃的，有葱烧武昌鱼，有湖南小炒肉，有墨鱼汤，还有六只阳澄湖的大闸蟹。因为韩旭光家中并不富裕，如此奢侈的饭菜让他大感意外。韩旭光高兴之余便拿出了珍藏几年的一瓶红酒，劝刘欣雨也喝了小半杯。然而不巧的是，刘欣雨突然心脏病发作。

韩旭光发疯似地抱着刘欣雨就往楼下跑，就好像他在大学里经常抱着刘欣雨进医院一样。那时候，韩旭光是多么希望刘欣雨能够在炎热的夏天突然晕倒，他好抱着这个瘦弱而柔软的身体冲进校医院。尽管有些邪恶，但韩旭光就是想。韩旭光无法忘记那一次，刘欣雨进了校医院，当他赶到的时候已经转到了省医院。韩旭光发疯似地跑到省医院，呆呆地望着手术室的门坐了六个小时，答应刘欣雨不管她将来会怎么样，自己一定都会娶她。这一切虽然已经过了十多年，但一切又清清楚楚地呈现在了眼前。十年来，他与刘欣雨伉俪情深。他们旅游，他们逛街。韩旭光曾经背着刘欣雨爬上了华山的顶峰，刘欣雨轻拭其额头上豆大的汗珠，他们在山顶的那个小亭子里面买了一盒冰激凌，刘欣雨并不让他动手，而是一口口地喂他吃。

此时此刻，如果刘欣雨真的逝去，自己这肮脏的灵魂还配在她的坟前默默祈祷吗？自己还有颜面面对刘欣雨年迈的父母吗？当年他们可是见证了韩旭光至死不渝的保证。尽管时隔十多年，韩旭光依然回想起十几年前他坐在手术室前的那六个小时，不过今日的他并不坦然。

还好没事，虚惊一场。尽管刘欣雨被推进了手术室，她却突然清醒，又被推了出来。韩旭光扑了上去，擦干脸上的泪水。自此以后，韩旭光便再也没有给那个老王的号码发过一个短信，也未曾打过一个电话。他重新做回了那个完美的好男人，过回了平平淡淡的生活。

尽管韩旭光将陈凌薇的电话号码存为了老王，而且每次进门之前也将痕迹处理得干干净净，然而毕竟没有不透风的墙，在韩旭光与陈凌薇交往一个月之后，刘欣雨还是极其敏锐地发现了他的秘密。

刘欣雨的精明之处在于，虽然她对丈夫的所作所为时常不闻不问，仅仅在生活上将其伺候得舒舒服服，然而在韩旭光无法察觉的地方，她或明或暗地钳制着韩旭光。刘欣雨身体有病，没有工作，除了在家拾掇家务，唯一的爱好便是打麻将。每逢过年过节，文化局的大姐大婶们便到韩旭光家里拜年，夜晚没事便邀刘欣雨一起打麻将。

刘欣雨每次与这群大姐大婶打麻将都故意输个一星半点儿的，加上她为人低调，身体上的病症又能博得人们天生的同情，所以文化局工作的那些大姐大婶总是有事没事喊她搓麻将，顺便也拉拉家常。

就是这样，尽管没有刻意对韩旭光进行监视，其实韩旭光的一举一动均在她的掌握之中。在韩旭光出轨一个月后，老家托人给刘欣雨送来一筐橘子，刘欣雨一家两人也确实吃不完，她便给李大婶送了一些过去。当刘欣雨送完橘子告辞出来的时候，李大婶欲言又止、满脸严肃地特意叮嘱刘欣雨多关心下老韩。尽管李大婶说得十分含蓄，但是精明的刘欣雨在短时间内便明白了其中的真正含义，然后她微笑着与李大婶告别。等李大婶关上门，她顿时六神无主，她都不知道是怎么走下那六层楼的，头脑中空荡荡的。尽管她早有预感，因为自己没有孩子，总有一天韩旭光会在外面拈花惹草，然而没有想到的是，一切来得这么快，来得这么突兀。想到当年与韩旭光一幕幕的深情，眼泪便不自觉地从她的眼中溢了出来，任旁边的汽车穿梭、喇叭轰鸣，甚至是别人骂她找死，她都没有回应。

毕竟，这种事情发生在哪个女人身上，都立即能将她从天堂打入地狱，何况她对韩旭光爱得疯狂。她是谁？第一个念想闪入了刘欣雨已经混乱的神经。是的，这是一个正常女人遭遇这种事情之后首先考虑的事情，她们恨不得立即将那个第三者抓出来，吃其肉，饮其血。即便不能如此，也会自然想到去其单位大吵大闹，甚至扭打成一团。然而这是一个最笨的女人才做的事情，刘欣雨望着滔滔的江水，马上打消了这种想法。如果去第三者的单位大吵大闹，不仅自己会失去颜面，韩旭光也会颜面尽失。韩旭光还能回到这个家庭，还能以温馨的目光对待她吗？不能。这会让韩旭光的事业受到挫折，会让韩旭光的人际关系立即紧张起来。如果说在出轨时，韩旭光还有丝歉疚感的话，也会因为刘欣雨的大吵大闹而消失殆尽，他会觉得摊上这样一个老婆，自己的出轨反倒理所当然。相反，那个第三者既然甘愿成为第三者，就已经将名节看得并不重要了，哪个清白女子愿意破坏别人一段美满的婚姻？与其理论岂不是自降身份，把自己摆在了与她同等的位置上？那么，她必将与自己争夺韩旭光到底，女人都是爱攀比的动物，拉开架势征战之后哪个能轻易认输？

强忍于心，破罐子破摔，任韩旭光在外面胡来？蓬头垢面、不施粉黛、自怨自艾、怨天尤人这样的愚蠢举动，刘欣雨这个精明女人显然不会去做。如果一个女人自己都不珍惜自己的感情，那个在外面的男人又岂能在乎你的感受？刘欣雨从来就不相信迁就了男人，男人就会迁就于她。男人的特点在于他们有时候温顺得像一只绵羊，有时候却狂躁得像一匹烈马，所以在给他温暖的时候，时刻要握紧手中的缰绳。刘欣雨一直都是这样做的，不管在什么时候，在事业与人际关系上，她都给足了韩旭光面子，然而在无形中，她又施加了很多钳制。

刘欣雨在处理这次问题上的精明在于她认识了三角关系的实质，破解三角关系难题的关键并不是战胜那个琢磨不透的第三者，而是战胜她身边这个已经伴随自己十多年的男人。如果现在质问，或者暗示韩旭光自己已经知晓了他的所作所为，刘欣雨知道，像韩旭光这样精明的男人必定打死不认账，不管是老虎凳，还是迷魂汤。但凡一个有脑子的男人面对老婆此类问题都会守口如瓶，到时候刘欣雨反倒处于劣势。如果韩旭光反咬其一口，说她胡思乱想，不相信他，自己必然会无言以对。那么，刘欣雨以后即便再来示好，她的温存与火热也会变成一场场拙劣的表演，让韩旭光感到愤然与恶心。

遇到这种事情，将其潜藏于心对每个女人来说都是万箭穿心，然而如果说出来就能解决问题的话，刘欣雨早说出来了。重要的是解决问题，而不是害怕痛苦。尽管知道了韩旭光的所作所为，刘欣雨依然装作毫无改变，一如既往，只是在韩旭光离家后，她会一个人偷偷地抹眼泪，她没有让任何一个人知道，包括她最亲密的朋友。她在等机会，韩旭光的生日，她知道韩旭光心中有她。尽管在韩旭光生日的那场晕倒纯属闹剧，但是人们仍然不能责备一个脆弱的女人为了挽回破碎的感情而施展的小小的手腕，况且这个小小的手腕并没有伤害到周遭的任何一个人。

由于韩旭光的回心转意，加上他似乎也并没有太大油水，在他渐渐疏远陈凌薇之后，陈凌薇与他的关系也就淡了下来。想不到此时此刻，陈凌薇又主动来电了，这让韩旭光感到了某种恐惧。

此时，自己刚刚被任命为昊天集团总经理不久，时间不早不晚，显然陈凌薇已经得知自己即将就任昊天集团的总经理。昊天集团是省里第一大国企，比起以前那个清汤寡水的文化局来，真可谓天上人间。像陈凌薇这样精明的女人，显然不会掂量不出其中的分量。韩旭光感到，这个陈凌薇的精明之处在于，她总是能够在你失落委顿的时候与你勾搭上，而在你飞黄腾达的时候再收回投资！

韩旭光此刻显然不想接听陈凌薇的电话，按照谭鹏飞的口气，自己的这个国企总经理的位置恐怕是随时都会失去的，正因为如此，自己应当兢兢业业、处处小心，尤其是此时此刻，方能在昊天集团站稳脚跟。倘若与陈凌薇这个女子保持某种不可言说的关系，岂不是自挖墙脚？韩旭光知道，反腐倡廉有时可以转化为一个政敌打倒另一个政敌的政治手段。自己文化局副局长的位置自然无人觊觎，因此他可以拈花惹草。然而，这昊天集团总经理的位置可是万众注目，况且如果经营得好，国企总经理的位置还可以成为一个跳板，通过它可以铺就未来仕途的康庄大道。倘与陈凌薇这样一个女人保持上不了台面的关系，犹如在自己身上绑了一颗威力惊人的定时炸弹。陈凌薇与很多官员都有关系，说不定哪天就能替人充当攻击自己的秘密武器。桃色新闻传播广，破坏力惊人，而且不好隐瞒，难以辩解，如果陈凌薇到时一口咬定自己如何如何，自己岂不是百口莫辩？必须与陈凌薇疏远开来！

但他转念一想，这个电话也不能不接。陈凌薇既然手段高超，如果自己此刻不接电话，那么心中的想法在陈凌薇那里便昭然若揭了。陈凌薇这样的女人，如果付出得不到回报，在失落之后便会挟私报复。鬼知道她的枕边人到底有谁，倘若她暗中给自己穿小鞋，那情况就更不妙了。事缓则圆，即便心中已经想到了要与陈凌薇疏远开来，也不急在一时，不需要现在就摆出老死不相往来的架势来一刀两断，去了临江的昊天集团后再从长计议吧。

“喂，您好，我是韩旭光。”韩旭光故意装作不知道此人是谁，他在接电话之前的迟疑在陈凌薇的心中自然就冰释了。“老韩，刚升了官便一本正经了。”陈凌薇在电话中扑哧一笑。这种笑声简直让韩旭光作呕，然而他立即笑道：“啊，小薇啊，好久都没联系了，最近你在忙啥呢？”“人家可时刻想着你咧，你净顾着升官了，也把我给忘了。”陈凌薇娇嗔地说。陈凌薇开口闭口都将升官挂在嘴上，这是一种暗示。韩旭光立即回道：“八字还没一撇咧，去挂个职，说不定几天就给撤掉了。你下午有空没，陪我去买套衣服？”“好啊，能陪总经理买衣服，这可是小女子的荣幸哩。”陈凌薇满意地笑道。

韩旭光知道，今天与陈凌薇的遭遇是不可避免的。倘若让陈凌薇提出去处，那么必然是宾馆之类的地方，到时候自己说不去又不行，去了免不了逢场作戏，一夜缠绵。与其如此，还不如将主动权掌握在自己手中。此刻说去买衣服是理所当然的，新官上任，怎么能不注意行头呢？买衣服必然在商场等公共场合，陈凌薇再放肆，也不至于在公共场合过于亲昵吧。而且自己也能通过买衣服将种种尴尬的话题轻易岔开，逛的时候随便给陈凌薇买几件首饰，亦可将其先稳住，消弭她的所有怀疑。像陈凌薇这样阅人无数的聪明女人，只要男人眼珠子动一下，她便能一叶知秋，自己心中的想法她就都知道了。

俩人约好到省城中心的王府井百货去买衣服。韩旭光之所以选在那里，一是离家比较远，比较高档，如若不是节日打折促销，刘欣雨断然不会去；二是王府井百货属于城市商贸区，即便陈凌薇想调情，也没有这个条件，那里净是些卖衣服首饰的商铺，连一家幽闭的咖啡馆都寻不到。去之前，韩旭光还特意给自己的死党刘晓华打了一个电话，让他下午四点准时来电，谎称领导急着找他。

尽管约好的是下午一点，然而韩旭光十二点五十分便出现在王府井百货的门口。韩旭光毕竟是个知识分子，知道男人等女人是天经地义的，他便在口袋中拿出一支烟抽了起来。果不其然，下午一点二十多，陈凌薇飘了过来。在陈凌薇看来，让男人等不仅是女人的权利，而且往往是女人的睿智。陈凌薇一见到韩旭光便牵住他的手，顺势就扑到了他的怀中，然后在他的右脸颊上亲了一口。韩旭光佯装扭头四周看看，便一把将其推开，陈凌薇只得挪开几步。

“怎么现在才来呢？”尽管这是一句废话，韩旭光还是明知故问。既然知道韩旭光明知故问，陈凌薇便俏皮地回答：“见大领导，肯定要打扮得漂漂亮亮的，给大领导丢人我可担待不起哦。”于是陈凌薇挽着韩旭光的胳膊，有说有笑地走进了百货大楼。

百货商厦一楼一般是珠宝首饰、化妆品之类，而且灯光是经过特意安排的。比如化妆品的镜子之前的灯光都极亮，让平时在家看不到的脸上的黑痘痘一览无余，好像不买化妆品修饰一下便不能见人似的。至于珠宝则更有讲究，往往是直射光线，光线直接穿透珠宝首饰，晶莹剔透，惹人喜爱，以至于一些女人买了珠宝首饰后，回家便光彩全无，还毫不知情地大骂商场是奸商。将这些东西摆在一楼，明亮的光线照射着璀璨的珠宝玉石，不仅喜气洋洋，而且光彩夺目。

在蒂凡尼的首饰柜台前，陈凌薇的脚步突然停住了，指着一条形似钥匙的项链跟韩旭光说：“这件首饰做得可真是别致！”陈凌薇的这句暗示，韩旭光岂能不懂？他便立即凑上前去对服务员说：“您好，能把这个东西拿出来看看吗？”服务员很有眼力，见是一位四十来岁的男人带着一位如此年轻的漂亮女人，心中便已经明晓了个大概，便微笑着将抽屉拉开，小心翼翼地将这条钥匙项链捧了出来，堆着笑脸递给陈凌薇。等到陈凌薇戴上站在落地镜前转悠欣赏时，服务员便扭头对韩旭光笑道：“这项链还真是特意为这小姐打造的哩。”

韩旭光便微微笑着，让其开了单子，到收银台那里交了款，等他回来的时候，陈凌薇还在那里自我陶醉着。韩旭光暗自好笑，这个陈凌薇可真会装，此刻我把这条项链买了，她还会扭头嗔怪我几句呢。果不其然，当韩旭光将那张单据交给营业员的时候，陈凌薇凑过来：“你怎么把它买了？”然后便一个劲儿地数落起韩旭光来，韩旭光笑而不语。

一般商场靠顶的几层便是男装了，这是尽人皆知的。

如果稍有头脑，商场就不会设垂直升降电梯，而是那种扶梯。不仅如此，在上下层之间，也不会轻易让你转身便上下，总会让你毫无头绪地绕个大弯，而且上下楼路线设计得越复杂越好。因为在一层的时候一条项链已经堵住了陈凌薇的嘴，此刻她正嘟嘟地数落个不停，加上韩旭光没有停步的意思，他们便已经越过了女装的那两层。等陈凌薇知晓的时候，已经到了男装区。陈凌薇在心中叫苦不迭，但此刻她哪儿好意思要求下到女装区呢？

商家将男装摆在顶上几层也是有原因的。男人不如女人，女人的衣柜中总是少了一件衣服，而男人一年能买两次衣服就不错了。商家有奶便是娘，男人自然不能享受底层方便的待遇。

面对琳琅满目的衣服，韩旭光显然慌了神，这让自己怎么选呢？韩旭光带陈凌薇来其实还有另外一层意思，像陈凌薇这样的女人，在穿衣打扮方面自是在行，她什么样的场面没有见过？自己作为国企总经理，应该穿什么衣服，应该怎么穿，她自然是一清二楚的。韩旭光对陈凌薇说：“打扮我的工作，就交给你了啊！”“韩总，你还是让我去做你的小蜜吧。”陈凌薇边笑道，边拿起了一套日版西装。

据陈凌薇介绍，像韩旭光这个身份的商务男人，一般该穿西装。选西装首看颜色，韩旭光作为总经理，自然可以选黑色，黑色显得庄重；其次西装还应该看面料，纯棉西装虽然贵一点儿，但是悬垂感好，不会皱巴巴的；再次还要看板型，韩旭光不是那种爱运动的男人，上身自然没有那种型男的块状肌肉，如此身材，倘若硬套上欧版的倒梯形西服，便会让他瘦弱的身材完全蜷缩得找不到了。然而，韩旭光的身材也并非一无是处，他虽然久坐办公室，但是应酬少，还没长出将军肚，如此一来，美版西服的大肚子便会让他显得犹如怀孕一般。日韩版西装则扬长避短，既保留了西装的样式，也照顾到了东方男人的身材。陈凌薇一边给韩旭光介绍一边选西装，他听得脑子中一团糨糊，完全没有想到，穿个衣服还有这么多讲究，以后还真要多研究一下，免得在昊天集团出洋相。

韩旭光一边听一边顺手拿起一件黑色皮西服，正当他准备试的时候，被陈凌薇拦住了，“你怎么能拿件休闲西服呢？”原来这皮西服竟是休闲西服。韩旭光以前在电视上看到陈毅元帅经常穿，此刻韩旭光才暗暗好笑，想不到这大名鼎鼎的陈毅元帅原来果真是个土八路。

陈凌薇介绍道，商务西服都是套装，三件套的最好，里面多一件马甲，既可以保护衬衣，也能让西裤的皮带扣不露在外面。所以陈凌薇便选了一套三件套的日韩版的黑色西服，拥着韩旭光到试衣间试了一下。你还别说，衣服一上身，韩旭光总经理的派头便显了出来。

西服买好了，陈凌薇顺便把袖口的商标给扯下来了。韩旭光拦了一下，多贵的西服啊，留着还能显摆一下。韩旭光的这个举动把卖西服的营业员都逗乐了，她们想不到，这个四十上下的男人居然如此老土。西服买完还要买衬衣，因为韩旭光选的是黑色西服，陈凌薇便给他选了一件白色的衬衣，质地是纯棉的，长长的袖子，袖口还有两颗小小的袖扣。之后便是领带了，领带虽然是个小物件，但它恰恰是整个商务套装的画龙点睛之处，特别是颜色与打法，红色的领带朝气活力，浅色的领带平易近人，蓝紫的领带气场十足。陈凌薇给韩旭光选了一条蓝紫色的领带，没有花纹的那种，然后还替韩旭光选了一条圈点的与一条斜纹的，特别叮嘱这些领带应该在晚上活动的时候打。之后陈凌薇便凑了过去，帮韩旭光将那条蓝紫色的领带系上了。因为是冬天，陈凌薇将领带的结头系得较大，临了还在这个领带结头的端部轻轻地按了一下，这个特殊动作韩旭光显然记住了。

之后陈凌薇帮韩旭光买了皮鞋，这是一种系带的三接头的皮鞋。韩旭光穿惯了不系带的皮鞋，穿这种系带皮鞋不习惯。可是陈凌薇偏让他买，说这个样式才是商务男人的正规打扮，韩旭光只得从命。韩旭光仔细地听着陈凌薇讲商场穿着、商场礼仪和商场禁忌，他就好像是个商场文盲一头扎进了商场的洪流之中。天哪，想不到做商人还有这么多条条框框，看来做商人也并非自己所想的那么自由洒脱。

陈凌薇挽着韩旭光的手，从楼上转到楼下，在一楼的时候，突然停下了。韩旭光以为她还要买什么首饰，哪知道她正在替韩旭光看一块卡地亚的手表。好家伙，这块手表居然要三万元，相当于韩旭光半年的工资。本来韩旭光是万万不买的，可陈凌薇说，商场上，女人看包，男人看表，女人如果背出去的包包寒碜了，那么这个女人的品位便一下垮了下去，路易·威登那么贵，女人不也趋之若鹜吗？男人要是戴的那块表寒碜了，那么身价也高不到哪里去。尽管韩旭光非常不愿意，但听陈凌薇说得头头是道，便咬咬牙买了下来。

转眼便下午四点了，韩旭光的电话响了起来，电话是死党刘晓华打来的，内容自然是让他回去开会。韩旭光便在电话中生气地回答道：“什么鬼领导，整天开会开会的，还让不让人活了？”可刘晓华还是不依不饶地让韩旭光回去开会，说您明天就要走了，可不要让我们难做啊之类的话，听筒声音调得很大，以至于旁边的陈凌薇全都听得清楚。尽管她忸怩作态，想让韩旭光推掉，然而对方不依不饶，陈凌薇只得就此作罢了。

放下电话，韩旭光以极其无奈的神情对着陈凌薇，一边道歉一边骂娘。

陈凌薇是多么乖巧的人，自然不会像普通女人一样撒娇耍泼，缠着韩旭光不放手。她精明地说道："既然韩总公事繁忙，那么我们就下次再聚咯。到了临江市，可不要忘记了我这位老朋友哦，这千年才修得共枕眠呢。"尽管陈凌薇是带着笑脸说的，然而韩旭光觉得这个女人处处显现着桃色杀机，特别是那句共枕眠，乍一听是句玩笑话，但背后潜藏着无限杀机。有的女人啊，真的是一只可怕的老虎。

韩旭光说要送陈凌薇回去，陈凌薇说什么也不让送。她心里盘算着，既然韩旭光如此早便要离去，自己还可以去建设局转一圈。建设局的马副局长据说要升了，建设局是个肥缺，马副局长这条道路可要常走走。陈凌薇不让自己送，韩旭光自然求之不得，他恨不得自此以后都不再见面，可是这个陈凌薇绝非能轻易甩掉的。

韩旭光并没有立即开车回家，而是去了江边的新华书店。他准备买几本有关商业管理的书，特别是商务礼仪方面的。刚才买衣服的时候，陈凌薇所说的已让他感觉到商场上潭水深千尺了。在陈凌薇身边，丢人与否倒无所谓，可要是在昊天集团，总经理可丢不起人。

当然，这只是其中一个原因，还有另一层原因。自己无缘无故地买了这么多衣服回家，刘欣雨肯定会怀疑自己的所作所为，难道这韩旭光刚升了总经理便拈花惹草？带着黄脸婆老婆出去买衣服丢了面子？而买一堆书回去便可以堵住刘欣雨的嘴，说任命急促，要准备的东西很多，只能在回家的路上顺便买了。带着情人逛商场的男人很多，几时见到大老爷们带着情人去逛书店的？

韩旭光故意在书店里多逛了一会儿，从下午四点一直逛到晚上七点。他等着刘欣雨的电话，他知道七点不到家，刘欣雨定然会给他电话。果不其然，晚上七点的时候，电话响了，是刘欣雨打来的。他跟刘欣雨说今天忙晕了，在七点半的时候，肯定能够回到家。

跟刘欣雨讲完电话之后，韩旭光便结了账，抱着一堆书，走出了新华书店，开着那辆老旧的北京吉普，准备回家。这个下午，他已将一本商务礼仪囫囵吞枣看完了。韩旭光以前做过记者，练就了过目不忘的本领，那本薄薄的书中的商务礼仪，已了然于心了。

他一边开车，一边思考着，从明天开始，自己便成为一名商人了。在韩旭光的印象中，商人的称谓源自商朝，商朝的祖先从事长途贩卖生意，往来于华夷之间，后来商部落立国，为商朝。从此以后，从事长途贩卖的人便被称为商人，行者为商，坐者是贾嘛。在中国历史上，不乏如雷贯耳的大商人，春秋的范蠡，在帮助勾践立国之后，功成而身不居，与西施泛舟湖上，隐姓埋名，三聚财而三散之，人称陶朱公。战国时候的吕不韦，不也是响当当的大商人嘛，货物买卖，其利一倍，珠宝买卖，其利十倍，立了皇帝，其利几倍？于是，他果真成了秦国相国。还有明朝的沈万三，清朝的胡雪岩、盛宣怀，这些人的光芒让老百姓暗羡不已。就连大历史学家司马迁也对商人表示了钦佩，在《史记》中称商人为“素封”。

尽管如此，中国商人在历史中并未得到应有的评价。从秦朝的商鞅开始，农为本、商为末的思想传承千年，根深蒂固。在西方商人引领浩浩荡荡的资产阶级革命，宣扬自由、民主和平等的普世思想的时候，中国商人正在卖掉产业，广置田地，捐个功名，想方设法地洗清自己作为商人的身份，以至于中国的前进步履蹒跚，民主与平等曾令多少人望穿秋水。这便是中国的现实，中国的商人必须在这个框架下经营他们的事业：依附政府，而不仅仅倚靠官员；遵守法度，但绝不拘泥于法度；习惯于在各种体制的夹缝中戴枷起舞，在官员与官员之间的裂隙中寻求生存之道。这便是韩旭光在开车回家的道路上体味出的中国式商道，这是那些起身于草莽的中国商人所不能领悟到的，亦是作为后起之秀的海归商人所不相信而不愿意领悟的。事实证明，时刻考虑政治问题、人事纠葛，是中国式商道的鲜明特征。中国商人不仅需要关注产品生产与市场营销，更重要的是做对人，而不仅是做好人。看来，韩旭光一开始便是商场老手了。

回到家已经是七点四十分了，韩旭光一打开家门，黑豆便摇着尾巴出现在他的面前。因为刘欣雨不能生育，他们便买了这只德国牧羊犬。本来刘欣雨想买只小泰迪，然而韩旭光不喜欢小狗，他说一个大男人带着一只小狗游逛在街上多丢人啊。刘欣雨拗不过他，便买了一只牧羊犬。可刘欣雨内心本是喜欢小狗的，所以这个黑乎乎、人高马大的家伙竟被无厘头地称为黑豆。

牧羊犬的忠心是出了名的，韩旭光非常喜欢这只狗，每天晚上都带着它出去遛弯儿。刘欣雨也喜欢它，隔日便给它洗澡。因为要出远门，今天韩旭光把这个大家伙一把抱了起来，任由它舔舐着自己的脸颊。

“哎哟哟，你还返老还童了哩！”正在里屋拖地的刘欣雨笑着走了出来，“今天怎么回来这么晚呢，还买了这么一大包东西！”“你猜呢？”韩旭光一边摇着黑豆的前脚一边说。“该不是发奖金了吧？”刘欣雨解开腰际的围裙道。“我升官了，昊天集团总经理！”韩旭光自豪地应道。这个消息让刘欣雨大感意外，她从没有想到韩旭光还会再升官。他们没有亲戚与朋友在省委，韩旭光能够当上文化局副局长，自己已经心满意足了，哪还有其他的任何奢望呢？然而这一刻升官又成了现实，她便高兴地要同韩旭光喝上一杯。

“谁提拔的你？”刘欣雨一边洗碗一边问。“我也不知道。”韩旭光一边喝茶一边道。“那你就没去问一下？”“这事怎么能问呢？我想既然提拔了我，他一定会来找我的。”韩旭光懒懒地回答道。他确实累了，一天来，他的大脑已经无数次飞快地运转了，现在好像迟钝了一样，停止了转动。他不得不回到卧室，往床上一歪便呼呼大睡。只留下刘欣雨带着疑虑，在昏黄的厨房灯下洗刷着刚吃完的碗筷。

第三章

领导说不让来接是树立一种亲民爱民的形象，而你去接是表示对领导的尊重

等韩旭光醒来，已然七点了。吃过早饭，刘欣雨便说送韩旭光去长途车站坐车。昊天集团在临江市，并不在省城，从省城上高速坐长途车需要五个多小时，开车的话三个小时便到了。韩旭光开始准备开着他那辆老旧的北京吉普过去，后来想想不妥，因为那辆北京吉普显然太旧了一点儿。虽然自己已经说过不让别人来迎接，想必别人还是会来的，不仅会来，而且很可能会迎接到高速路路口。来接自己的车的档次定然也不会差，到时候自己开着这辆破北京吉普跟在一群迎接的车之后，不仅自己会颜面尽失，来迎接的人也会手足无措，万分尴尬。

经过这样的思索之后，韩旭光便不再准备开着他那辆北京吉普去临江市了。他用一只大皮箱，将衣服用物，特别是买的那套书，整整地拾掇了一箱。上午十点，韩旭光与刘欣雨夫妻双双来到了长途车站，买了一张十一点去临江市的车票，他估摸着下午四点应该就能准时到达临江市了。韩旭光与刘欣雨在长途车站的一家咖啡厅里坐了一会儿，刘欣雨将他送到汽车旁边，与他拥抱后便告别了。

不凑巧的是，这天烟雨蒙蒙，尽管已是冬天，却不下雪，淅淅沥沥的雨

下个不停。韩旭光穿着那套三件套的西服坐在长途汽车上，蜷缩成一团，抱着一本书看着看着便迷迷糊糊地睡着了。等到韩旭光醒来的时候，已经三点四十分了，他瞅瞅高速路两边，两边是山，山上怪石嶙峋，宛如风景度假区。因为修建于战备年代，所以昊天集团地处山区，反倒让韩旭光清爽了。

韩旭光想，如果将来真的退休了，在这里养老也是个不错的选择。正在韩旭光思虑时，临江市便展现在他的面前了，先是标记着临江字样的路牌一闪而过，接着便是一排排聚拢的低矮房屋退着过去，等到退过去的房子越来越高的时候，客车便蜿蜒着下了高速。

哦，临江市，我来了，韩旭光在心中轻轻地念道。等客车过了收费站，突然就停了下来。果不其然，来接韩旭光的人到了，领头的是赵辰逸，他是昊天集团的副总经理，亦主管总部的行政事务。他的旁边还站着两位美女，一位是徐明美，年约三十，一头乌黑的头发披散在肩上，手里拿着一只精致的小包，那个标志韩旭光显然有印象，对，那便是爱马仕。徐明美身上穿着黑色的工作套裙，巴宝莉的，腿上穿着肉色的连腿袜，棉质的，脚上踩着一双带后跟的长筒黑色皮靴。徐明美旁边的是张珺瑶，二十出头，她穿着比较随意，上身一件优衣库的中长薄袄，中间掐腰的，一条腰带若松若紧地系着，领口并没有系严实，里面那件暗红的针织衫清晰可见。韩旭光扫了一下她的脚，踩着一双雪地靴。

韩旭光估摸着这三个就是接他的人了，但是他没有下去。韩旭光心里清楚，尽管自己跟昊天集团的人说过不让他们来接，他们也是会来接的，领导说不让来接是树立一种亲民爱民的形象，而你去接是表示对领导的尊重。领导说不让你来接，你就果真不去接，说不准过后什么时候他便寻个由头给你穿上小鞋，这是谁都清楚的常理，谁敢怠慢？违背领导不让来接的要求顶多被领导不痛不痒地批评几句，逢人不打笑脸人，倘或领导因这么件小事而大开杀戒，那么领导便显得不近人情，以后哪个还敢替你办事？当然，虽然韩旭光已经知道那是来接他的人，但他不能径直下去，否则不仅会显得自己出尔反尔，说不让来接只是随口一说，也会让待会儿的批评显得十分不严肃。

果不其然，赵辰逸举着一块牌子到车上来了。韩旭光一本正经地坐在那里挥了一下手，赵辰逸便满脸堆笑地走了过来。韩旭光并没有伸手跟他握手的意思，赵辰逸因为是下级，显然不能先伸出手去，这个处理让赵辰逸的笑脸立即收敛了。“不是让你们别来接吗？”韩旭光阴沉着脸说。“也不是故意要违背韩总的意思，这不是下雨嘛，想到韩总对临江市的路又不熟，就擅自作主来接了。”赵辰逸一边说，一边从行李架上把韩旭光的行李给取了下来。因为客车上还有其他人，韩旭光只好站起来，把西服扣了一扣，尾随赵辰逸下了车。

下车后，赵辰逸将韩旭光的行李交给了司机，便过来介绍徐明美与张珺瑶。韩旭光微笑着伸出手来，轻轻握住徐明美的指尖，示意性地握了一下，又用同样的方法跟张珺瑶握了一下。赵辰逸举着伞笑着说：“我们也不要站在雨中闲聊了，沈董还在公司等着呢。”沈董便是沈修杰，昊天集团的董事长，年届五十了。“啊，让沈董等着，这可是我的罪过了。”韩旭光笑着说。“沈董本来也是要来的，可是这天偏又下雨，我们便将他按在公司了。”赵辰逸一边给韩旭光开车门一边说。

这是一辆奥迪车，奥迪车一直是中国的公务车。昊天集团来接的共有两辆车，都是奥迪，赵辰逸打开的是后一辆车后面的门。韩旭光在心中思忖道，大概自己就应该坐后面这辆车、后面一排的位置了，可自己是应该坐在司机后面的位置，还是副驾驶后面的位置呢？他脑筋一转，显然自己应该坐在司机后面的位置，因为坐在那个位置安全，于是韩旭光便猫着腰坐了进去，随后将西服中间的扣子解开了。果然，待韩旭光坐进去后，张珺瑶便尾随着坐到了韩旭光旁边的位置上。韩旭光立即明白，这个姑娘就是自己的秘书了。

等张珺瑶坐下后，赵辰逸轻轻地关上了门。让韩旭光惊讶的是，他并没有立即打开副驾驶旁边的门坐上去，而是绕了一个弯，从车屁股后面转了一个大圈，再打开副驾驶的车门坐了上去。韩旭光心中思忖，这个赵辰逸恐怕是商场上的一个老手了，在商务礼仪上竟能做得这么恰到好处，丝毫不差，而且就其谈吐来看，说话也是特别睿智，当自己批评他来接的时候，他立即归咎于天气，自己总不能去怪老天爷吧！而且在自己上车之前，他还恰到好处地说了沈总也要来的。韩旭光心中自然清楚，沈修杰作为董事长，怎么可能来接他这个总经理？然而赵辰逸故意如此轻轻一提，不仅给自己这个总经理长了脸面，而且还不做作、恰到好处地拍了沈修杰的马屁。

这是个并不简单的角色，韩旭光在心中想。

韩旭光的判断是正确的，这个赵辰逸的确是个并不简单的角色。他从一个普普通通的工人干起，没有靠山，而且还是个大专生，就凭着察言观色、左右逢源的能力，三十二岁便爬到了副总的位置上。

小车缓缓启动，穿过了临江市并不繁华的街区，赵辰逸开始给韩旭光介绍昊天集团的情况。昊天集团是全省最大的国有企业，国企改制以前，下辖的企业竟有上百家，后来国企改制了，昊天集团仍然控股着几十家子公司。后来省委决定对其业务进行整合，昊天集团便成立了三个事业部，分别是空调事业部、冰箱事业部和洗衣机事业部。空调事业部是昊天集团最值得骄傲的事业部，市场占有率在全国稳居第一。另外冰箱事业部与洗衣机事业部也发展迅速，大有后来居上之势。韩旭光一边听着赵辰逸的介绍，一边点头示意。

大约半个小时之后，小车停在了一栋大楼前面。大楼靠山而建，足足有十二层，比省委大楼还要气派。大楼前面是一个广场，广场的中央有喷泉，喷泉中的水柱随着音乐欢快地跳着舞，四根冲天的大柱子上镶嵌着四个硕大的镏金字——昊天集团。在柱子前面，一群人正在那里举着伞等待着，领头的便是沈修杰。

开车的司机显得很有策略，他在要停车的时候特意开得极慢，绕过了一个水洼。假如让韩旭光下车踩一摊水，那岂不难堪？又开到了离沈修杰四五步的距离，而不是径直开到沈修杰的面前。司机显然知道，如果车开得太近，韩旭光下车后便没有时间扣西服纽扣、拉扯衣服了，这样韩旭光下车后便会行色匆匆、礼仪失态。韩旭光越来越觉得，即便是商场也绝非自由之所，处处都或明或暗地存在着规矩与法度。待车渐渐停稳之后，沈修杰显然并没有立即上前。张珺瑶下车开了车门，用一只手挡在车门上沿，韩旭光便猫着腰下了车，扣好了西服中间的那颗纽扣，站直了，拉扯好衣服，微笑着朝沈修杰走去。

离沈修杰大约还有半步的距离，沈修杰便堆着笑伸出手来，韩旭光则微笑着微弓着身体伸出了手。沈修杰是董事长，韩旭光是总经理，虽然在国企，沈修杰并没有罢免韩旭光的权力，然而沈修杰毕竟是上级，年龄又比自己大，微弓身伸手是理所当然的。当然，倘若在以前，韩旭光在此种场面下必定是伸出双手去握的，他曾一直以为伸出双手是表示尊敬，直到他看了那本商务礼仪书，才知道这是个大洋相。“韩总真是年轻有为啊，以后的昊天就全要仰仗你了。”沈修杰阴阳怪气地笑道。尽管韩旭光感觉到了沈修杰的弦外之音，他还是略带着笑脸答道：“哪里哪里，以后还要求沈董与各位同事多多帮衬哩！”本来韩旭光想说请沈董多多指教的，可是想到自己此次到来绝不是混混日子，还要在昊天总经理的位置上有所作为的，便改口称了沈董与各位同事，而且将指教改为了帮衬，这样不仅表现了自己的不卑不亢，而且亦没有特意尊重沈修杰的意思。听到这个说法，沈修杰不由得脸一下绿了，他竟呆在了那里，一时间不知道如何是好了。

旁边的精明人赵辰逸显然已经发现了这种微妙的对峙，他赶忙给沈修杰打圆场，开始介绍旁边的人。站在沈修杰旁边的是孔倩雪，她五十多岁，是副总，现在主管着空调事业部，兼任空调部总监，戴一副老花镜。韩旭光伸出手来象征性地触了一下她的指尖。之后是俞灵芸，亦是副总，现在主管着冰箱事业部，是一个五十开外的女人，没有戴眼镜。韩旭光伸出手来，与其握了手。再后面便是段才良，他三十来岁，竟也是副总。赵辰逸介绍说，他是在美国喝过洋墨水的高材生。韩旭光手心向上地伸出了手，与段才良握了手，手握得很紧，赵辰逸全都看在眼中了。在门口短暂迎接之后，沈修杰便带着韩旭光进门了。

韩旭光的办公室与沈修杰的办公室都在十二楼，此外，十二楼还有一间会议室，挺大的。沈修杰将韩旭光领到了他的办公室门口，交代了张珺瑶几句，便跟韩旭光握手告别了。临走时告诉韩旭光，公司晚上在翠微居订了一桌酒饭，让韩旭光收拾一下，待会儿来叫他。韩旭光连声道谢后便走进了自己的办公室，办公室比文化局的大多了。

一张办公桌，桌上有一台电脑，一张可以转动的老板椅，老板椅后面是一扇高大的落地窗，站在落地窗前，临江市的市容市貌尽收眼底。在那张老板椅旁边还有一个书架。韩旭光瞟了一眼，书架上摆着一套《邓小平文选》，还有些中央的文件，也就这么多了。韩旭光从书架中抽出一本书，没想到一打开却灰扑扑的，弄得身上灰尘一片。他想，这个办公室以前的主人，看来不爱读书哦。

韩旭光一边将书放回书架，一边掸着身上的灰尘。一会儿张珺瑶敲门进来了，拿了一个鸡毛掸子，一边给韩旭光拍打着身上的灰尘，一边红着脸说："对不起，韩总，我在收拾办公室的时候忘记书了。"其实这哪里能怪张珺瑶呢，时下今日，哪个企业总经理还会翻看书本？他们更多的是怀香抱玉，或者酒池肉林，书籍反倒不知为何物了。

与政府秘书都是男的不同的是，在商场中，秘书都是面容姣好、身材高挑的妙龄少女。在昊天集团，这一点自然也不例外。徐明美绝对是一个绝世美人，这张珺瑶，更是杨柳腰、柳叶眉的大美女。

正如老子所说，柔弱胜刚强，即便柔弱的女子，有时也能像一只毒蝎子一样，冷不丁地蜇你一下。张珺瑶，这个时时刻刻在韩旭光身边的女人，是韩旭光必须琢磨的第一个女人，毕竟这个女人是沈修杰与徐明美给自己选来的秘书。

其实，张珺瑶的穿着打扮已经显示了她一多半的秘密。倘若是一个老于人情世故的人，怎么可能穿这么一套行头去接自己的领导？一件时尚休闲的针织衫外加一件翠绿色的中长外套，更为可笑的是，她还穿着一双不伦不类的雪地靴。然而事情也不能马虎，韩旭光思忖道，这沈修杰是何等的聪明人，难道真的会选这样一个大学刚毕业、不谙世故的人给自己当秘书？想到这一层，连韩旭光自己都觉得好笑，但转念一想，韩旭光又皱起了眉头。如此草率的安排显然是某人已经在沈修杰面前透露了秘密，这个人可能是谭鹏飞，对，肯定是他。他肯定已就自己干不长久向沈修杰做了保证，要不然，他岂能如此不屑一顾？如此一来，沈修杰肯定满心欢喜地在昊天四周传扬，如果真是这样，自己在昊天的工作就不好做了。

当听到张珺瑶拘谨地向自己道歉的时候，韩旭光笑着说："这哪里能怪你呢，还有，我不习惯别人叫我韩总哩！""但您就是韩总啊！"张珺瑶不解地回答道。"我这样的年纪，估计跟你爸爸差不多，你私下里就叫我韩叔吧！"韩旭光一边收拾着桌子上的文件，一边对张珺瑶说道。张珺瑶此时显然已六神无主了，韩旭光明显看出了张珺瑶的窘迫，他又看着她笑着道："看来，我是倚老卖老了。"张珺瑶红着脸说："我巴不得有您这么一位叔叔呢，可是这样叫不太好吧！"韩旭光说："有什么不好的，在没有外人的时候，你就叫我韩叔吧！"张珺瑶只得点头同意，随后帮韩旭光泡了一杯茶。

其实，此时的张珺瑶哪里能够明白韩旭光的真正意思？韩旭光的真正意图是在拉近与张珺瑶关系的时候，避免一种男女纠葛的尴尬。老板与秘书之间必须保持这样一种既亲密无间又松紧有度的关系，远则怨，近不恭，不管在哪里，圣人的教诲都四海皆准。张珺瑶既然已经喊"叔"了，那么她与韩旭光的关系便不是领导与属员之间刻板的同事关系，然而叔叔毕竟不是哥哥，上下尊卑自有顺序。

韩旭光想得更远的是，收编张珺瑶只是万里长征的第一步，自己来到昊天集团才一天，对昊天集团繁杂的人事关系尚不熟悉。一个不谙世事的秘书在自己周围虽然可以避免一种他人耳目的怀疑，但是毕竟秘书还有着更重要的作用，一个好的秘书能够时刻想到自己所想，在自己想让她说的时候她便说了出来，在自己想让她做的时候她便做了，在自己不想让她说也不想让她做的时候，她便缄口不言，不动如山。此时此刻的张珺瑶显然不行，那么在自己行动的时候，她便不能作为臂膀股肱，甚至连摇旗呐喊都显得困难。她还是一个妙龄女子，人世间的复杂远没有参透。然而在现实生活中，好人很难做，所以韩旭光必须教导她、训练她，把张珺瑶变成真正意义上的总经理秘书。然而，如果韩旭光仅仅是一个领导，他的话便成了一种刻板的条规，这些训诫会不会适得其反？倘若韩旭光是以一个长辈的身份，那么他的训诫岂不就变成了一种苦口良言？

所以，当张珺瑶蹦蹦跳跳地倒来一满杯茶的时候，韩旭光就微笑着对她说："珺瑶啊，这倒茶呢，只能倒半杯的，酒满敬人，茶满伤人！"听到韩旭光叫自己珺瑶，而且如此直言相教，显然对面的这个中年男人没有把自己当外人。她这个年纪的女子本来对别人的批评有一种本能的抗拒，然而此刻张珺瑶没有，她就犹如听到一位长辈在真诚地教导自己，感觉这是为自己好，所以她谦卑地对韩旭光说："谢谢韩总，我是大学刚毕业的新手，您还要多教教我哩！"听到张珺瑶如此回答，韩旭光一本正经地坐在那里不言，也不去接那杯茶，张珺瑶立即意识到自己说错了，立即改口道："哦，瞧我这记性，韩叔叔！"韩旭光哈哈大笑："这就对了嘛！"

之后韩旭光又与张珺瑶闲聊了一会儿，他们闲聊的主要是昊天集团的一些繁杂琐事，还有张珺瑶在大学的生活及其对昊天集团的感受。这样一来，张珺瑶与韩旭光的对话便一下子轻松起来。韩旭光也坦然地跟张珺瑶说："既然你做了总经理的秘书，也是一个公司白领了，你的这身行头也该换换了，徐明美的那身行头不错，不是要买那么贵的，就那个样式。”张珺瑶微笑着，不住地点头。

没过多久，响起了敲门声。韩旭光看了一下表，原来已经六点多了，肯定是沈修杰来喊他吃饭了。张珺瑶去开了门，门口站着的正是沈董。韩旭光故作惊讶，微笑着走过去，伸出手拉着沈修杰的手道：“沈董，哪能让您亲自来呢，您打个电话来不就行了吗？这真是折杀我呢！”沈修杰也赔着笑：“饭菜已经订好，在翠微居。”

当听到沈修杰说在翠微居已经订好饭菜的时候，韩旭光更坚定了自己的判断。谭鹏飞肯定已将自己的情况告诉了沈修杰，甚至还有所添油加醋，不仅沈修杰不会待见自己，连手下的各位副总对自己也未必服气。

韩旭光作出如此判断，是源自订的这桌酒席，像沈修杰这样一个商场老油条，肯定不会犯下如此严重的错误。在请单独一个人吃饭时，竟然对被请的人不闻不问，就将地点与饭菜自作主张地定下了，这便是一种轻视、一种怠慢。韩旭光虽然脸上依然挂着笑容，其实心中已经很是不满。韩旭光跟着沈修杰下楼，然后上了他的专车。

翠微居的确是临江市最豪华的饭店。临江市虽然地处山区，然而由于战备，它阴错阳差地成了一个重要工业城市。各级领导都对临江关怀备至，中央领导也时常莅临指导。临江市本来没有什么好的接待场所，后来莅临指导的领导多了，市委就决定修建一座豪华的饭店，专门用来迎接各位高官，这便是翠微居。翠微居在不接待莅临检查的领导的闲暇时候也对外开放，但由于其对外挂的名是市委招待所，又过于奢华，市委显然不想太过招摇，也就没有给这个饭店进行星级评定。倘若真要来评定其级别，绝对能评上五星级！

此次陪同韩旭光一起吃饭的，有孔倩雪、俞灵芸、段才良和赵辰逸。他们已经在翠微居的南海厅里恭候多时了，因为他们的级别比韩旭光与沈修杰要低，所以理应早早到来并在这里恭候，但是他们并未入席，而是坐在一旁闲聊。待到沈修杰与韩旭光都进门的时候，他们一齐站了起来，与他们握手。沈修杰不停地说对不起大家，让各位在这里久等了。韩旭光跟在沈修杰的后面，也微笑寒暄着。

等到握手寒暄一阵之后，孔倩雪笑着说，那大家入席吧，然后拉着沈修杰坐在了正对着门的位置，沈修杰也并不推辞。赵辰逸用侧眼瞟了一眼韩旭光，发觉韩旭光的脸顿时拉了下来。正对门的位置为主宾的座位，韩旭光远道而来，这顿宴会又是给他办的接风宴，他理应坐在对门的位置。赵辰逸看出了韩旭光的尴尬，便拉着韩旭光让他坐在了沈修杰的左手边。本来商务礼仪以右为大，然而这是在国企，便承袭中国自古的礼仪范式，以左为尊了。等到孔倩雪、俞灵芸、段才良和赵辰逸均入席之后，赵辰逸便开始叫服务员上菜了。

所谓无酒不成席，此时，赵辰逸显得特别机灵地问韩旭光道："来点儿什么酒呢？白的？啤的？"韩旭光说："既然天这么冷，那就给我来点儿白的吧，看大家还需要来点儿什么，各位女士要不来点儿饮料？"结果沈修杰接过话去："白的，那就来几瓶五粮液吧！"赵辰逸感到相当难堪。

在韩旭光心中，这个赵辰逸真是绝顶聪明，谈吐中闪耀着商场饭桌上的智慧。孔倩雪将沈修杰拉到正对门的位置坐下，她轻视自己，拍马屁的意图已经暴露无遗。然而赵辰逸并不这样想，韩旭光虽然刚刚到来，虽然上面说他下来仅仅是走个过场，然而倘若沈修杰真的神通广大，怎么还能轮到韩旭光来？也就是说，最后鹿死谁手，哪个知道？为什么不给自己留一条后路呢？

秉持着这种心理，赵辰逸便将韩旭光拉到了沈修杰的左手边坐下。他知道，沈修杰必然开口便会叫五粮液。在沈修杰心中，韩旭光是个什么东西？连这顿接风宴，他开始都没准备办。如果沈修杰这样做，岂不让韩旭光无法下台？所以，赵辰逸抢在沈修杰前面征求韩旭光的意见，而且这个问法又富有智慧。来点儿什么酒呢？赵辰逸给出的问题，没有了不喝酒的那个选项，显然这顿酒就已经非喝不可了。然而，赵辰逸又知道沈修杰已经给这顿接风宴定下了预算，低得可怜，倘若韩旭光扯着嗓子要喝红酒拉菲，那么几瓶拉菲下来，岂不是让赵辰逸无法做人？所以他又接着说道，是来点儿啤的呢，还是来点儿白的？这句话说得自然得体，既回避了预算不足的尴尬，又给足了韩旭光面子，尊重了他的选择。聪明的韩旭光，岂能不心知肚明？

然而，让赵辰逸万万没有想到的是，沈修杰显然觉得对韩旭光的尊重是种多余。后来韩旭光才知道，沈修杰的这种傲慢与怠慢居然是有意为之，是对赵辰逸的一种警告：即便现在韩旭光已经做了总经理，但在我们昊天集团，我沈修杰才是真正的一言九鼎，他不过是过路的。

果不其然，当沈修杰说出来几瓶五粮液的时候，赵辰逸的脸黑沉沉的，韩旭光也感觉很没面子。然而这是在接待自己的饭桌上，任性使气甚至拂袖而去都没有任何益处，自己假装糊涂，莞尔一笑，不仅能消除眼前的这种尴尬，更能让沈修杰降低戒备，自己才有时间从长计议。所以当五粮液拿上来的时候，韩旭光便与大家觥筹交错、谈笑风生了。看着沈修杰并没有站起来给韩旭光敬酒的意思，赵辰逸便举起酒杯站起来，对着韩旭光及大家说："大家欢迎韩总来到我们昊天集团！"韩旭光也站起来道："大家要同舟共济啊！"便先干为敬了。

接下来便是相互敬酒，敬酒先敬尊者，之后顺时针旋转，以示与时俱进、天长地久。孔倩雪先开始敬酒，最先敬的是沈修杰，之后便是韩旭光，然后各人敬到，直到最后赵辰逸将一圈酒敬完，这桌饭局就算是结束了。司机将韩旭光送回住处，这是长江边的一套别墅。韩旭光走进门，衣服未脱便倒在床上蒙头大睡。直到刘欣雨的电话将他惊醒，原来已经是夜里十二点了，本来这一天韩旭光过得十分郁闷，然而他不能将这一切告诉她，于是笑呵呵地说，很好。

第四章 共生关系

聪明人与愚笨者的差距大多数时候并不在于眼界，而在于耐心

因为空调事业部、冰箱事业部与洗衣机事业部都地处临江市下面的各个县，新总经理上任，三个事业部的主管难得地碰头了一次。已近年底，沈修杰与几位副总的意思是，这次顺带将昊天集团来年的战略规划问题解决了，所以决定召开一次董事会。

在举行这次董事会之前，韩旭光并没有得到消息，这是在韩旭光来昊天集团上任之前便已经敲定的事情。韩旭光第二天醒来的时候已经七点了，司机已经等在了门口。他便胡乱地吃了点儿面包，坐上车来到了公司。在韩旭光跨进办公室门的时候，张珺瑶拿着一份文件匆匆过来。直到此时，韩旭光才知道要开会了，文件上写的是会议的内容。

韩旭光大致看了一下，内容主要是关于昊天集团明年战略发展重点的问题，他便坐下认真思考起这个问题来。按照规矩，今天参加董事会的有七个人，分别是沈修杰、孔倩雪、俞灵芸、段才良、赵辰逸、徐明美，还有自己。就自己的接触来看，沈修杰与孔倩雪、俞灵芸都是工厂的老职工了，根基深厚，恐是一伙。至于徐明美，韩旭光隐约觉得，她与沈修杰有种说不清道不明的特殊关系。昨晚饭局徐明美没来，沈修杰说，她有点儿不舒服去医

院了。如果关系不甚密切，沈修杰为何会如此清楚，周围人为何不感到惊讶？一个年届三十的女子与一个大腹便便的五十岁老者的这种特殊关系，韩旭光自然心知肚明。至于赵辰逸，是个左右逢源的人，或者说是一个骑墙者，还在细心地观察着力量的强弱对比。而段才良恐怕是一个技术男，从他几次的表现，韩旭光已经猜到了大半。而且可以推断，沈修杰极度反感他，如果不是段才良有过硬的本事，昊天集团离了他便不行的话，沈修杰随时可以寻个由头让他走人，沈修杰并没这样做，就说明昊天离不开这个人。

现在看来，说是明年的战略发展重点，其实也就是在优先发展空调事业部还是优先发展洗衣机事业部之间的争论了。沈修杰显然是不会同意优先发展洗衣机事业部的，首先孔倩雪是他的爱将，其次段才良绝非池鱼，如果给他一片天空，他可能就会乌鸡变凤凰，到时候恐怕他沈修杰难以驾驭。其实，这一切对韩旭光来说都不重要，重要的是他自己想发表什么样的意见。按照他真心的想法，他想投段才良一票，只有拉拢了段才良，才能真正地与沈修杰抗衡。然而，即便他投了段才良一票，他与段才良加起来也才两票，精明人赵辰逸显然不会站在他与段才良一边；即便赵辰逸站在了段才良这一边，他们也才仅仅有三票，于事无补。这样一来，他不仅会与沈修杰立即对立，而且在董事会上争斗失利的消息也会立即在公司传开。作为总经理的他，做的第一件事便遭遇滑铁卢，以后的事情便会更加难做。韩旭光沉思着拿出一支烟，却没有抽，坐在老板椅上闻了又闻。

难道要将票投到沈修杰那一边？沈修杰此时正处于强势，自己即便将票投到他那一边，他也不会感恩戴德，只会认为自己服软，以后便会愈加掣肘、肆意欺凌了。而且如果自己将票投给了沈修杰，那么自己与段才良岂不是不能再达成同盟，难道让他这个总经理找到段才良说，他投票给沈修杰是迫不得已？迫不得已，你还做这个总经理干什么？这显然是行不通的。思来想去，韩旭光还是决定，此次投票选择弃权。这是完全说得通的，自己初来乍到，对公司的事务尚不熟悉，退一万步讲，这是在我到来之前便定下的会议，不投票显然在情理之中。

上午九点整，韩旭光还在沉思的时候，张珺瑶敲门走进来道：“韩叔，时间到了，您要过去开会呢！”韩旭光便笑着走出了办公室，在张珺瑶的带领下，来到了会议室。张珺瑶并没有进会议室，她只在外面等着。此时，除了沈修杰，其他人都已经到了，领导晚到几分钟是经常的事。按照名牌，韩旭光坐到了围桌左边的第一位，他刚坐下，沈修杰便边笑着说抱歉边坦然地走到顶头位置坐下了。

果不其然，这次董事会讨论的主要问题是空调事业部与洗衣机事业部谁是明年战略发展重点的问题。沈修杰客套几句后，便要求大家畅所欲言。这时，孔倩雪迫不及待地说，空调事业部的收入占公司的一半以上。话音未落，段才良便反唇相讥道，空调事业部用了公司这么多资源，利润率才刚刚达到银行利率，还是他们洗衣机事业部的利润率高，应该优先发展。两人争吵不下，直到沈修杰重重地拍了一下桌子，两个人才停止嘈杂的争吵，安静下来。沈修杰略带怒气地说：“这里又不是菜市场，吵吵闹闹像个什么样子？”

沈修杰说完后，将头转向韩旭光问道：“韩总，您是什么意见呢？”韩旭光微笑着道：“我是初来乍到，今天早晨才拿到会议文件，这个会我就是来学习的。”听到韩旭光如此说，沈修杰一脸沮丧地收回了目光。此刻，他显然已经没有由头继续逼问韩旭光了，韩旭光已经将自己的责任推卸得干干净净。于是沈修杰那锐利的目光又在与会者身上乱转，按照平时，他必然是要让赵辰逸回答的。然而此刻，赵辰逸深深地低着头，在笔记本上涂涂抹抹，尽管沈修杰不停地向他使眼色，但是他始终没有抬头。俞灵芸是指望不上的，因为她也是利益相关者，说话没有说服力。沈修杰只能给徐明美使了一个眼色。徐明美慌忙说道：“我觉得，像昊天这样一家大企业，利润率固然重要，但更重要的是市场份额，倩雪姐的空调事业部市场份额高，理应继续作为重点方向发展。”等到徐明美说完，沈修杰立即接过话头：“各位觉得徐明美同志的意见怎么样？”俞灵芸表示了赞同，段才良表示了反对，最后沈修杰要求投票表决。对于优先发展空调事业部，孔倩雪、俞灵芸、徐明美与沈修杰均投了赞成票，赵辰逸本来准备投弃权票的，然而他没有找到弃权的由头，只能很不情愿地投了赞成票。段才良一个人投了反对票，脸阴沉沉的，散会后便一声不吭地走了。

对于沈修杰来说，这无疑又是一场完胜，他亲切地与韩旭光及其他事业部的主管握手。韩旭光虽然很不情愿，但也喜上眉梢地向孔倩雪表示祝贺，并且鼓励她再接再厉，为公司创造更大的辉煌。赵辰逸似乎已经觉察到韩旭光不简单，这个笑容可掬的人的智慧显然不在自己之下，虽然沈修杰目前得势，但恐怕最后胜利的还是韩旭光。

转眼间，韩旭光来昊天集团已经五天了，除了会见客人，在总部转了几圈，剩余的时间里，他一声不吭地在办公室里琢磨着昊天集团的财务报表。韩旭光自然清楚，在中国，一家公司的财务报表往往有三份：一份用来应付税务，这份财报利润做得少，可以用于偷税漏税，再加上公司与税务机关熟悉的税务会计的居中运作，其实公司也交不了几个税；一份用来分发给股东或投资人，以备将来上市之用，这份财报往往与上份相反，利润极其丰厚；韩旭光在办公室里琢磨的是第三份，也就是公司的真实财务报表，亦是管理用的财务报表，不仅财报他已认真参详，而且明细账与分类账也了然于胸了。

在韩旭光看来，一个不懂财务报表的管理者，他的管理是不可能入门的。关于财务报表的作用，对外便是一张有用的军用地图，不仅自己的优势与劣势跃然纸上，而且对方的优势劣势也历历在目，这样便可以做到知己知彼，得心应手；对内，财务报表就是一张翔实的病情诊断书，它能清楚地显示企业的缺陷在哪里，从而让管理者对症下药，有的放矢。倘若一个管理者不能领会财务报表的奥妙，那么他便不能总揽全局，要么是瞎子摸象，顾此失彼，要么是胡乱用药，庸医误病。比如说吧，韩旭光认真分析了空调事业部的情形，空调事业部虽然营业收入逐年扩大，然而总资产收益率逐年降低，特别是集团总部为其作保的几个亿的银行贷款，利息居然进了总部的财务报表，显示了集团资源对它的倾斜与孔倩雪管理能力的拙劣。而洗衣机事业部正好相反，虽然营业收入原地踏步，然而总资产收益率逐年递增。果然不出韩旭光之前所料，段才良不仅在科学技术上是一把好手，而且在管理技术上也造诣颇深。

韩旭光拿起一支笔，边看财务报表，边在旁边的笔记本上做着记录，旁边放着一杯茶，他不时地呷一口。今日大雪从早上便下个不停，十点不到，临江市的街道便披上了一件银色的外衣。韩旭光拿着茶杯走到窗前，看着街道上，人们戴着帽子艰难地挪动着。在昊天集团的那个喷泉周围，有几个顽皮的孩子脸颊红红的在打雪仗。几个留羊角辫的女孩堆砌了一个雪人，正在给它描眉。

这一切都是这么清新自然，韩旭光轻轻地叹了一口气，自言自语道：倘若人永远长不大，心思简单得像个孩子，那该多好哟！他轻轻呷一口茶，又无奈地摇摇头，觉得自己真是太天真了。韩旭光是相信人有原罪的，这种原罪从出生那一刻便已然注定。在韩旭光看来，一个人的出生就必然会剥夺另一个人出生的权利，或者说，世界上的资源也就这么多，对于某些人来说，要想多一点儿，就会到别人手中去抢、去夺，尔虞我诈、巧取豪夺。这便是商人的哲学，或许抢夺利益的过程中有过合作，但最终还是为了分赃。

银装素裹虽然令人心旷神怡，红尘却必然辜负于它，种种红尘庸碌却又偏偏令人牵肠挂肚、流连忘返。韩旭光扭过头，走到外面张珺瑶的办公室。其实这是一个套间，中间隔开，外面一个狭小的地域便成了张珺瑶的办公室。张珺瑶的办公室大门洞开，一束红梅被她小心地插在面前的花瓶中。韩旭光一出门便已经瞅见，张珺瑶正边在淘宝网上购物边跟朋友聊天，直到韩旭光走近，她都没有察觉。

韩旭光轻轻咳嗽一声，张珺瑶的右手犹如触电一般，从鼠标上挪了开来，红着脸站起来看着韩旭光："韩总，对不起，我再也不敢了。"张珺瑶恭敬站着等待着韩旭光的批评，然而韩旭光并没有批评她："列宁同志不是说过嘛，不懂得休息的人便不会工作，没事的时候上上网没什么不好，只要不影响工作就行。反正今天下大雪，没什么大事。"韩旭光说完看张珺瑶还站着，便一边伸出右手示意她坐下一边说道："坐下嘛，不要这么拘谨，搞得好像我这个总经理对下属很刻薄似的。"张珺瑶机灵地接过韩旭光的茶杯给他续了水，便忸怩地坐到办公椅上。

"明天周六休息，你周六准备怎么过呢？"韩旭光边踱步，边无心地问。"我嘛，我喜欢逛街买东西！"张珺瑶一边收拾文件，一边微笑着回答。"和男朋友？""我哪里有男朋友哦！我是和张茹雪。"这个张茹雪是段才良的秘书，与张珺瑶同时从省城里大学毕业，搞美术的，后被招聘到了昊天集团。两人在岗前培训的时候认识了，因为都姓张，便自认家门，结为姐妹。两人同心情深，形影不离。不巧的是，张茹雪岗前培训结束便被分到了隐山县的洗衣机事业部，不久之后又成了段才良的秘书。但是几乎每个周末，张茹雪都会到临江市区与张珺瑶相聚游玩，而且她们之间无话不谈。

"是我们昊天集团的那个张茹雪吗？"韩旭光捧着茶杯问道。

"是的呢！韩总也知道她？"张珺瑶惊疑地问道。

"尽人皆知的美女嘛，咱们昊天集团哪个不知道？"韩旭光瞅着张珺瑶的脸好像突然有些尴尬，便心知她是不快了，毕竟哪个女人会希望一个男人在自己面前说别的女人漂亮？哪怕这个女人是自己的闺密，甚至是自己的亲妹妹，也是令其无法忍受的。韩旭光于是呷了一口茶，没有停顿地诡异地盯着张珺瑶继续笑道："咱们昊天集团两大美女，第一大美女远在天边近在眼前，第二大美女是她的闺密。"

"韩总净会拿人取笑！"张珺瑶红着脸，忸怩地说。

"张茹雪好像在隐山吧？隐山可是一个好地方啊，唐朝的时候，众多高人隐居于此，访仙问道。隐居终南山的人是假隐，借名而出仕；隐居于隐山的人才是真隐者，他们寄情于山水，纵情于诗文，怡然自得。我以前读书的时候，听说隐山有一处温泉，淙淙细流，养生佳处！"

"韩总的知识还真渊博呢！隐山县果真有一处大温泉，我还去过几次呢，每次我都在中间呛水，是茹雪姐拉我起来的。"张珺瑶没想到，这个韩旭光居然如此精通文化历史，她顿感钦佩地回答道。

"这大冷天的，要是能够去隐山县泡一次温泉就好喽。"韩旭光一边将余下的茶一饮而尽，一边迈着缓慢的步伐进去了，轻轻关上了门。

周六上午，雪停了，暖洋洋的太阳将白色的光洒在白皑皑的雪地上，折射出银色光芒。尽管闹钟已经响过三四遍了，可是张珺瑶依然窝在被窝里不想起来。等到闹钟再次响起的时候，她才从被窝里伸出一只手，将闹钟按停了，顺势用力将被子一掀，坐起来伸了一个懒腰，走下床去将落地窗前的窗帘拉开。哦，新的一天早就开始了。

张珺瑶的确是个美人，蓬乱的头发，惺忪的睡眼，加上年轻女孩那种可人的脸蛋，婀娜的身姿配上适中的胸脯，如出水芙蓉一般在阳光的亲吻下摇曳，在屋里留下一道长长的背影。她显然是感觉到了冷，加上今天又是星期六，所以拉开窗帘的她并没有像往常一样到洗手间里去洗漱，而是对着落地窗站了片刻，便又回来睡在了床铺上。

实际上，张珺瑶已经睡不着了，她眼睛睁着，窝在被窝里，左思右想。这个韩旭光是什么意思呢？昨天无缘无故地出来说那样一段话，还特意地提到了张茹雪。其实张珺瑶已经看到，韩旭光说自己漂亮之前偷偷瞟了自己一眼，啊哈，男人还真都是外貌协会的，看来这个家伙已经被茹雪姐的外表给魅惑了——她本来想用“迷惑”，可心中还是不由自主地呈现了魅惑这个词，而出现这个词时，她又在心里责骂自己的邪恶。假如韩总真的看上了张茹雪，那么自己该怎么办？难道成人之美吗？那该有多尴尬。然而，不是说韩总已有妻室了吗？通过与他的接触，他好像并不是一个好色的男人哩。张珺瑶时常琢磨，自己虽然算不上倾国倾城，但自信还有几分姿色，公司里的小伙子总是有事没事地故意从总经理办公室的门口经过，其实他们哪里是有事，只是故意上来看看自己。然而韩总不动如山，始终保持着恰到好处的距离。这些问题不断地搅动着张珺瑶好似糨糊的脑袋，她竟不知不觉地用力地在脑袋上敲打了起来。

正在张珺瑶狠狠地敲打着脑袋的时候，门突然开了，张茹雪进来了。张茹雪跟张珺瑶本是好姐妹，加上在岗前培训的时候两人便同住于此，所以她有这个房子的钥匙。她一进来便看到张珺瑶在狠狠地敲打着自己的脑袋，便扑到床上去：“珺瑶妹妹，你病了吗？”张珺瑶扭头一看，原来是张茹雪，便做了一个鬼脸：“茹雪，我哪是病了哦，我心里烦。”张茹雪立即羞她道：“看来我们家的珺瑶也开始交男朋友了，居然也有心事了哩。来，跟茹雪姐说说，是哪个男孩？”

张茹雪比张珺瑶大三岁，今年已经二十五了，因为年龄相仿的女人都不喜欢被对方称为姐，所以张珺瑶每次就叫她茹雪，而张茹雪称张珺瑶为珺瑶或者珺瑶妹妹。张珺瑶对张茹雪无话不谈，她便将韩旭光对她说的一五一十地全告诉了张茹雪，末了还添上了一句：“茹雪姐，估计你马上就要来顶替我的位置了！”其实这也是张珺瑶对张茹雪说出这一切的另一层原因。她不想去隐山，她更愿意在临江市做总经理秘书，现在她对张茹雪和盘托出，想的是凭借自己与张茹雪之间的姐妹之情，张茹雪必定不会也不好意思夺她所爱，来临江鸠占鹊巢。

张茹雪虽然只比张珺瑶大三岁，但她从小父亲便过世了，是跟着继父长大的，很早便洞悉人事纠葛，特别老成。她立即看出了张珺瑶的意思，轻轻拍了一下她的脑袋道：“傻丫头，你真是世上本无事，庸人自扰之。如果韩总真的想把我调到他身边做秘书，他会把这件事告诉你吗？就好比你将来找个老公，他在找情人之前，会先让你知道他想在外面找个情人？”听张茹雪这么一说，张珺瑶茅塞顿开。是啊，像韩总这么聪明的人，没有理由犯这么低级的错误的啊。

“妹妹啊，咱们韩总的真正意思，是让我们段总请他去隐山县泡温泉呢！”张茹雪笑着说道。“那他为什么不直接通知你们段总，说他想去泡温泉？”张珺瑶双手搭在被子上问道。“这个韩总恐怕有他自己的意思吧，你就别替他操心了。”张茹雪边把张珺瑶的被子掀开，边说道，“这下我们的问题少女可以放心了吧，姐姐不跟你抢韩总哩。”

张珺瑶轻轻地在张茹雪的脑袋上敲了一下，便下床梳洗。之后张茹雪陪着张珺瑶心不在焉地逛了半天街。因为韩旭光让张珺瑶穿得白领一点儿，张茹雪便替张珺瑶选了几件短裙小西服。如释重负的张珺瑶显得特别开心，因为从昨晚开始，她便在拆解韩旭光的哑谜，现在在张茹雪的点拨下终于拆开了。本来张珺瑶想留张茹雪在临江歇一夜，但张茹雪坚持要回去。张珺瑶看她去意已决，便不再强留，吃过午饭，在下午三点左右，她将张茹雪送上了去隐山的车。

临江市到隐山县走高速公路需要两个小时，高速公路穿过山谷，层峦叠嶂的山峰扑面而来，林木郁郁葱葱，时而鸟鸣山涧。车上的人多半是到隐山县泡温泉的。今天是星期六，又雪过天晴，去隐山泡泡温泉，既可以缓解一周的劳累，亦可以与家人联络感情，何乐而不为？

尽管车上的人欢笑而且哄闹，只要山上有野兔飞奔而过，车上的小孩便嘈嘈杂杂地拉着爸爸妈妈往窗外看，张茹雪却完全没有这份惬意。尽管她向张珺瑶解释了韩旭光对她说那番话的真正原因，然而她并没有一语道破。张茹雪尽管也当张珺瑶是闺密，时而促膝谈心，时而打斗欢闹，但张茹雪的人生际遇使她显得十分老成，即便在最亲密的朋友面前，她也不愿意真正地推心置腹，袒露胸怀。当张珺瑶问她韩旭光为何绕这么大一个圈的时候，张茹雪欲言又止，这便是张茹雪，一个心地善良、姐妹情深，同时又世故老成、心思缜密的女人。

倒不完全是因为张茹雪不能在张珺瑶面前道出原委，事实上，张茹雪自己也没有完全琢磨清楚。倘若她将所思所想告诉张珺瑶，张珺瑶把不住嘴风透露给韩旭光，结果是牛头不对马嘴，那韩旭光岂不是要轻视自己的能力？所以，在心不在焉地陪着张茹雪逛街的时候，她满脑子都在琢磨韩旭光的真正用意，韩旭光真是高深莫测啊。

其实，张茹雪与韩旭光见过一面，时间很短。就在几天前，段才良到昊天集团开会的时候，张茹雪带着文件就站在会议室的外面，与张珺瑶聊天。韩旭光并不认识张茹雪。散会后，当段才良拂袖而去的时候，张茹雪是想让段才良跟韩旭光握握手的，然而段才良没有这样做。在段才良看来，韩旭光投了弃权票便是狡黠，便是老狐狸，这种阴风阵阵的人，自己向来看不惯。张茹雪显然已经看出了端倪，无奈段才良就如一头犟驴，怎么也不可能拉回来，她也只得作罢。

在张茹雪看来，韩旭光的到来，对段才良是一个难得的机会。不仅如此，她已经冷眼观察了韩旭光，这是一个绝顶聪明的人，像他这样一个聪明人，肯定会想到拉拢段才良。然而，聪明人与愚笨者的差距大多数时候并不在于眼界，而在于耐心。韩旭光即便认识到拉拢段才良的重要性，也不会火急火燎地流露出来，他显然还要观察段才良的能力，倘使不慎与庸者为伍，岂不坏事？再则因为韩旭光是新来乍到，根基浅薄，显然只能忍辱负重，不动声色地与沈修杰慢慢周旋。

张珺瑶显然已经认识到了问题的重点。如果韩旭光只是想去隐山县泡温泉，只要打个电话，段才良便必然立即应允，然而他没有。张茹雪思忖，假如韩旭光亲自打电话给段才良，让段才良来请自己，不仅是自降身份，而且在沈修杰以及昊天的所有员工看来，新来乍到，诸事未就，便好逸恶劳，四处游逛，还没开始办事便已经想到了去泡温泉，这样的酒肉干部要之何用？当然，韩旭光还可以用另一种方式，说年底已近，要下去考察，这也是一些领导游山玩水常用的绝好托词。考察者，游玩也。然而这势必要通过董事会或者经理办公会的层层讨论，韩旭光也必须请示沈修杰，因为新领导上任，他的首次落脚之处便不仅是落脚，更是显示了他的工作重心，那么沈修杰岂能让其到隐山县？孔倩雪的空调事业部地处山阳县，距离临江市更近，如此一来，韩旭光的首次落脚地便不会是隐山县，而是山阳县。韩旭光既然没有作出如此选择，看来他并不想去山阳县。

“看哪！”一声小孩的叫声打乱了张茹雪的思绪，原来外面树上有一只猴子掠过。张茹雪看看外面，客车已经走了一多半路程了，还有一会儿便可以到隐山县了。张茹雪继续思考，韩旭光这次到隐山，恐非游山玩水这么简单。看来在昊天内部，一场不动声色的夺权运动即将展开。张茹雪想，其实段才良是没有退路的。在韩旭光到来之前，段才良与沈修杰已经势同水火，此时此刻，他没得选择，只能选择站到韩旭光这一边。张茹雪估摸着，赵辰逸也会重新掂量其中的分量，从上次决策会上赵辰逸埋头不语的表现，张茹雪已经看出了他的动摇。沈修杰虽然年届五十，经验丰富，但现在看来，韩旭光的智谋显然无人能及，取胜的可能性很大。特别是传闻沈修杰这次是可以董事长、总经理一肩挑的，因为他与谭鹏飞有或明或暗的关系，然而硬生生地杀出个韩旭光，看来韩旭光的后台比谭鹏飞还要硬。

如果仅仅想到这一层，张茹雪就不是张茹雪了。段才良可能有了出头之日，张茹雪应该感到高兴，然而张茹雪怎么也高兴不起来。以段才良的性格，在沈修杰手下也许还有立足之地，然而在聪明人韩旭光手下，段才良就完全不是他的对手了。韩旭光是个什么样的人？他会不会兔死狗烹、鸟尽弓藏？此时，张茹雪显然还无从知晓，但她祈祷韩旭光不要这样。

在张茹雪左思右想地将所有思绪都连成一条线的时候，她已经完全琢磨清楚了韩旭光的想法。的的确确，韩旭光此刻就是这样想的。短短的两个小时倏忽而过，本来张茹雪还想在车上躺着睡一会儿的，想不到这么快，隐山县已然呈现在了她的面前。她下车后打了一辆车，这辆车出了长途车站，驶向了洗衣机事业部的宿舍区。

第五章 共生关系

当一个男人放弃一段感情的时候，他还可以有另外的选择，但当一个男人为了一个女人放弃辉煌的事业的时候，他必将失去所有的女人

洗衣机事业部靠山而建，景色十分优美，前面是几排单元楼，职工以及职工家属便居住于此。张茹雪还没有分房，租房住。后面是几栋黄白相间的别墅，星星点点地点缀在葱绿的山腰上。段才良等经理以上的干部便居住于此，蜿蜒的小路将别墅与大路连了起来。

张茹雪走进了宿舍区的大门，这个大门她是如此熟悉又陌生，她不知道这个大门是否最终能通往自己的家。门口小卖部的李大爷亲切地跟她招手，她便抖落脚上的泥水，走进了这个小卖部。李大爷笑呵呵地边让她烤火，边将电话递给她："茹雪啊，打电话吧？"张茹雪难堪地接过了电话，拨了那个让她既感到熟悉又略显陌生的号码，电话接通了，张茹雪报了自己的名字。"茹雪啊，怎么这么快就回来了？你上来吧！"直到此时，张茹雪才舒展开紧锁的眉头，告别了李大爷。

后面的李大爷看到她走远后，才叹息道："这么俊的一个姑娘，可惜了。"段才良其实已经结婚，而且女儿已经上了小学。他的妻子为女儿的教育考虑，并没有跟着段才良来到昊天集团，而是住在了省城，但是周六日她经常会带着女儿来到隐山县，与段才良一起过周末。这些张茹雪都知道，她

之所以用公用电话打到段才良家中，便是试探段才良的老婆是否来到了隐山。如果段才良回答“老王啊，我在家忙着哩”，则表示他老婆来了，张茹雪便不再上去，独自离开。

曾经很多次，张茹雪都有冲上去的想法，然而在下面凝望许久，始终没有迈开脚步。作为一个女人，她希望得到这个男人，不仅是实质上的，而且还是名分上的。同样也作为一个女人，娇羞使她放弃了这种冲动，自己作为一个第三者，或者时髦的说法叫小三，已经破坏了别人的感情，还这样理直气壮，这样冠冕堂皇？如果她冲上去，不仅她的职位难以保全，段才良也必定会落寞地离开昊天。男人对一个女人的感情即便再坚不可摧，也不会容忍一个破坏了他的前途的女人。当一个男人放弃一段感情的时候，他还可以有另外的选择，但当一个男人为了一个女人放弃辉煌的事业的时候，他必将失去所有的女人。这些张茹雪懂，她只要一上去，便彻底出局。

所以，哪怕下嘴唇被牙齿咬出了血，哪怕削葱般的手指上的指甲嵌入了肉中，她依然选择了离去。她曾经不止一次地默默地问自己，自己为何会喜欢上这个男人，她曾经列举了他的几十个坏毛病，比如他邋遢、倔强、脾气火暴，甚至粗心地忘记了自己的生日……她期许着自己能因此而忘记他，然而她不能。女人在不爱一个男人的时候，总是拿他的好来说服自己，然而一旦她爱上这个男人，却往往钟情于他的坏。张茹雪想，如果连他的所有缺点在自己心中都已经变得韵味十足的话，恐怕自己是真的爱上他了吧，尽管恍如梦魇。

段才良是怎么想的呢？即便聪明如张茹雪，她也不会去仔细琢磨。莎翁不是说过，恋爱中的女人是一个疯子嘛。在张茹雪眼中，段才良总是一个小顽童，他不够圆滑，不够世故，然而这正是她爱上段才良的真正缘由。女人对爱情有着天生的不安全感，因为太过于在乎，所以她们担心失去。她们不敢与过于复杂的男人接近，即便欣赏，她们也只是对聪明的男人莞尔一笑，然后独自离去。她们喜欢段才良这样的简单男人，洒脱而不拘泥，轻松而不沉郁。然而张茹雪万万想不到的是，男人既然能在最在乎的事业上都如此潦草，那么他们的爱情岂能认真？段才良只是喜欢，便与她在一起了。张茹雪怎么可能不让男人喜欢呢？她高挑的身材、丰满的乳房、精致的五官，还有一头迎风飘逸的秀发，深邃的眼眸与冷峻的笑容，就像一个谜一样吸引着一个个男人去解读。而段才良居然解开了这个谜，那么这个谜除了利用的价值，便寡然无味了，张茹雪有一个智慧的头脑，段才良他需要。

办公室里只有利益，没有爱情，这是张茹雪早就体味到的，但是实在不愿相信。关键在于张茹雪太过年轻，才二十五岁啊，她把朝朝暮暮、耳鬓厮磨错误地当成了一种情愫，也就注定了她此时的悲剧。尽管段才良总是与她夜夜春宵，然而关于责任、关于未来，他只字不提。即便是张茹雪巧妙地暗示，段才良也是顾左右而言其他。上次张茹雪直接一语点破，段才良却露出了他的狰狞，甩手便走，张茹雪伤心地哭了一夜，她下定决心忘记这个人。但工作的时候她还是必须面对他，在他的甜言蜜语与糖衣炮弹的夹攻下，张茹雪回到了段才良的身边。

此时，张茹雪的脑子其实很乱。她很想见到段才良，她的脚步匆匆地行进，与此同时，她也很害怕见到段才良，她怕自己陷得更深。尽管事实上她已经坠入情网，不能自拔，可她总是欺骗自己，认为自己能纵横捭阖，收放自如。夹杂着这样的复杂感情，那扇熟悉的门又出现在面前，她依然轻轻地敲响了这扇门。

段才良打开门后，喜笑颜开地抱起了张茹雪，用脚轻轻地将门一钩，门便轻声地关上了。这栋两层小楼中的每一个角落，都曾经成为他们激情的场所，床上、沙发甚至地板与卫生间，都留下过他们这段孽缘的痕迹。张茹雪将挎包使劲一甩，任段才良拥抱着上了楼。此时此刻，张茹雪所有的想法都已经消失，她的整个身体已经酥软了，她需要这个男人来爱抚，哪怕他弄死自己也愿意。

段才良其实痴迷于她的胸脯，他总是在亲吻张茹雪的时候用力地捏住她的奶子，他喜欢听到张茹雪这个时候的不知是痛苦还是享受的呻吟。张茹雪用力地咬住他的颈，就好像她能将所有的不满都通过这种方式予以发泄。一阵疾风暴雨之后，张茹雪最终还是屈服了，她扑在段才良的胸口，段才良点燃了一支烟，就这样躺着。

“你去临江怎么这么快便回来了？”段才良问。

“你是想让我去得久一点儿吧，不碍着你找别的女人。”张茹雪趴在他的胸口，闭着双目，从嘴唇的夹缝里挤出这么一句似醋非醋的话来。

“我是关心你嘛，你啊，净把好心当成了驴肝肺，我的眼睛什么时候盯过其他的女人？”段才良抽了一口烟，抚摸着张茹雪的头说道。

此刻，张茹雪非常想问段才良，难道你不盯你的妻子吗？然而她知道，当自己说出这句话的时候，先前云雨之欢的温存便会全然荡尽，更何况今天还有正事，她便只能对此缄口不言了。

在沉默了一段时间后，张茹雪翻个身坐了起来，她点燃了一支烟，在云雾缭绕中，她将张珺瑶对自己说的话告诉了段才良。

“韩总这是什么意思？”段才良焦急而又不解地问。

“你还没看出来吗？这是让我们请他来咱们这里泡温泉哩。”

“应该的啊，请韩总到我们这里泡温泉，我求之不得。”段才良说。

“难道沈修杰不请吗？还有赵辰逸？”张茹雪问道。

“是哦，是应该把他们都请来，还有孔倩雪、俞灵芸，她们与赵辰逸是一个级别呢，将她们都请来吧！”段才良边抽烟边笑着说。

张茹雪看着天真的段才良，这个男人居然如此简单，把孔倩雪与俞灵芸请来是什么事？韩总到这里来显然有他的目的，虽然自己此时还没有猜透，但这是明摆着的，倘若韩总有什么重要事项需要宣布，不把孔倩雪与俞灵芸支开，恐怕沈修杰的势力依然会占优势。韩总如此精妙的一步棋，险些就被这个不通人事的段才良毁掉了。

“我看，孔倩雪与俞灵芸就不必请了吧。”张茹雪看着段才良说。

“既然你说不请，就不请了吧。”对于这样复杂的问题，段才良懒得去动脑筋，他说完便再次搂住张茹雪，他们再次窝进了温暖的被窝。

星期一上班后，张茹雪便写了邀请函，直接传真到了总部：

沈董、韩总亲启：

冬日岁暮，适逢瑞雪，特邀沈董、韩总等总部各位领导元旦期间莅临隐山洗衣机事业部考察工作。隐山温泉，远近闻名，驱寒养生，劳顿之余亦可解诸位领导工作之疲劳。

收到即复，翘首以盼。

顺颂商祺！

洗衣机事业部诚邀

当韩旭光看到这份邀请函时，他知道自己的谋略已经成功了。这是一个好消息，这不仅能让自己后面的棋顺利地下下去，也说明段才良亦非等闲之辈，尽管他并不知道段才良背后有位女军师。

韩旭光果真是一个并不简单的角色，当赵辰逸见到来自段才良的邀请函的时候，他的心中闪现了这样一个念头。赵辰逸其实早就将心里的天平偏向了韩旭光，在韩旭光来到昊天的那一刻，赵辰逸便知道了韩旭光不简单。以沈修杰与谭鹏飞的关系，他居然没有兼任董事长与总经理。虽然谭鹏飞拍着胸脯向沈修杰保证，韩旭光只是来走个过场，沈修杰也将谭鹏飞的话到处宣扬，但赵辰逸觉得这件事情也许未必如此简单，韩旭光的背后到底有谁，他还没有琢磨清楚。话又说回来，职位是上级任命的，但权力是要自己去争取的。前几天韩旭光初来乍到，赵辰逸还没有摸清楚他的能力，贸然将注码押在韩旭光身上，这不是谨小慎微的赵辰逸的行事之道，他没有根基，输不起。通过这十来天的仔细观察，这个韩旭光虽然表面上温风和煦，并不严厉，然而做事滴水不漏，城府极深。据赵辰逸推测，韩旭光的韬略绝不在自己之下，甚至可能更高明。在今天这份邀请函到来的时候，赵辰逸心里的天平就完全倾向了韩旭光。

此时，沈修杰犹如一盆冷水在三九天里从天而降，淋了他一个透心凉，尽管他知道这是一个阴谋，然而无计可施。拒绝隐山县的邀请？这是不可能的，这不仅会让洗衣机事业部的好几百名员工痛恨他，而且韩旭光那里如何解释？打电话叫上孔倩雪与俞灵芸一起去？这恐怕也不行，这份邀请函写得明明白白，邀请的是总部一干员工，自己硬生生地扯着她们一起去是个什么意思？更何况她们也未必会去。沈修杰亦可以身体原因推托，选择不去，倘若自己不去，到时又必定要向韩旭光假以事权，因为邀请函上说得很清楚，邀请各位领导来此是莅临指导，倘若自己不在场，便没有谁能弹压住韩旭光，他便可以大张旗鼓，先斩后奏。

韩旭光，你真是用心险恶啊，尽管沈修杰一直在钻研李宗吾的《厚黑学》，但他还是不停地咒骂。钻研《厚黑学》是必须的，自古以来帝王都将仁义礼智的孔孟学说布施于天下，而对真正有用的法家谋略秘而不宣。中国文化的本源被错讹为孔孟之道，真正是文明之源的权谋学说则为帝王之学，为皇家独享。沈修杰显然也是这样，他希望他的部属都是仁义礼智，弱其志，强其骨，虚其心，实其腹，使之无欲无求，然而韩旭光并不这样，他到底想干什么？沈修杰此时还没有弄明白，他在办公室里来回踱步。沈修杰知道，此时此刻他需要接招了。

沈修杰知道，去隐山县莅临指导之类肯定是韩旭光授意的结果。段才良与自己势同水火，多年来自己都没去过一次隐山县，怎么可能这么巧，韩旭光一上任他便和自己握手言和？倘若韩旭光去隐山，显然是在释放一种信号，新任总经理首次竟落脚于洗衣机事业部，这种信号不仅可以坚定段才良与自己作对的决心，亦能让昊天集团中对自己并不悦服的摇摆者嗅出其中的味道。当然这还不是最可怕的，最可怕的是，韩旭光如果在洗衣机事业部有所行动并且成功的话，那么整个昊天集团的员工便会信服他的能力，而在自己执掌昊天集团的最近几年，效益每况愈下，已经有很多工人不满了。

那么自己还有筹码吗？有。沈修杰想到了孔倩雪，在刚刚过去的董事会上，韩旭光对重点发展空调事业部的议案投了弃权票，这是尽人皆知的。如果开年孔倩雪能在空调事业部打一场漂亮仗，哪怕韩旭光与段才良搞出什么动静来，到时候也能旗鼓相当，不至于落于下风。沈修杰坐回了座位上，拨通了空调事业部孔倩雪的电话。

沈修杰将韩旭光的所作所为，还有对孔倩雪的期望一股脑儿地倾诉给她。孔倩雪显然已经知道自己对于沈修杰的分量，她一边安慰沈修杰，一边拍着胸脯向沈修杰保证，请他放心，明年必定能够在今年的基础上再上一层楼！末了，孔倩雪等到沈修杰挂掉电话之后，听到那个熟悉的嘟嘟声变得没有的时候，她才缓缓挂掉了电话。

正当沈修杰挂掉电话时，韩旭光便敲门进来了。韩旭光一进门便瞅见了沈修杰办公桌上那本倒扣着的《厚黑学》，不禁暗暗好笑。这《厚黑学》虽也算是一本不错的谋略书籍，但将其放在中国古代浩如烟海的谋略书籍中，只能算是个下层智慧。在韩旭光的心目中，中国古代层次最高的谋略书籍是《老子》，这本书将谋略上升为哲学智慧。略次之有三：《孙子兵法》《韩非子》《鬼谷子》。《孙子兵法》的十三篇一直是商家的必读之作，哈佛商学院将其列为必读著作，惨烈的商争不亦是另外的一个战场吗？《韩非子》讲的是政治谋略，虽然在商场上，它的威力还未真正显现，但《韩非子》勾勒出了一整套内部管理法则，将其运用于公司内部管理，必将取得出人意料的成果。至于《鬼谷子》，则是一部绝好的营销学著作，古代纵横家向君主售卖自己，今日商人向顾客售卖自己的商品，不都是营销吗？韩旭光一直都没有搞清楚，为什么国人会把科特勒营销学与德鲁克的管理学奉为神明。殊不知，最好的营销学与管理学就在中国，面对国外那种所谓的营销与管理理论，国人大可不必自惭形秽，妄自菲薄。要论述与《厚黑学》相同的人生阴谋之论，唐代赵蕤的《长短经》不知比《厚黑学》高了几个档次。韩旭光一生醉心于毛泽东的研究，他崇拜毛泽东的种种谋略，对毛泽东的事迹，韩旭光更是如数家珍。毛泽东同志说《长短经》是阴谋，《资治通鉴》是阳谋，韩旭光亦将《资治通鉴》读过多遍，然而韩旭光却并不同意毛泽东的论述。他认为所谓阳谋与阴谋其实同出一辙，如果一个人将谋略用于正道，那么这种谋略便是阳谋；如果一个人将谋略运用于邪道，那么这种谋略便是阴谋。韩旭光一生都想光明磊落地将中华谋略运用于正道，所以当韩旭光看到沈修杰的水平也就是翻翻《厚黑学》，对于其谋略的档次不也就一眼辨明了吗，他岂能不高兴？

“沈董，您在忙啊。”韩旭光一脸笑容地对伏案的沈修杰说道。

沈修杰立即站了起来，呵呵地笑着伸出手去：“哪阵风把韩总刮到我这个老头子这里来了，快快请坐！”

“您可是老当益壮啊。这不，段才良请我们去泡温泉，工作了个把月，骨头都快散架了。”韩旭光坐在沙发上说，看着秘书倒茶进来，他便站起来双手接住。

坐在一旁的沈修杰本来没想提及这个事情，想不到韩旭光竟然自己说出来了。“是啊，这隐山县的温泉好哩，不过我这几年调总部后工作忙，好久没去过喽！”沈修杰呷一口茶道。

韩旭光不禁在心中发笑，段才良能请你去吗？

“要说嘛，这隐山温泉也是我们临江市的一绝，韩总头一回来咱们临江市，我应该尽地主之谊同韩总去看看的。”

“哪里哪里，主要是去鼓励一下洗衣机事业部的员工，顺便去看看温泉，您说是不是啊？”韩旭光诡异地一笑，对沈修杰说。

“对对，你说得对，泡温泉也是工作嘛。”沈修杰也顺着韩旭光的话往下说，脸上挂着笑容，然而这种笑容更多的是一种无奈与做作。

在重要的话题谈完之后，韩旭光与沈修杰又闲聊了一会儿，主要聊的是养生问题。然后，韩旭光便告辞出来，沈修杰本来要送出去的，却被韩旭光强摁下了。沈修杰望着韩旭光的背影，脸上的笑容立即收敛了，阴沉沉的，他在心里愤愤地骂了一句：虚伪！

孔倩雪接到电话的时候，她正准备出门去招聘个秘书。本来孔倩雪一向是习惯于在公司内部提拔员工的，然而她最近发觉这种用人制度似乎有些不妥。孔倩雪发现，一个员工在原岗位上很称职，她也很满意，而一旦给他升任新职后，他便会丢三落四，大不如前了。比如一个销售员，在做销售员的时候服务周到，表现很好，自己便将其提拔为店长，当店长的时候他也还差强人意，随着时间的推移，自己再将其提拔为地区销售总监，然而此后他的表现判若两人。

她开始思考，如果只是从内部提拔干部，一旦将一个员工在表现好的时候升迁，直到将其升到那个他并不适合的职位上，他不能再表现好为止，那么所有职位上的所有职工，便都不能胜任其职位上的工作了，所以办事效率低下，人浮于事。与此同时，以前的平级突然变成了上下级，昨天还嘻嘻哈哈，今天就必须服从命令，也使得升职者难以进行管理。更有甚者，昨天为了争当她的秘书，两个平日里柔声细语的女孩居然一改淑女形象，挽起袖子，在孔倩雪的办公室门口扭打成一团。要不是孔倩雪及时走出门来，厉声喝止，恐怕她们非得在自己的办公室门口酿成流血事件不可。

经过一夜的深思熟虑之后，孔倩雪决定这一次打破常规，不再在公司内部选秘书，而决定采用公开招聘的方式。招聘会是在省城举行的，此时司机与人力资源部的主管吴雅兰正在楼下等着她，由山阳县去省城需要五六个小时。

当孔倩雪走出空调部大门的时候，吴雅兰便迎了上来。因为孔倩雪此时还没有秘书，吴雅兰便主动地替孔倩雪去提行李，去省城只待几天，行李倒也简单。吴雅兰想得倒也周到，待要上车时，她先把孔倩雪的行李放在地上，然后将车门打开，让孔倩雪先坐进车里，之后她绕到后面将行李放在后备厢中。倘若先放行李后开车门，那么孔倩雪便会等在那里，显然有失礼仪。行李放好，吴雅兰轻轻关上后备厢，拉了拉，从另一侧绕一圈，转过来坐到副驾驶的位置。待到吴雅兰在副驾驶的位置坐定，这辆奥迪小车便缓缓地启动了，沿着高速公路飞驰在去省城的路上。

虽然是在国企的行政部，但吴雅兰对一般的规矩还是懂的，比如在车上，倘若孔倩雪不开口，那么除非有重要请示，吴雅兰一定是缄口不言。领导平时工作都很忙，很可能想借着车上的这段时间做短暂休息，闲言聒噪岂不是打扰其休息？事实也的确如此，孔倩雪此刻正想静下心来思考一下自己想要的秘书。在孔倩雪的心中，秘书要能够随机应变，在自己无法解决问题或不便解决问题的时候，能恰到好处地替自己转圜。与此同时，她对秘书最大的要求是要能够绝对臣服于自己的权威，而不是自作聪明、我行我素。至于其他技能上的东西，培养起来并不困难。江山易改，本性难移，那种忍辱负重、言听计从的性格是孔倩雪对秘书最为期待的。

其实，外聘也有外聘的难处。孔倩雪不敢将这场招聘搞得声势隆重。国企虽然表面上是一个企业，然而时常是打着国家的幌子在为一部分特权者谋取私利。上一年，孔倩雪想招聘一名经理，山阳县诸位领导的秘书纷纷请她吃饭，说自己有个亲戚在家待业，望她想个办法。孔倩雪清楚得很，这些秘书哪里来的这么多亲戚？一个个其实都是领导的子女。然而自己的部门地处山阳，不给安排必定被人穿小鞋，但给别人安排的话也着实困难。如果这个安排那个不安排，别人免不了要争口舌。要是全部都给安排了，那样不仅冗员膨胀，而且这些公子哥儿岂是好伺候的？他们来到公司岂会真的做事？纯属一群混蛋。

孔倩雪只能想出新的招数，即所谓的任命名义经理，让几十个人挂着昊天集团经理的名号而并不任事，在家吃空饷。所以在重大职位的招聘上，孔倩雪还是没有外聘的勇气。然而这次只是招聘自己的一个秘书，想必别人也不怎么会说闲话。即便如此，孔倩雪还是再三叮嘱，招聘会尽量搞得低调些。

招聘会在省城的人才交流市场进行。尽管昊天集团已经将招聘仪式搞得尽量简单了，然而国企公开招聘实属新鲜，特别是昊天集团这样全省数一数二的大国企，尽管工作地点在山阳县，依然足够让各位求职者疯狂抢夺。毕竟进了国企便端起了铁饭碗，工资虽然比不过外企，但是劳动强度与下岗威胁基本为零。本来招聘会八点才正式开始，而且仅招一个秘书，注明是需要有工作经验的，然而刚刚七点半的时候，昊天集团招聘室的门口便排起了长龙。孔倩雪与吴雅兰挤了好半天才挤进了招聘室，招聘会桌上的简历早就堆得像一座小山了。

吴雅兰对孔倩雪叹气道："孔总，这么多简历，我们怎么办呢？随机挑选几份吧？"孔倩雪沉着脸对吴雅兰道："这涉及别人的前程，我们怎么能如此草率？"看到孔倩雪严肃认真，吴雅兰再也不敢插话，其实她并不知道，孔倩雪要招聘的秘书，还有着绝密的任务。

孔倩雪不愧为招聘的老手，应聘者能力大小从简历上便可看出个端倪。孔倩雪对吴雅兰说，别看仅仅是个招聘，个中学问大着哩。她拿起一份简历跟吴雅兰说，这个女孩的简历便不怎么好。我招聘的是秘书，并不是招聘管理人员，她居然将当过学生会干部、获得各种荣誉的情况写了几大段，而对她的身材相貌只字未提，商业秘书怎么能不看外表呢？秘书虽然不一定得沉鱼落雁，但好歹也需要眉清目秀吧！孔倩雪顺手又拿起另一份简历，你看这份，照片弄成花枝招展、搔首弄姿的艺术照，我昊天集团又不是妓院，我也不是在招聘一个公关部的经理，这简直是对招聘者的侮辱。在挑选了几份之后，孔倩雪拿着另一份简历哭笑不得。这个女孩身高只有一米五五，她居然还老老实实地填在简历上，虽然诚实是个美德，然而扬长避短也是一种谋略，她的外表难道一点儿优点也没有？比如眼睛、眉毛、脸蛋什么的，她完全可以强调这些，而不必将自己的身高老老实实地写上。她不将身高写在上面，即便很矮也不能说她是欺骗，毕竟我们又没说必须填写身高。就算她长得很矮，在真正面试的时候也完全可以穿高跟鞋啥的，不知不觉便将身高劣势掩盖过去了。

吴雅兰万万没有想到，尽管孔倩雪并没有做过人力资源部的经理，但在自己这个从未真正招聘过员工的人力资源部经理面前反倒成了老手。孔倩雪一语道出了整个招聘的实质，让吴雅兰受益匪浅。吴雅兰今天才明白，招聘其实并不是要选择最优秀的那个人，而是要选择出最适合那个职位的，特别是招聘者心中最想要的那个人。

孔倩雪经过近一个小时的粗略筛选，最后二十多份简历摆在了吴雅兰面前。“你出去让其他人回去，让这些人进来。出去说的时候要诚恳一点，对没有被选中的人要表示歉意，对已经选中的人要表示欢迎，明白了吗？”吴雅兰点点头，便走出了招聘室。等到吴雅兰回来的时候，孔倩雪已经将招聘的试题从公文包里拿出来了。吴雅兰瞅了一眼试题，题目其实很简单，就是让面试者进行自我介绍。正当吴雅兰准备离去的时候，孔倩雪将她叫住，让她把招聘室中多余的椅子都撤去，只留下她跟吴雅兰两人要坐的椅子。吴雅兰面露难色，椅子撤了怎么面试？这试题上已经说了，让应聘者坐在椅子上进行自我介绍啊，现在把椅子撤了，让应聘者怎么作自我介绍？孔倩雪显然看出了吴雅兰的为难，她让吴雅兰按她的意思去做。

拿到这个试题，来应聘的女孩们脸上挂起了笑容，一时竟心花怒放。不就是作个自我介绍吗？对于这些久经应聘的老手来说，这种陈词滥调她们已经说过无数遍了，开口便能来。然而当她们走进招聘室的时候，发现情况并没有想象中那么简单。她们挠头地在屋子里转了一大圈，就是找不到椅子。招聘试题上明明写着，让应聘者恭敬地坐在椅子上，大方地作自我介绍，可是椅子呢？有的应聘者便客气地开口向孔倩雪她们要椅子，没有要到椅子，她们便问孔倩雪站着作自我介绍行不行，在得到允许之后便站着作完了自我介绍；有的直接指责招聘方工作居然如此疏忽，要么愤愤地站着作完了自我介绍，要么干脆涨红了脸，拂袖而去，还留下一串骂声，你他妈不是耍人吗？

拂袖而去的自然没有了机会，而那些作完自我介绍的，孔倩雪将简历都归拢起来，看样子似乎还有希望。只剩下一个人了。她在孔倩雪看来，长得眉清目秀，落落大方，不施粉黛，一身黑色的工作套裙，下仅齐膝，肉色的连裤袜，还有一双黑色的中跟皮靴。一个土黄色的小包包，虽有些破旧，但很高雅。孔倩雪心中思忖，这个女孩若略施粉黛，便是一个十足的美人了，但这恰恰是她的聪明之处，哪个女性领导期望自己的秘书打扮得比自己还要漂亮？这个人一出场，孔倩雪便对她感觉甚好。她在一个鞠躬之后，便用眼睛扫视了一下整间招聘室，天哪，居然没有椅子，她在心里想，然而她立即镇定下来，并没有惊慌，沉思片刻后，便望着孔倩雪说："对不起，主考官。昨晚得知到贵公司应聘，我太高兴了，现在才知道忘记带椅子了。"孔倩雪向她投去了赞许的目光，然后让她站着作完了自我介绍。

等到这个女孩走出去之后，孔倩雪瞟了一眼她的简历，这个女孩名叫苗梦洁，今年刚大学毕业。她扭头对吴雅兰说："就招这个女孩了。""那我现在给她打电话。"吴雅兰道。"不急，你给这几位打电话，让她们在家等消息吧！"孔倩雪把一叠她面试后的简历交给了吴雅兰。

既然苗梦洁已经入了孔倩雪的法眼，孔倩雪为何不让自己立即给她打电话呢？望着一脸疑惑的吴雅兰，孔倩雪笑着拍拍她的脑袋："既然她已经认定了我们昊天集团，那她还急这一天两天吗？"是啊，如果她真正认定了昊天集团，让她再等几天又有何妨？如果她口是心非，在这几天内又找到了其他单位，那又有什么关系呢？员工对企业的挑选是重要的，但是忠诚更加重要。吴雅兰仔细思量，难怪孔倩雪在干部的任命上喜欢任命女人。女人没有男人的那种野心，她们更能安于现状，从而老老实实地为公司谋利，不会三天两头地跳槽，所以堂堂的昊天集团空调部，居然是清一色的娘子军。

在回空调部的路上，吴雅兰对孔倩雪服务得更加周到了。现在，这个五十开外的女人仿佛已经不再是自己的领导，她是一个老师，身上有很多智慧都需要自己用心地学习。

孔倩雪一路上没有说话，她在想着另外的事业，这个事业她已经从事几年了。

孔倩雪回到山阳县的第五天，苗梦洁收到了来自昊天集团的电话，她被录取了。她显然应该感到高兴，昊天集团这样的大国企，五险一金全部齐备不说，所有假期一应按照国家法律，加班亦很少，即便加班也享受着高额的加班补助。更让苗梦洁高兴的是，国企不会裁员。虽然目前经济大势红红火火，可月有阴晴圆缺，说不定哪天苦日子便又袭来。即便到那时，在国企上班的员工也是可以高枕无忧的。

从经济学上来说，国企不裁员是国企最大的劣习，但是谁又能管得了呢？你又能裁掉谁呢？能够进入国企的，哪个背后没有那么一丁点儿关系？公务员考试实行之前，干部子女还可能进入仕途，而实行公务员考试之后，凡是想成为公务员的都得经过考试，国企便成了一些不学无术的干部子弟除了下海经商之外的唯一去处，这个特色大家心知肚明。

苗梦洁激动地坐上了前去山阳县的车。她是了解孔倩雪的，面试之前，她便已将昊天集团的情况及孔倩雪的喜好调查得清清楚楚。知己知彼，方能百战不殆，不了解自己要去的企业而去应聘，这不仅是对自己前途的草率，同时也是对招聘者的不尊重，还浪费双方的时间。其实，苗梦洁在发现招聘室里没有椅子之后，便摸清楚了孔倩雪心中想要的答案，没有椅子显然是招聘者的过错，孔倩雪想要的，是应聘的秘书能够以其为尊，甚至还要心甘情愿地为其背黑锅。这又有何不可呢？作为员工的秘书能够出错，出错之后可以原谅，而不会丧失威信。然而作为领导，他们的错误会削弱自己的权威，即便作为领导的孔倩雪真的错了，她亦只能改正错误，而不能承认错误。作为普通人，承认错误是一种勇敢。而作为公司领导，承认错误便是一种无知，即便真的需要有人来承担责任，机警的秘书也一定会主动站出来将错误揽到自己身上。

当秘书的学问实在是太多了。比如对孔倩雪的称谓，是称她为孔总，这是公开场合的叫法，在私下呢，尽管孔倩雪已经五十开外，但苗梦洁还是称其为孔姐，哪个女人不希望自己年轻呢？再比如出现的时机吧，在公司的礼节性交往与感情性交往的时候，老板显然是希望秘书在场的。至于商业性交往，有些事涉及商业秘密，秘书便需要知趣地退出去。还说这泡茶，领导是喜欢喝茶还是喝咖啡，希望不希望自己正在想问题的时候有人来给续水，还有领导在什么时段喜欢喝什么茶，这些都需要了然于胸。最关键的是说话，一言兴邦一言丧邦的故事古已有之。秘书并不是个人在说话，更多的时候是领导的传声筒，在公司中稍有头脑的员工均会从秘书不经意的言语中窥测出领导的所思所想，毕竟哪个领导愿意将事情完全说清道明呢？作为秘书，若出言不慎，不仅会给公司造成损失，也会危及自身前程。慎言的前提是能够跟领导达成某种默契，领导想让你透露的话，你便将其透露；领导不想让你透露的话，你必须缄口不言。而且还要把握说话的火候与时机，个中学问，非一般外行能够真正理解。

来到昊天集团的苗梦洁显然是做秘书的一把好手，她总是能在早上七点半便来到公司，将孔倩雪的办公室打扫得干干净净。而且她还了解到孔倩雪喜欢郁金香，当孔倩雪进屋的时候，便能看到办公桌上那束淡淡的郁金香。等到孔倩雪来到办公室，苗梦洁便帮孔倩雪冲好一杯乌龙茶，茶香淡雅。在孔倩雪喝茶的时候，苗梦洁便将今天的安排一一道来。苗梦洁有一个笔记本，上面将孔倩雪要做的事情安排得有条不紊。下午上班等孔倩雪稍作休息，苗梦洁便会给她冲泡一杯蓝山咖啡，蓝山咖啡味甘提神。倘若晚上还要加班，晚饭之后苗梦洁会替孔倩雪冲一杯红茶，红茶不嗜睡，利肠胃，美容养颜。每逢孔倩雪晚上加班的时候，苗梦洁便守在门外，坐在办公椅上眯上一会儿，而当孔倩雪出来的时候，她便能立即醒来，这样办起事来就不会呵欠连天，而是精神抖擞，这种偷空休息的假寐功夫是秘书应该练就的首要技能。倘若孔倩雪表扬苗梦洁勤奋加班，她总是笑呵呵地答道："哪有啊，我是恰好自己的工作没做完哩，还要赶工作呢。"

每天苗梦洁都比孔倩雪先来，在孔倩雪离开后才离开，然而真正让她成为孔倩雪的股肱的，是一次开会。那一次，孔倩雪通知销售部的总监鲁正梅还有财务部的总监孙瑾瑜开会，结果孔倩雪故意临时更换了地点，这也是防备商业间谍的常用手法。然而苗梦洁主动将责任揽到自己身上，向鲁正梅、孙瑾瑜他们解释道：自己新来乍到，粗心大意，居然将地点给弄错了。其实哪个又不明白呢，连一向对待下属极为苛刻的鲁正梅也不由得称赞，这个苗梦洁啊，是个人精哩！

谁说不是呢？孔倩雪自己心中也有杆秤。尽管苗梦洁来到公司没有多久，然而孔倩雪已经对她格外亲密了。临近元旦的时候，公司员工给孔倩雪送了不少礼物，有烟酒，有吃食，还有首饰化妆品什么的。孔倩雪便挑了几件像样的首饰，送给了苗梦洁。苗梦洁倒也乖巧，并不推辞，爽快地收了下来，苗梦洁的收而不拒不仅显示了她的大方，还显示了她的机敏。苗梦洁显然参透了孔倩雪的心思，既然领导送你东西，显然是让你为她办事。公司是国家的，但领导还是领导，她还要为自己牟利嘛，你不收她的东西，她怎么好放心地信任你呢？所以苗梦洁早就琢磨清楚了，上司送给自己的礼物，是绝对需要来者不拒的。

果不其然，过了几天，苗梦洁的任务便来了。这是元旦前的最后一个工作日，孔倩雪下午一来到办公室便告诉苗梦洁，有个老客户需要一大批空调，让销售部快点儿发货。苗梦洁应了一声便往外走，后来想想又不对，孔倩雪自己跟销售部打个电话，这事儿不就办成了吗？我去办岂不是越俎代庖？她在思忖片刻之后，便回过头敲门走进了孔倩雪的房间："孔姐，您是让我去销售部通知他们发货吗？是发给什么人？我怕自己弄错了，所以拿个本子来记一下。"孔倩雪看着认真的苗梦洁表扬道："难怪人人都夸你呢，办事认真是个好习惯。是发一万台空调，发给承泽有限公司的沈承泽，要快，这是个老客户，人还在山阳县候着呢！"苗梦洁记完出来后，便匆匆忙忙地往销售部赶。

此时，昊天集团还没有完善的内部控制制度。本来购买货物的程序应该是这样的：先接受客户订单，然后交由信用部门审核客户的信用，之后由仓库发货，销售部门负责催账，财务部门负责收款，整个过程都有完整的会计记录。倘若如是，则能有效地避免各种吃拿卡要、吃里爬外甚至是盗窃公司财产的行为。然而昊天集团显然不是，信用审核部门压根儿就没有，直接由销售部负责联络客户，销售部直接收款，究竟收回来多少，鬼才知道。所以，销售部门的员工都日夜企盼着能够拿到大订单，顺便在里面吃上一笔，至于公司是否能回款，回款能有多少，却无人过问。反正公司是国家的，不拿白不拿嘛。

当苗梦洁气喘吁吁地跑到销售部的时候，销售部的鲁正梅正坐在办公椅上剔牙齿。显然中午陪客户吃饭的时候，那只烤全羊太瘦了，鲁正梅已经下定决心，下次应该吃海鲜，甭管他是不是内蒙古的客户，反正整个公司的费用安排都没有预算，不吃白不吃嘛，这也太受罪了。鲁正梅自言自语地骂着，尽管是个女人，但她骂人的水平是整个昊天集团都出了名的。鲁正梅办公室的门半开着，所以苗梦洁一眼便瞥见了正在剔牙的她。苗梦洁并没有直接进去，而是站在拐弯的地方等着鲁正梅将牙齿剔完，漱了口，再次坐到办公椅上拿起一张今天的报纸的时候，才走到门口敲门。

“梦洁啊，什么风把你吹过来了！”鲁正梅一看到苗梦洁进来了，便迎了上来，主动伸出了右手。尽管苗梦洁的职位并不高，但她是孔倩雪的秘书，而且鲁正梅细心观察，孔倩雪对这个小妮子亲昵着哩。

“鲁总，瞧您说的。我这是无事不登三宝殿，是求神来了哩。”苗梦洁一边微笑着与鲁正梅握手，一边说。“来，沙发上坐！”握手后，鲁正梅一边指着沙发，一边去给苗梦洁倒茶，起初鲁正梅准备叫秘书倒茶的，然而转念一想便亲自拿起了茶杯，凑到饮水机旁去加水。

当鲁正梅双手将这半杯茶奉到苗梦洁面前的时候，苗梦洁弓着身子站了起来：“鲁总，您太客气了，哪担得起您给我倒茶呢。”“你是孔总身边的红人，见你便如见孔总嘛！”鲁正梅一边呵呵地赔着笑道，一边坐在了苗梦洁的身边，拉着她的手说，“妹子，说说什么事？”

“孔总说，让您给承泽有限公司发一万台空调，说人家是老客户，还在山阳县等着，要快！”苗梦洁笑着对鲁正梅说。鲁正梅心中十分欢喜，这么大的一个客户，她不知能从中拿多少回扣呢，然而面对苗梦洁，她面露难色地道：“这个恐怕不好办哩，公司发货都是有成例的。”鲁正梅说完便叹气摇头。苗梦洁心中自明，道：“孔总刚才还夸您有办法呢！这不是客户要得急嘛，凡事都有个例外不是？”鲁正梅在心里想，这个苗梦洁真是个人精，显然是在拿孔倩雪压我。她便站起来在办公室里转了一圈，然后转过身来对苗梦洁道：“既然妹子你来了，我今天也就给你破个例，谁让你是我妹子呢。”鲁正梅一边说，一边给苗梦洁填发货单，发货给承泽有限公司空调一万台。又写明了收货人，还有收货地址，交给苗梦洁签了字，盖上公章。

苗梦洁拿着发货单，连声向鲁正梅道谢之后才告辞。鲁正梅将她送到电梯口，在苗梦洁再三推辞下，鲁正梅才没有再送，回了办公室。苗梦洁拿着发货单又到仓库，等到仓库的人员把单子上的货物都点算清楚，并且看着这批货发出了厂门，她才掸落了身上在仓库中沾染的灰尘，高兴地回到办公室。此时已经快晚上十点了，她这时才突然发觉，自己的肚子在咕咕作响。她给孔倩雪打了一个电话，说货已经发出去了，特别说明她是亲眼看着这批货发出去的。孔倩雪在电话中不停地表扬，这表扬让苗梦洁心中的温暖驱除了一整天的疲劳与苦寒，她坐在办公椅上叹了口气。

第六章 共生关系

在企业与在政务领域的不同之处在于企业的管理业绩是实效，成果摆在那里

正当苗梦洁坐在办公椅上望着天花板发呆的时候，屋外一个人影一闪而过。苗梦洁并不去管他，她心中清楚，这个人是财务总监孙瑾瑜。此人年近三十，至今未婚，戴着一副老式眼镜。一个大老爷们，一对着女孩子说话脸就红红的，加上不爱运动，整日坐着，三十未到，腰上的那圈肥肉便挤了出来。从苗梦洁来到昊天集团上班的那天起，每次加班的时候，她的屋外便会闪现出一个黑色人影。

起初他把苗梦洁吓了一个半死。有一天，这个黑色人影出现的时候，苗梦洁发现了。她拿起了一个扫把，小心翼翼地走了过去。因为苗梦洁并不了解外面的这个黑影的情况，一则怕误伤好人，二则也是不知虚实，难免吃亏，所以她便选择了扫把作为武器。当她走出办公室大门的时候，这个黑影显然没有为非作歹的意思，一闪而过。苗梦洁开始琢磨了，这个人看来不是个小偷，亦不太可能为劫色，三天两头黑暗中窥视，难道是个偷窥狂？

从此以后，苗梦洁便多了一个心眼。她故意在墙上挂了一面镜子，当她发现那个黑影出现的时候便转过椅子去，那个黑衣人果然露出了原形，原来是孙瑾瑜。孙总？这个发现让苗梦洁惊呆了。在苗梦洁的心中，孙总并不算

是个坏男人，虽然其貌不扬，但也老实本分。而且据苗梦洁的细心观察，他似乎也没有偷窥的习惯，凭借女人微妙的直觉，这个男人八成是喜欢上自己了。在苗梦洁心中，她并不喜欢孙瑾瑜。苗梦洁是个十足的美人，在整个昊天集团，她的美貌应该仅次于张珺瑶与张茹雪。张珺瑶有一种天然的美，犹如一朵莲花清新可人；张茹雪的美源自一种冷，犹如一道谜语，让人永久探寻；苗梦洁则二者兼具，既有张珺瑶的那份纯情，又有张茹雪的一丝冷艳。反观孙瑾瑜什么也没有，不到一米七的个头，粗壮的腰围，一副老式大眼镜都快掉到地上了。更让苗梦洁感到恶心的是，这个人的后背总是披着一层厚厚的头屑，走起路来便可以下起雪。至于说话，孙瑾瑜吞吞吐吐，既不能口吐莲花，也不能旁征博引，简直就是一无是处。然而就是这个孙瑾瑜，肩上扛着中国注册会计师与英国公认会计师的两大头衔，所以在财务部，理所当然成了总监。

其实，孙瑾瑜也知道自己其貌不扬，即便如此，当他看到婀娜多姿、碎步盈盈的苗梦洁在身边飘过时，也为这个女人着迷了。但是孙瑾瑜没敢约她，甚至连给她发个短信的勇气都没有，每次例行公事与苗梦洁见面的时候，打个招呼便觉得双颊发烫，至于那种送花的浪漫行径，孙瑾瑜活了三十岁压根儿就没敢想过。所以，他只能在每个加班的漆黑夜晚，孤零零地躲在那个角落远远地凝望着苗梦洁。当苗梦洁走出来的时候，他便一闪而过，尽管这是一种病态的自卑，但又怎么能责备这个可怜的人呢？

其实苗梦洁心里也并不好受，尽管作为女孩子被人暗恋是一件幸福的事情，但每次看到孙瑾瑜出现在那个角落的时候，她都想冲出去跟他说清道明。然而她出去能说什么呢？别人暗恋她只是自己心中的一个想法，说不定还是自己自作多情呢，所以只能由他去了，等到哪一天，孙瑾瑜把这件事情说破的时候，苗梦洁再说清楚也不迟。

当几声爆竹划破天空的宁静的时候，旧的一年已经度过了。

此时，昊天集团总部人声鼎沸。沈修杰与韩旭光站在大门口，望着一串串烟火腾空而起，在天空绽放出各种花样，特别是“昊天集团”四个大字映现于天际的那一刻，人群的沸腾达到高潮。

新的一年是牛年，牛在商业世界是个吉祥物。因为牛在发起攻击的时候都是将人用角顶得老高，所以人们便将上升的股市称为牛市，将商业上的发展奔腾说成牛气，蒸蒸日上嘛。然而此时，人们还并不知道，新的一年对世界商业来说将发生一场巨变，将开始中国公司发展史上的第二个阶段，而韩旭光显然已经嗅到了寒意。

元旦的上午，按照先前的安排，公司的主要负责人沈修杰、韩旭光，还有赵辰逸和徐明美，便驱车赶往隐山县了。因为时逢元旦，各位领导为了体现对员工的关怀，都给秘书们放了假，也给司机放了假。他们索性由赵辰逸开车，沿着高速公路直奔隐山。尽管四个人都在一辆奥迪上，赵辰逸驾着车，沈修杰坐在他的后面，徐明美坐在副驾驶的位置，韩旭光坐在其后，然而心中想法并不相同。

虽然心中自有打算，表面上却显得格外亲热。沈修杰作为临江市人，在沿途指指点点，向其他三位介绍着临江的风土人情。韩旭光显然也不甘示弱，阐述着知道的历史典故，而且不停地问沈修杰，实际上的临江是否如此。至于前面的徐明美与赵辰逸，两个年轻人都在谈吃谈喝，甚至扯到了婚丧嫁娶。所以这三个小时过得很快，隐山县转眼间便出现在了他们面前。赵辰逸在高速路口交了费，下高速之后不远，远远地便望见了伫立在寒风中的段才良与张茹雪。两人不停地搓着手，跺着脚，眼睛直直地凝望着路口。

徐明美扭头告诉了沈修杰。“不是不让接的嘛！”沈修杰一脸怒气地说。“他们也是一片好心嘛！小赵，你就将车停在他们前面吧。”韩旭光一边微笑着说道，一边给沈修杰点了一支烟。韩旭光远远望去，来迎接的人员就段才良与张茹雪两个，他便放了心。如果沈修杰都没有带着一群人过来，你却弄一群人来接的话，正好给了沈修杰批评的由头。好在段才良只来了两个人，既不张扬，又不显寒酸。

车在离段才良几步远的地方停下了，但段才良与张茹雪并没有过来。徐明美便立即下车绕圈过来开门，韩旭光下来后便用手遮在了车门沿以下的位置，沈修杰边说着“这怎么好意思”，边笑着下来。然后他们整理整理衣服，走向了段才良。“不是让你们不要来接的吗？”沈修杰一边伸出手去，一边笑着对段才良说。“我们是按照领导安排，没准备来接的，这不刚过来办事，顺道过来碰碰运气。”段才良将张茹雪教他的话说了出来。只此一言，韩旭光便越发觉得这个段才良果真是个人才了，他在心中默默思忖道，看来这段才良在为人处世方面的机警程度，似乎并不在赵辰逸之下哩。

一阵寒暄过后，便要开车走。由于只有两辆车，韩旭光便笑着说：“我还是给美女当司机吧！”便走到段才良他们开来的那辆本田车的旁边，将门打开，待张茹雪进去之后，他绕到了驾驶的位置上去开车。沈修杰呵呵地笑着，赵辰逸便机敏地跑过去给沈修杰开了门，待到沈修杰与段才良均进去之后，他便关门绕到驾驶座上开车了。车开动之后，段才良对沈修杰说：“日程我们都排好了，现在我们先去吃饭，吃饭之后呢，下午按您的意思到车间里慰问员工，之后我们开个会。明天上午我们就去隐山县泡温泉，下午就自由活动了。”沈修杰似睡非睡地听着，等到他听完后，沈修杰睁开眼睛便说道：“先去车间吧！”

段才良立即给前面车上的张茹雪以及车间主任宋清扬打电话。在韩旭光得知沈修杰要先去车间的时候，他便感觉到事情不妙，然而他又无法立即跟段才良取得联系。此时，张茹雪显然明白了沈修杰的用心，便给车间主任宋清扬拨通了电话：“待会儿沈董到车间的时候，你们要安排得妥帖些，要注意沈董的安全啊，毛毛躁躁的老员工就放假让他们休息去吧！”韩旭光听到张茹雪如此说，便放下心来，他在心中揣摩，这个女人显然有着惊人的智慧，连沈修杰这个权术老手的所作所为都心知肚明，韩旭光不觉暗暗佩服起她来。

韩旭光清楚地知道，尽管段才良到了洗衣机事业部，将沈修杰以前布下的老员工都安排在了不重要的位置，但国企不裁员的惯例使得段才良并没有权力让老员工下岗。沈修杰的这个突然袭击，显然是醉翁之意不在酒，他显然是在别有用心地施展着一种政治权术。

然而如此拙劣的伎俩，怎么可能逃得过权术高手韩旭光的法眼？沈修杰先去工厂看望员工，而不循例先吃饭，不仅能体现他作为领导的和蔼亲民，另一方面，这次到隐山，沈修杰可谓孤身犯险、身处逆境，特别是在办公会上，很可能是群雄环伺。借着看望员工的机会，他定然能够带一批老职工参加中午的筵席，而这些参加筵席的人便理所当然地成为下午办公会的与会代表，他们便能对韩旭光即将提出的发展规划指手画脚。沈修杰认为此举一箭双雕，甚为高明。

事虽如此，但张茹雪作为一个女人，而且还这么年轻，对政治权术如何有如此精准的判断力？韩旭光开始思索，以他对段才良的接触，特别是上次董事会上段才良拂袖而去，显然此人并非大智大勇之人，难道他的所作所为均出自旁边的这个女人的谋划？这个女人心甘情愿为之谋划而不邀功请赏，显然已经超出了一个普通秘书的心理诉求。想到这里，韩旭光对这个漂亮女人与段才良的特殊关系已经明白三分，他瞟了一眼坐在身旁的张茹雪，此中水显然不浅。

沈修杰的谋划明显破产了，当他走进工厂车间的时候，居然没有一个他曾经熟悉的面孔，清一色的年轻人。尽管如此，他还是在台上讲了话，并且与工人们一一握手。韩旭光跟随在沈修杰的后面，之后便是段才良。沈修杰显然不甘心于这样的失败，便扭头问段才良："怎么没有老员工呢？"其实段才良心中也在嘀咕这件事儿，便一时语塞，好在旁边的张茹雪机敏地答道："我们段总的意思，今天是元旦，老员工劳苦功高，自然应该给他们放假，让新员工加班。"沈修杰听完张茹雪的言谈，面色铁青，但张茹雪的解释有理有据，他也不便发作，只能愤愤地转了一圈，背着手黑着脸走出了车间。

出了车间，张茹雪立即走到前面带路，她一边弓身走在左边，用左手示意请沈修杰一行人走在前面，一边微笑着问沈修杰："沈董，您算是个老隐山了，中午吃饭，我们是仙乐居呢，还是香满楼？"

仙乐居与香满楼均是隐山度假村里最上档次的饭店。仙乐居以野味闻名，也不知老板有什么神通广大的本事，国家明文规定的《野生动物保护法实施条例》在仙乐居竟然形同虚设，猴脑、野猪之类的菜肴在仙乐居里已经算不上稀罕。香满楼显然也不甘示弱，据称从省城请来了一位名厨，专做武昌鱼。这武昌鱼虽说算不上稀罕菜，然而这个厨子大为了得。20 世纪五十年代毛泽东同志畅游长江，写下"才饮长沙水，又食武昌鱼"的诗句，而这个厨子便是当年给毛泽东做武昌鱼的那位师傅的下手。本来香满楼远不是仙乐居的对手，但是名人效应，谁不想享受一下领袖的待遇呢？故而，近年来游客中的官宦达人对香满楼格外垂青，纷至沓来，以至于门前车水马龙，水泄不通。

一度盛传，仙乐居与香满楼的老板如何斗富攀比。仙乐居的老板开上了奥迪，香满楼的老板必然要买宝马；仙乐居的年夜饭请来了省歌舞剧团的演员前来助阵，而香满楼第二年的年夜饭请了香港籍的歌王。这些在隐山县传得沸沸扬扬，其实这一切都是表面上的风光。虽然仙乐居与香满楼的生意红红火火，然而店面并未翻修。倒不是老板吝啬，实际上是因为他们没钱。人怕出名猪怕壮，自从这两家饭店声名在外，县委便将这两家饭店作为迎来送往的招待处，得到县委的大力支持自然让两家店的老板喜出望外。况且县委接待宴会多，公款吃喝在官场并不新鲜。隐山县委书记一天要喝六顿酒，喝得连他自己也大声骂娘：这当官真他妈的受罪啊！

开始，两位老板喜笑颜开，好似遇到了财神爷。然而等到年终他们拿着县委给他们开具的六百多万元的欠条到县委要账的时候，他们才傻了眼。这些都是白条啊，你难道能把县委给告了？所以这二位老板只能消极怠工，店面不翻修，装璜也显得老旧，他们唯一的希望是将接待地点挪个位置。即便如此，瘦死的骆驼比马大。来到隐山，不去仙乐居与香满楼的话，基本算是白来了。所以张茹雪给了这样一个选择性的问题，不仅是尊重沈修杰的选择权，而且还提升了档次。然而沈修杰依然铁青着脸，并不言语。张茹雪不禁在心中打鼓，是不是档次不够？难道他心中有别的去处？隐山县可没有更高档次的饭店了。

不过张茹雪依旧赔着笑脸，在前面领路，然而让她没有想到的是，沈修杰并没有跟着她的引导走。这样一来，张茹雪一时不知如何是好，只能站到了沈修杰的左侧，时不时地伸出左手做引路的姿势。她不知道沈修杰到底要走到哪里。沈修杰的背后是段才良，尽管是冬天，他的额头上却已渗出了丝丝细汗。段才良已经发现，沈修杰从出车间开始，不仅一直铁青着脸，而且始终未发一言。

因为沈修杰一言不发，后面走的几个人便也默默不语，神色凝重。只有韩旭光走走停停，表情轻松，时而张望，时而询问前面的段才良厂子的经营情况。然而段才良畏畏缩缩，手足无措，他的慌乱无常一时让韩旭光相当失望。其实，此刻的韩旭光已经猜出了沈修杰行程的终点。韩旭光深知，沈修杰在车间里面处于劣势，总要找个地方找回一点儿颜面，显摆出领导的威风嘛，故而他此行的终点必是员工食堂。一则可以显示出沈修杰的清廉如水，再则今天是节日，食堂员工必然因不甚尽心而饭菜马虎。沈修杰可以以此为由，狠狠地训斥一下段才良，或者干脆漠然不言，这样不仅能让段才良心存畏惧，从而收敛锋芒，而且还能以此作为敲打，暗示他别乱站队。

果不其然，拐过了车间，便有一座礼堂式的建筑出现在众人面前，这便是洗衣机部的食堂了。去奢就简，这座建筑削去了一些不必要的繁华装饰，平顶建筑便矮墩墩地窝在山坡底下，而且墙面也毫无雕饰，仅仅刷白，加上有了些年头，白色墙面已经沁出了淡黄色。沈修杰还没走到食堂门口，段才良的脸便唰地一下红了起来。段才良尴尬地发现，食堂大门旁边便有一大堆残剩的饭食，一阵令人难以忍受的恶臭扑面而来。因为元旦，清洁工人前一天上午收拾完垃圾便放假了。张茹雪也感到相当尴尬，以至于她都不敢扭头瞟视沈修杰的脸庞。

本来段才良已经准备迎接沈修杰疾风暴雨式的批评训斥，然而让他大感意外的是，面对此情此景，沈修杰并没吐出半个字来。他只是匆匆地走进了食堂，在食堂的一个小窗口，对着一个正在聊天的员工亲切地问道："同志，麻烦问一下，盒饭多少钱一盒？"

"窗口上写着呢，你自己看。"那个中年妇女头也不回地继续聊天。

"同志，那请你帮我来一盒盒饭吧！"沈修杰抬头看了一下价目表，拿出十元钱来，低着头凑到窗口下面，然后和蔼地笑着说道。

那个中年妇女似乎没有听到，直到沈修杰提高了嗓门，重复了几遍，那个中年妇女才边聊天边转过身来。然而当她转身的时候，一眼便瞟到了张茹雪那双满含愤怒的眼睛，她立即意识到闯了祸。

这个中年妇女本来胆子就小，哪儿经历过这样的阵势，她越是紧张，手脚越是不利索，打完饭，居然忘记了问买饭人要什么菜，便径直去打菜。正当她伸手去舀那盘回锅肉的时候，沈修杰才打断她的动作："同志，不好意思，我年纪大了，身体不大好，一般不吃肉的。"

那个打菜的中年妇女立即抬头望着沈修杰身边的张茹雪，沈修杰转过脸去铁青着脸吼道："你经常是这么瞪着员工的吗？员工是我们厂的衣食父母！"同时又转过去对那个打菜的中年妇女微笑着道："同志，您别着急，慢慢来！"她哪里能不急呢？她在心中思忖道，等沈修杰回去以后，自己的这个饭碗恐怕是保不住了，自己可不是工厂里的正式员工，只是洗衣机事业部食堂聘用的一个合同工啊。

沈修杰打完饭便在食堂寻了一个位置坐下，张茹雪显然无法陪在他的身边，因为沈修杰坐在一群工人身边，正亲切地与那群工人聊天。沈修杰打完饭后，韩旭光也打了一盘饭，便也坐在了一群工人中间，亲切地聊天。韩旭光口才本来就好，不多时，他那桌上便传来了阵阵笑声。只有张茹雪与段才良面色尴尬，手忙脚乱。他们只得殷勤地招待赵辰逸与徐明美坐下，并且给他们俩打了饭菜。而手忙脚乱的段才良与张茹雪，只能疾步走到饭菜窗口，低头胡乱地要了两个白馒头。

虽然赵辰逸与徐明美要了饭菜，其实他们俩也没有真吃，他们本来打得就少，因为知道沈修杰以前是当兵的，吃饭可谓神速，难道领导吃完了，你还在吧唧吧唧地吃着？这显然不太好。倒是韩旭光并不顾忌这些，一边亲切地与工人们聊天，一边悠然地吃着。赵辰逸在心中想，看来这韩旭光已经做好与沈修杰摊牌的准备了，假如待会儿韩旭光真的与沈修杰摊牌，自己应该站在哪一边呢？显然，段才良是会站在韩旭光这边的，而徐明美，毫无疑问，她只能跟着沈修杰，自己便成了此时最重要的砝码。沈修杰年届五十，离退休已然不远，虽然官场有倚老卖老的习惯，但毕竟是人走茶凉，新人自有新人的气象。而且，此时的赵辰逸已经认定，韩旭光在省委中有一股不可轻视的力量，加上韩旭光又深藏韬略，不可小觑。

这人生啊，总需要赌一把，不管在什么时候。赵辰逸便不自觉地握紧了拳头，暗暗地决定豁出去了，待会儿毫不迟疑地站在韩旭光这一边。然而到底是将筹码全部押上，还是拖泥带水，留以后路？赵辰逸清楚地知道，在他的印象中，还没有出现一个能够容忍两面三刀、吃里爬外的人的人，选择模棱两可便是彻底绝了自己的后路。所以思来想去，他决定重重地赌上一把，不管前面是刀山火海，誓与韩旭光共存亡。

等到沈修杰吃完了饭，他抬头瞟了一眼，显然赵辰逸与徐明美已经吃得干干净净，而段才良与张茹雪只象征性地啃了两个白馒头。当沈修杰抬头张望的时候，张茹雪敏锐地发现沈修杰已经吃完了，她便立即走向了沈修杰，将他的餐盘给收拾了，在食堂那边寻人要了几只杯子，给几位领导都泡了茶，与段才良各自端了过去。

张茹雪的这杯茶显然化解了沈修杰在看到韩旭光还未吃完后只能呆呆等候的尴尬，这让韩旭光再次对张茹雪刮目相看。韩旭光依然慢悠悠地将剩下的饭食吃完，然后喝了几口茶。此时，沈修杰脸色铁青，连一直优哉游哉的徐明美也嗅到了其中的杀伐之气，她轻轻用手拉拉旁边赵辰逸的衣角："沈董好像心中不太高兴哩！"赵辰逸抿一口茶道："不会吧，好好的啊！"看到赵辰逸似乎并不关心，徐明美便不再言语，只有段才良与张茹雪此时不知如何是好。

等到韩旭光吃完，正当他准备将餐盘送到餐具回收处时，张茹雪急忙走了过去，接过韩旭光的餐盘。韩旭光这才回头望了望坐在那里独自抿茶的沈修杰，便带着十二分的歉意走了过去："沈董啊，我这人胃不太好，吃饭要细嚼慢咽，还要请您见谅！""细嚼慢咽好啊，能够分辨什么该吃、什么不该吃，要是狼吞虎咽，吃错了东西，岂不是自讨苦吃？"沈修杰站起来拍着韩旭光的肩膀，一种坏笑挂在了他的脸上。

然而，沈修杰的弦外之音并未让韩旭光感到尴尬，毕竟木已成舟，一场恶战已不可避免，让他耍耍嘴皮子亦未尝不可。他便赔笑道："不过这关键还要看这个人的胃如何，假如是金刚铁胃，吃再多也不打个饱嗝，像我就不行，吃多了就胃疼。”沈修杰不觉一惊，韩旭光此话似乎另有所指，难道自己潜藏多年的秘密他已然知晓？但这又不太可能，因为那个秘密绝对隐秘，韩旭光才来几天，岂能知晓？他便依然微笑地拍着韩旭光的肩膀，两人并排着走出了食堂。

“沈董、韩总，是不是先安排你们休息一下？”张茹雪在右边微笑着说。“现在还不累，我们就先开会吧，韩总的意思呢？”沈修杰望着韩旭光说。“既然沈董都不累，我们年纪轻轻哪里敢称累呢？”张茹雪不觉在心中发笑，这两个人的话中都充满着谋略与睿智，沈修杰显然是表明了他将与韩旭光力争的架势，而韩旭光也隐约地点明您已经老矣，也该歇歇让年轻人上位了。张茹雪越来越体察到这个韩旭光的绝顶聪明，与此同时，她亦感到了深深的隐忧，她在为段才良的未来担心，如此精明的韩旭光在上位之后，岂能真正容下段才良？

由于会议室离食堂还有大约一公里的路程，张茹雪便准备打电话叫车，结果被沈修杰坚决地制止了，他表示茶余饭后应该走动走动。这已经是自己的老习惯了，从当兵的时候便已然如此，并且还特意提到了自己的战友谭鹏飞，从连队上与他的战友之情到南疆保卫战战场上的出生入死，绘声绘色。赵辰逸默默地听着，沈修杰显然是说给自己听的。赵辰逸非常想听听韩旭光也讲讲自己的后台，然而韩旭光只是默默听着，缄口不言，这反倒让赵辰逸觉得韩旭光背后的那个人深不可测。所谓水开壶不响，帝王将相，深宫高墙，种种隐蔽中才能显现出一种深不可测的威风凛凛，此刻韩旭光的沉默倒有几分神似。

一路上唇枪舌剑，这一公里路也并不觉得漫长，不到半个小时，沈修杰一行人便出现在了洗衣机事业部的行政楼门前。说是行政楼，不过是租用了一栋办公楼的最上面一层，底层商铺是工商银行。张茹雪依旧在前面引路，一行人便走到了电梯口，张茹雪先按下了上楼的按钮进入电梯；等到众人均上来之后，她按下了上楼的按钮；等到电梯停下来的时候，张茹雪先于众人走出了电梯，在前面引领着大家下了电梯。韩旭光不禁暗暗喝彩，此人处事居然如此周到。

洗衣机事业部的办公室是在这栋楼最上面的一个拐角处，与昊天总部的办公室相比，这个办公室便略显小了。不过布置得倒还清新，一张黑漆的围桌上并没有铺上俗气的红桌布，而高高的靠背椅亦显出了与会者轻松的情调。至于围桌上那幅字画，并不是毛泽东题字的《江山如此多娇》，而是明代祝枝山的一幅泼墨山水画。画的两侧，两盆梅花点点花瓣，傲立于寒冬，格外提神。张茹雪走在前面，将沈修杰带到了圆桌的上头，她帮沈修杰拉出了椅子，余下的各位便识趣地找到自己的位置。待到沈修杰坐下之后，他示意大家坐，每人才坐到了自己的位置上。此时，张茹雪拿起开水瓶给各人面前的茶杯倒了水。

正当张茹雪准备出去的时候——像这种领导型的会议，她显然是不便参加的——韩旭光突然在后面叫道："小张，你也坐下来听吧，你对洗衣机部的事知道得比较清楚，我们不知道的也可以问你！"此时，沈修杰立即变成了关公脸，这个韩旭光真是太放肆了。张茹雪只得再次进来，坐到了靠右侧的最后一个座位上。

显然，这是韩旭光留的一手，他怕赵辰逸突然站到沈修杰那一边，到时候如果有张茹雪在，他们三比三便可以打个平手，至少也不至于败得太惨。韩旭光的用意，赵辰逸岂能不知，但他没有将这种微妙的感觉表现在脸上，而是端起面前的茶杯呷了一口茶。会议由沈修杰主持，此时他只想让这次会议变成例行公事，走走过场，不要有实质作为。所以在会议的一开始，沈修杰便大加赞赏洗衣机事业部的业绩，末了对洗衣机事业部存在的问题轻描淡写，一笔带过。直到此时，段才良提到嗓子眼的心终于放了下来，他思忖着，还好沈修杰没有就食堂的情形大肆发作，他一路上都在为这件事情提心吊胆。

沈修杰的如此举动，虽然可以对段才良瞒天过海，但坐在他旁边的张茹雪已经参详出了此中真义。沈修杰显然是以此作为要挟，让段才良缄口不言，如果段才良不主动提出变革，那韩旭光亦不能越俎代庖。在段才良心情变得轻松的时候，他发现自己的脚被轻轻地碰了一下，他用侧光瞟了一眼张茹雪，立即发言道："首先要感谢各位领导能够于百忙之中莅临洗衣机事业部。对沈董的谬赞，我们确实受之有愧，虽然我夙兴夜寐于洗衣机部的发展，然而德薄才疏，始终未能想到洗衣机事业部的突破之路，所以借此机会，我还是想请各位领导给我指点指点。"

此语一出，沈修杰不觉一惊，暗自叫苦，不管是指东说西，还是威胁压制，段才良还是挑起了这场战争，看来一场恶战不可避免了。于是沈修杰只能抿一口茶，往后一仰，伸直身子，坐在那张舒服的老板椅上："经营方面归韩总管，那我们还是请韩总先讲讲吧！"

这是一个千载难逢的机会，在这场会议上，韩旭光以自己的知识，提出了一个让所有与会者耳目一新的全新生产理念——JIT！

所谓及时生产系统，英文名叫 Just In Time，实际上是二十世纪日本丰田公司首创的一种生产方式，这种生产方式直接产生了所谓的日本奇迹。20世纪六七十年代，日本腾飞了，到八十年代，成为第二经济强国。

尽管关于日本奇迹的产生原因众说纷纭，但在韩旭光看来，日本奇迹的创造过程中，生产方式的变革功不可没。细究起来，日本企业的生产方式真正异于欧美的，只有年功序列制与及时生产系统。前者为日本经营之神松下幸之助创立，这种制度使得东方文化中的家国传统迅速地融入了企业。企业与员工之间不再是冷如冰霜的雇佣与盘剥关系，企业与员工之间宛如一个父亲与子女，企业能在困难时刻为员工遮风避雨，那么员工对企业感恩戴德、养老送终便成了天经地义。然而这种制度显然不适合中国，社会发展变革已经将家庭的温馨洗刷得荡然无存，父子相攻讦、邻里可挞伐的世情使得人们已经失去了往日的信任与温馨，一种冷若冰霜的关系始终笼罩于生活的天空，相互猜疑互不信任已经习以为常，韩旭光显然没有改变世道的能力，他亦没有改变世道的妄想。

及时生产系统的产生时间较年功序列制要晚，它产生于生产相对过剩的时代，而此时的中国，恰恰处于一个生产相对过剩的时代。改革开放之后的供不应求，只要是个东西便能立刻卖个精光的生产时代早已一去不复返，取而代之的是各种琳琅满目的商品的营销大战。这种营销大战首先从保健品领域开始，然后迅速地蔓延到家电，直至最后全行业之内的价格战、促销战。阵阵硝烟的背后是有的企业破产，有的企业选择了投机取巧。这种情景下，不合格产品甚至是假冒伪劣产品充斥于市。营销人员更是使尽浑身解数，想尽各种办法只为让产品立即脱手，道德的底线甚至法律的红线都敢毫无顾忌地肆意践踏。即便如此，库房中的存货依旧堆积如山。

这是怎么了？至少在这个时代，很少有人会平心静气地思考，当时的企业家唯一想到的便是战胜对手，为此不惜相互攻讦互派间谍，甚至赤裸裸地诽谤诬陷，在保健品领域甚或大打出手。他们在从别人口中夺取食物的时候却对消费者的需求置若罔闻，他们心中想当然地觉得，只要战败了全行业的所有对手，消费者除了忍受欺凌便别无选择。韩旭光在文化局的时候，由于工作上的轻松加上对商业的爱好便仔细思索过这个问题，这种营销上的相互攻讦就犹如战国七雄之间的铁血战争，一场场胜利表面上看是军力的角逐，实则不然，最终能够一匡天下的必然是实力雄厚者。所以韩旭光来到昊天集团，便下决心扭转乾坤，将精力从对付同行转移到强健自身上来。

尽管韩旭光是一个权术高手，然而他却始终认为，权术只是完成某种事情的一种手段，而真正要想百战不殆只能冷静观察大势，观大势才能成就大商。如果没有这个层次的认识，权术便会衍化为种种阴谋，逆历史潮流而动，助纣为虐，害人祸己。韩旭光认为，在价格战、促销战的终端，是消费者的货币选票，就如一个真正民主的国家均以选票来决定官员的任命一样，消费者的货币选票决定了企业的生存。大费力气相互挞伐还不如平心静气地思索消费者的需求。所谓企业，最重要的不是将东西生产出来，生产某种东西是科研的任务，企业的任务是为了满足消费者没有满足的需求。韩旭光回顾改革开放的近二十年，觉得企业家的最大错误就在于他们一直承担着科学家的角色，千方百计地先把东西生产出来，等到漫山遍野的存货垒之于仓库的时候，他们才想到要靠营销人员去施展低级的权谋，这些低级的销售术，居然还有人美其名曰“销售圣经”。

韩旭光此时给与会者娓娓道来的，便是及时生产系统。这种销售系统的真正优点在于它一切以消费者需求为出发点，由市场部通过市场调研来确定市场需要什么产品以及需要多少产品，然后由财务部核算按此生产企业会有多大利润，以决定是否投产以及投产多少，最后由生产部门按照财务部核准的产品与产量组织采购，按照这种采购组织生产，市场需要多少便生产多少。不仅速度快，而且整个生产过程不会有积压，基本是零库存的管理，加上严格的质量管理体系，这种体系似乎已无懈可击。

简而言之，这个系统将企业传统的生产系统完全颠覆了，它完成了企业生产的哥白尼式革命。传统的企业生产是先进料，然后生产，生产出来再推向市场，市场是否接受在生产时并未考虑，等到货积如山的时候才不得不运用营销谋略苦苦推销。及时生产系统完全相反，它以市场部为起点，倒推到原料采购，直接面向市场的生产使得企业没有库存，不仅加速了资金周转，而且直接面向消费者。

这是一种全新的理念，不仅在座的赵辰逸暗暗称奇，段才良听得也是目瞪口呆。张茹雪虽然对生产经营不甚明白，但直觉告诉她，韩旭光的此说必定是精彩纷呈。即便是暗中较劲的沈修杰，心中也不免泛起了涟漪，暗自思忖，这个韩旭光果然是个经营管理的奇才啊。然而越因为他是奇才，沈修杰越觉得他可怕，此举果真实施，恐怕效益不可小觑，到时候韩旭光必定会为众人所仰望。在企业与在政务领域的不同之处在于企业的管理业绩是实效，成果摆在那里，而政务领域的政绩往往是虚名，全凭领导一句话。尽管沈修杰在心中暗暗喝彩，然而他在韩旭光说完之后，便神情凝重地问道："等到要生产的时候才想到购买原料，恐怕原料不足不仅贻误了生产，也丧失了信用哦！"

沈修杰话音刚落，韩旭光便准备对此进行反驳，然而他没有想到，赵辰逸举手示意发言道："现在的原材料都是滞销，都巴不得你去买货哩，不可能出现脱销的情况。"沈修杰瞪大眼睛看着赵辰逸，这个家伙果然选择了反水，就此情景来看，要阻止这个计划的实施显然已无可能。沈修杰心中清楚，会议的内容明天便会在昊天集团内部传得沸沸扬扬，韩旭光的这个方案犹如一块巨石掷在了昊天这潭死水甚至是臭水上，哪能不泛起波澜？只能拿生活费的工人早就对改革翘首以盼了，倘若今日自己阻止了此项改革，岂不是要与全昊整个天为敌？更可怕的是，万一昊天继续因循守旧而越搞越糟，到那时就连转圜的余地都没了，沈修杰用一只胳膊撑起了圆圆的脑袋。

但是，权术老手沈修杰肯定是不会坐以待毙的。他在昊天十几年了，人送外号"老谋子"，这个老谋子正飞快地转动着他精明的头脑，沉思片刻之后道："仔细想来，这真是个天才的设想。像这样天才的设想，我们应该大力推广啊。我的意思是，我们可以选在空调事业部推广。洗衣机事业部我们也看到了，管理不善，一个食堂便臭气熏天，食堂的工人不爱岗敬业，我叫了半天菜，那位打菜的大婶竟还在聊天。如此天才的计划，放到洗衣机事业部来试点的话，只怕是给糟蹋了。"

听到如此说，段才良唰地一下脸就红了，此时他已经无法分辩。坐在段才良旁边的张茹雪尽管飞转着大脑，也不知道说些什么，即便她有所思，此等场合岂是她一个秘书能够说三道四的？张茹雪瞟了一眼对面的韩旭光，显然韩旭光非常轻松，他轻轻地拿起面前的茶杯，呷了一口，盖上盖儿后笑着道："要说这个计划是天才的设想，那是沈董的谬赞啊。这只是我的一个设想，还不成熟，就像小平同志搞改革开放一样，我们要摸着石头过河，允许看，但要大胆试。但是我们不能拿空调事业部这样的昊天的明星事业部来做试点，小平同志搞特区的时候，也没有拿上海这样的大城市来试点嘛，而是在南面选择了一个小渔村，现在洗衣机事业部便是昊天的那个小渔村。”

等到韩旭光说完，赵辰逸首先报以了热烈的掌声。段才良更是喜出望外，立即迎合道：“虽然我段才良无德无能，但在诸位领导的关怀下也想有一番作为。我今天就给各位领导立下军令状，倘若我的改革不成功，我甘愿自动辞职！”这是段才良做事的一贯方式，他向来是这么风风火火，从不给自己留下后路，在一旁的张茹雪不禁替他捏了一把冷汗。

再回过头来看沈修杰，此刻，沈修杰显然已不可能再反驳，他能说什么呢？他有资格说邓小平同志没有他英明？显然不能，尽管他心中十分不满，他亦想通过民主投票的方式将这个方案否决，然而此时投票意义显然不大，赵辰逸已经死心塌地地站在了韩旭光那一边。张茹雪坐在旁边，难道阻止她投票？都不能。与其投票之后自己尴尬，还不如顺水推舟，大度地同意韩旭光的请求，来日方长嘛。

“本来哩，我一直看好才良同志的能力，就是刚才食堂那一趟，让我对洗衣机事业部的管理有所顾虑。现在既然才良同志已经表了态，我对洗衣机事业部的一点儿疑虑也就消除了，那我们应该鼓励他，我们总部也应该给他应有的支持嘛！”沈修杰看着段才良微笑着说道。

会议最后决定，由韩旭光与段才良共同起草及时生产系统在洗衣机事业部具体的试行方案。第二天，众人去隐山县泡了温泉。然而沈修杰显然没有感觉到温泉的股股暖意，心里拔凉拔凉的。他在回到昊天之后，血压便高了，连喜庆的春节也只能在医院里度过了。

第七章 共生关系

倘若胜了，自己自然成了省里的英雄；如若不胜，省委第一个就将拿自己开刀

其实，这一年农历的最后几天并不太冷，报纸上都在探讨着地球变暖。在暖洋洋的天气里，韩旭光回到了省城过春节，与他一起回去的还有张茹雪、张珺瑶，司机老王开着车。他们一路上谈笑风生，特别是张珺瑶，显然对韩旭光这位大叔已经没有了刚见面时的那种生疏。她竟然跟韩旭光开起了玩笑，本来韩旭光也还不到四十，并不算老，对这种玩笑亦不太在意，只要在工作场合正经些便可以了。

在韩旭光的心中，张珺瑶俨然是一个天真活泼的孩子，他在她身上找回了失却多年的那份童真。年轻真是好啊，不仅可以有无限的希望，更难得的是他们不用相互算计，可以轻松地生活。然而，坐在副驾驶位上的张茹雪此刻没有丝毫愉悦，她的心中依然眷恋着段才良。段才良是开车与老婆孩子一起走的，她带着笑脸去送了段才良全家，然而当轿车的车轮开始滚动的那一刻，她的泪水便如雨下。虽然同住于省城，但段才良已经给她约法三章，在省城的时候互不拜访，仅以老王的身份电话联络。张茹雪也不知自己怎么了，居然还痴痴地答应了，此刻，她的心中还在想着段才良是否已平安到家。

你可以称之为傻，然而当人因为爱情的伤痛而试图去躲避时，恐怕爱情便不会再来，冷若冰霜、机巧圆滑也许能够在爱情上取得胜利，但会因此丧失爱情中真正的欢娱。这种牵肠挂肚、忧愁满面甚至挥泪如雨，不也是爱情带给人们的一种难以忘怀的情愫吗？既然人们已经习惯于戴上种种面具，那么轰轰烈烈地爱上一场，哪怕刻骨铭心，哪怕粉身碎骨，不也是一场宣泄？至少在张茹雪看来，这比因为惧怕爱情而纵情声色，甚或关闭心扉而孤芳自赏，高贵了不知多少倍。破坏别人的家庭显然不算高尚，但是谁也不能够否认爱情无罪吧？张茹雪并不贪图段才良的地位与金钱，她仅仅是爱他，如此一来，她不亦是可怜人吗？

有些事，韩旭光也许还浑然未觉，这个在商场上权谋满腹的男人在真正的爱情面前却显得愚笨，这也不能怪他，男人一向在感情面前比女人迟钝。韩旭光爱过刘欣雨，现在依旧爱着她，他作为一个男人同样迷恋着一个美女的身体，现在依然迷恋，尽管那是一束带刺的玫瑰。然而他对张珺瑶的表现浑然不觉，但张茹雪心中澈亮，别看珺瑶整天无忧无虑，活泼可爱，她已经爱上经常出现在她身边的这个男人了。因为张茹雪每次提到韩旭光，张珺瑶的脸上便立即闪现出块块红色，言语错乱，吞吞吐吐。一个女孩只有在真正爱上一个男人之时，她才会心跳加速，怦怦然而不知所措。张茹雪并不明白，张珺瑶为何会喜欢上这个城府很深、不苟言笑的男人，她会不会如同自己一样，陷入爱情的羁绊而不能自拔？尽管张茹雪机警过人，然而她并未完全看透韩旭光。这个男人隐藏得太深了，他能在无形中将事情做得滴水不漏、漂漂亮亮。最为可贵的是，他在谋事做事之后又不留痕迹，浑然天成，没人能琢磨他的下一步。当他走出下一步的时候，你就不得不拍手叫绝，这种神龙见首不见尾的男人，他心里到底想着些什么，鬼才知道哩！

其实，张珺瑶喜欢的正是韩旭光的这种神秘，在张珺瑶年轻的心中，面前的大叔显然是她崇拜的一个英雄，他告诉自己为人处世之道，他处世又是如此高明，优雅的举止、干净的动作都让她心生好感。尽管几次韩旭光都开玩笑似地说替她找个男朋友，然而她总是红着脸扭头逃开。她是多么想鼓起勇气敞开自己的心扉，然而年轻女孩特有的羞涩又让她难以启齿，所以她这个昊天第一美女变得郁郁寡欢，曾经的笑容收敛了，活泼消逝了。爱情啊，为何总是令人神魂颠倒？

张茹雪住在省城的西面，下高速之后不久便到了。韩旭光让司机老王将车开到张茹雪家的门口，虽然张茹雪百般推辞，然而终究车还是停在了她家的门口。张茹雪轻缓地下车，顺带着邀请众人上去休息一会儿，一则大家都知道此属客套话，二则张茹雪亦明白众人归心似箭，便也不强邀，在众人表示下次登门拜访之后，寒暄几句便告别了。等到张茹雪下了车，韩旭光便让司机老王将车开到张珺瑶家的门口，尽管此时离韩旭光的家更近，去张珺瑶家还要绕上一圈。

“老韩，还是先到你家吧！”张珺瑶笑呵呵地说道。

“这怎么能成呢？你是个女孩子嘛！”韩旭光敏锐地察觉到张珺瑶换了称谓，没有再叫韩叔，而老韩这个名字显得过于亲昵了。韩旭光一时尴尬起来，满脸发热，忸怩着说出了这句话。

“难道是怕我见到嫂子？”张珺瑶依旧天真无邪地笑着道。

嫂子？韩旭光不觉在心中打了一个寒战，那我岂不是成了她的哥？况且还当着司机老王的面，这传出去怎么得了！韩旭光此时便黑了脸道：“这有什么好怕的，你婶了经常念叨着你呢！”

此时，张珺瑶便像触电一般，先前的笑声立即收敛了。这个韩旭光啊，是当真不明白自己的心思吗？显然不是，以他的聪明，我的心思他岂能不知，况且我已经很明显地表明了心迹啊。那就只有一种可能了，这个男人心中根本就没有我。天哪，他的心中怎么能没有我呢？

还好，前面的司机老王非常机灵：“珺瑶啊，你家是从这边拐过去吗？”

一句话便打破了当前的尴尬局面。“是的呢，你拐过去把我放到路口就行了。”张珺瑶强忍着泪水，望着窗外，强颜欢笑着轻轻应道。

韩旭光心中自然明白，待到了路口，张珺瑶让老王将车停了。韩旭光本来想出来帮张珺瑶开车门，不料张珺瑶自己打开了车门，连招呼也没打一个便迅疾地离开了。韩旭光没有说话，只是让司机快点儿开车。张珺瑶跑了好远才回头看那辆车，那辆车早已消失在这个城市的茫茫车流中。她的视线模糊了，这是这个美丽的女孩第一次尝到被人拒绝的滋味。她是一个幸运者，自从上高中以来便是一朵艳丽的花朵，为众人追逐。在大学时代，她总能莫名其妙地收到玫瑰，以至于她的同学们奚落她都可以开个花店了。然而，有谁又真正明晓这个漂亮女孩的内心？姿色平常的女人可以轻而易举地找寻到自己的真爱，虽然选择有限然而不必怀疑；而这个沉鱼落雁的女人始终需要明辨那个追逐者的真正企图，他是真心爱我，还是贪图美色？毕竟青春一晌，等到春色阑珊、朱颜顿改之时，哪堪承受落寞与孤寂。这种心迹让她对追逐者退避三舍，而正是她的摇摆与退避让那些追逐者要么知难而退，要么死缠烂打，知难而退者她哪有颜面重新找回，至于死缠烂打者则使她感到烦腻，而且一个婆婆妈妈的男人何以托付终身？有谁能够相信呢，这个二十二岁的漂亮女人至今还没有一次真正意义上的初恋，然而当她鼓起勇气努力找寻的时候，又迎来了一泼凉水。

在张珺瑶一路抹着泪水，一路彷徨在这条她既熟悉又如此陌生的街道上的时候。韩旭光心中亦并不好过，直到今日，他才真正了解了这个女孩的心。韩旭光饱尝过爱情的辛酸与苦痛，他知道自己的无情对一个情窦初开的女孩来说是一个巨大的伤害，然而他不得不如此。他是一个有家室的男人，与陈凌薇的一夜缠绵已经让他备感内疚，更何况张珺瑶与陈凌薇完全不同。在韩旭光的心目中，尽管他迷恋着陈凌薇的身体，陈凌薇在他的心中却无比下贱。这种作践自己的女人，韩旭光从来就没有对她抱有丝毫内疚，他把他们之间的缠绵看成是一种交换，既然是一种交换，就是一清二楚、不用拖泥带水的事情。可是张珺瑶呢，她是真情的，韩旭光从她那清澈的眸子中便已然辨出。他无法否认，自己心中对张珺瑶存有好感，然而正因为如此，他才必须狠心地浇灭自己心中以及张珺瑶心中的那团熊熊燃烧的爱情之火，一是对刘欣雨的一种责任，二是对张珺瑶的这份心，斩钉截铁的一刀两断固然痛苦，却比永无间断的折磨好得多。

此时已经是除夕之夜了，那时候的省城还没有禁放鞭炮，五颜六色的烟火腾空而起，在这爆竹声声中，韩旭光踏进了家门。那只心爱的黑豆立即扑到了他的脚边，离开这么久了，这个大家伙还是这样腻人。刘欣雨已经准备好了一桌可口的饭菜，还替他烧好了洗澡水。在韩旭光与刘欣雨一个深情的拥吻与短暂的寒暄之后，韩旭光来到了浴室，他任温水浸透身体，用力地用毛巾擦拭着身体，好像这样就能够洗涤他那摇摆不定的灵魂似的。直到刘欣雨叫他，他才出来坐在了桌边，边说边笑地吃完了这桌丰盛且含情脉脉的晚餐。

尽管韩旭光丝毫没有流露出任何不安，然而在他程式化的动作的背后，刘欣雨感觉到了他的不同。而且这次似乎不同于上次，上次虽然他拙劣掩盖，但他没有丝毫流露出无法抉择、目光闪烁以及痛苦挣扎，这种种迹象已经表明，韩旭光定然不爱那个女人，然而这一次韩旭光显然上心了，刘欣雨这个聪明女人岂能看不出来？

那一夜，刘欣雨扑在韩旭光的身边道：“旭光，我们要个孩子吧！”

“医生不是说，你不能生吗？”

“可是我想要一个孩子哩。”

“你应该听医生的话，有黑豆咱们家不是很好嘛！”韩旭光扭过身来，搂住刘欣雨，微笑着说道。韩旭光执意不从，刘欣雨岂能勉强？刘欣雨虽然知道没有孩子的婚姻注定会产生裂隙，然而她亦无办法，倘若真的要个孩子，自己要有所不测，那孩子岂不是没了亲娘？倘若孩子也患上同自己一样的病症，那岂不是作孽？哎呀，这就是命，运气可以靠自己争取，但是这个命，你还是必须得服从。

整整一个正月，尽管这个家庭都沉浸在一片温馨中，他们接待客人，他们亦同时拜访客人，然而韩旭光与刘欣雨心中都清楚，这些举案齐眉的动作都已是流于形式，那种心有灵犀的默契与亲昵已经荡然无存。爱情就是这样，在轰轰烈烈的时候开始，在平淡如水的时刻凋谢，而此时双方都因对对方负有某种责任而不能放弃。然而，在这个刻板得让韩旭光有些窒息的正月里，他带着另一种惶恐。以韩旭光的政治敏锐度来看，这个国家似乎隐藏着某种不祥事件。韩旭光每天都看报纸与新闻，在喜气洋洋的春节期间，虽然各位中央常委都四处拜年，然而党的总书记留守京城而寸步未离。在中国民间，都以领导人的出场与否来判断他的兴衰荣辱，甚至是国家的大势风云。韩旭光对这个简单的细节，绞尽脑汁地思索着。果然，在春节刚过的一个晚上，韩旭光最崇敬的一位伟人为人民发出了他的最后一丝余光，离人民而去了。又过了几天，韩旭光目光呆滞地在电视上看到，一架飞机孤寂地盘旋于碧海蓝天，将那位伟人的骨灰在祖国的疆域内轻轻抛洒。韩旭光不自觉地起身，这个坚毅、沉着的男人，在眼角，第一次为一个并非骨肉至亲的人沁出了泪花。

春节过完了。一如韩旭光所料，一切如旧。张珺瑶虽然感到了爱情的辛酸，但经过几个月的调整，已经将此事忘诸脑后了，韩旭光这位大叔依旧是她的韩叔。至于张茹雪，她风风火火地在洗衣机事业部帮衬着段才良实行那个及时生产系统。由于他们的产品能够迎合顾客的需要，所以产品供不应求，以至于张茹雪这个秘书都忙得不可开交，段才良更是喜笑颜开。

正所谓有人欢喜有人愁，在洗衣机事业部那边蒸蒸日上的时刻，孔倩雪这头则乱了套。先是知晓了韩旭光在洗衣机事业部那边弄了个及时生产系统，孔倩雪气得目瞪口呆。孔倩雪咬牙切齿地发誓要实施她的宏大计划，她预想着今年将空调事业部的营业收入再增长百分之五十，毕竟大好的国家经济形势还在继续，完成这个目标并非痴人说梦。从新年一开始，孔倩雪便召集鲁正梅、孙瑾瑜开会，商讨着今年如何完成年度计划，给那个牛气冲天的段才良泼泼冷水。

由于孔倩雪相信重赏之下必有勇夫，所以她激起了销售部员工极高的热情。各个商场昊天空调的销售点上，俊男靓女分外卖力，热情搭讪。尽管五月份以后才是空调销售的旺季，然而自三四月份，昊天集团的空调便开始预热，乍看上去，今年夏天昊天集团又将稳居魁首。不愧是全国一流的大企业啊，这就是他们的气度，路过昊天空调销售点的顾客不禁啧啧称赞。因为昊天集团销售点的服务好，不仅营业员热情接待，而且俊男靓女们迅速地为你端来茶水，而售货员则细心地讲解着空调的使用方法，令人宾至如归。韩旭光在巡查昊天在各个商场的销售点的时候，不禁对这个孔倩雪惺惺相惜起来，她果真是个人才哩。然而很多事情必须知其不可为而为之，虽然上次在隐山沈修杰已经折戟，但要真正扳倒沈修杰，必须避实击虚，非将孔倩雪打入地狱不可。孔倩雪是个营销方面的高手，但韩旭光是一个战略上的高手，营销只是企业管理的一个方面，而且往往囿于营销的狭小空间而因小失大。此时，韩旭光已经隐隐约约地嗅出了这个火热市场的丝丝寒意，尽管《泰坦尼克号》在不久之后才会上映，但韩旭光已经嗅出市场远处的冰山的味道。

从五月开始，孔倩雪的空调事业部便略微感觉到有些力不从心了，因为东江省的兴发集团拿出了中国商家常用的撒手锏，直接跳楼般地将价格直降百分之二十。尽管昊天集团的营销人员此刻对客户依旧如家人般温馨，滚滚人潮还是挡不住低价的诱惑离昊天而去，昊天集团门可罗雀。销售部门的销售员的固定工资奇低，这也是孔倩雪为了鼓励销售人员卖力营销而制订的策略。营销人员以极低的固定工资和诱人的销售提成构成了一个令所有部门暗羡的岗位，然而时至今日，因为昊天集团的空调销售出现了危机，大量销售人员便围着鲁正梅使她无法脱身。有的销售员工已经弃昊天而去，加入了兴发集团的销售队伍。有些销售员工群情激愤，将在一线调解危机的鲁正梅围在人群中央，助手报警之后，她才借故溜之大吉。

“孔总，我们必须降价啊，如果再拖下去，恐怕会越来越糟糕！”鲁正梅冲进办公室，一脸沮丧地对坐在办公椅上的孔倩雪说道。

孔倩雪没有说话，她用手示意鲁正梅坐在对面。孔倩雪在心中盘算着，倘若降价，那么兴发集团便会跟着降，到时候自己开年所制订的营业收入增长的宏大目标，显然就不能实现了。然而她又反过来一想，倘若此时不降价，如此下去必定人员离散，到时候她的空调事业部怎么向总部交代？况且她心知肚明，韩旭光此刻正虎视眈眈呢！

老辣的鲁正梅显然看穿了孔倩雪的种种顾虑，在孔倩雪让苗梦洁给她端来半杯茶之后，平心静气地道：“像这样大幅降价，我们是不是还得请示上级领导？”显然，孔倩雪要的就是这句话，但她自己不便说出。一则她说出便表明她在空调部的地位微不足道，连降价的权力都没有，谁还能够替她卖命？二则是将这个难题推给总部，沈修杰肯定会认为自己不够仗义，刚刚出现危机的征兆，便百般推脱责任，将这个烫手的山芋堂而皇之地甩给总部。

尽管鲁正梅的话说到了她的心坎上，但是圆滑的孔倩雪面露难色，她正襟危坐，皱起眉头，摇着头不停地叹息：“总部领导可是日理万机，像降价这点儿小事还要去劳烦总部领导，似乎有些不妥吧。”

好你个孔倩雪啊，真是一只老狐狸，鲁正梅在心中骂着。鲁正梅心中清楚得很，这个孔倩雪是在将自己的军呢。此次兴发集团突然大幅降价，整个空调部首当其冲的便是销售部，倘若销售部垮了，自己岂不是要首先担责？

虽然孔倩雪亦有向总部请求降价的意思，但她可以不必着急。孔倩雪的意图是明显的，是想让鲁正梅写个正式的请求，然后经过她的审批，再将这个报告交到总部那里，如此用心，可谓险恶，既能保证空调部不至于纷乱，孔倩雪亦不用承担将问题推给沈修杰的责任，而且万一降价之后事情更糟，孔倩雪亦会毫不留情地将鲁正梅推出来充当替罪羔羊。尽管鲁正梅对孔倩雪的想法心知肚明，此刻她却不得不就范。正如孙武在兵法之中所说的，孔倩雪此时攻击的是鲁正梅的死穴，或者换用象棋术语，叫作将军抽车。即便知道这是孔倩雪的阴谋，她亦必须坦然受之。

“孔总，我觉得降价也不是个小事，若孔总不愿意向上级汇报，那就由我们销售部汇报上级，请求降价。”鲁正梅清楚，如果今天她不说出这句话来，降价的请求孔倩雪是无论如何都不会向上级提出的。

然而当鲁正梅说出这句话，孔倩雪却勃然大怒：“你以为我孔倩雪是为了自身官禄？我也是堂堂正正的共产党员！但凡事都有个组织纪律，你们销售部提出申请，我审批，有问题我们一起担责。”

看到孔倩雪如此怒火，鲁正梅怒不可遏，然而她捏紧了拳头，笑着站起来连连道歉。门外的苗梦洁也不知如何是好，直到鲁正梅离去，她才隐约听到鲁正梅向后啐了一口唾沫，老狐狸！

昊天集团总部最先收到降价请求的是沈修杰，这个老谋子因元旦与韩旭光在隐山县的权力争斗失利，气得血压升高，在医院里躺了一个多月，年后才出院。自新年开始，他在昊天便进入了一种怠工状态。

沈修杰万万没有想到，树欲静而风不止，尽管他尽量保持着一个不理世事的态度，这一张请求降价的申请书却让他陷入了两难的境地。沈修杰心中自然明白，所谓空调销售部的申请实质就是孔倩雪的求援。这么多年来，孔倩雪是自己在昊天的唯一股肱，倘若她再倒下，自己在昊天集团将独木难支，更何况，空调事业部还潜藏着自己一个不可告人的秘密，如此一来必须施以援手。另一方面，价格大战往往是一场旷日持久而且很可能没有胜方的战斗，倘若他此时批准了降价申请，他便卷入了这场是非，到时候倘若一战不胜，孔倩雪要承担责任不说，自己亦脱不了干系，毕竟降价的请求是自己批准的。他左右为难。

沈修杰毕竟是身经百战的谋略高手，这个精明人立即开动了精明的大脑，飞快地运转。他拿了一支烟，放在鼻子上闻，因为医生再三叮嘱，让他戒烟，然而这个老烟枪始终对烟情有独钟，每当烦恼或解决难题的时候，他便拿出一支烟放在鼻子上闻。他不停地闻着那支烟，不停地在办公室里踱来踱去，既然这价格战是场恶战，那么索性将它交给韩旭光如何？韩旭光既然是总经理，这种经营范围内的事情理应由他处理，倘若自己推荐韩旭光去，韩旭光最后帮助孔倩雪赢得了价格战，不仅保全了孔倩雪，到时候自己亦有领导之功。如果韩旭光一战不胜，那么到时寻个法子将所有的罪责推到韩旭光身上，空调部是昊天的明星事业部，出了问题看他韩旭光如何收场。

沈修杰继续闻着那支烟，他站在办公室的落地窗前，露出了开心的笑容。这种笑容是他对自己智谋的一种欣赏，更是对韩旭光即将出的那个洋相的讪笑，在昊天想跟我沈修杰斗，你小子还是嫩了点儿。

当张珺瑶将孔倩雪的申请书拿到韩旭光办公室的时候，他第一个感觉是机会来了，然而他屏住了欢乐：“沈董知道这事吗？”

“这是沈董的秘书送来的，沈董高血压突然发作，已经住院了。”

果真是只老狐狸，韩旭光不觉在心中盘算着。

“你去帮我把赵总叫来吧。”韩旭光边看着空调部的降价申请书，边轻声地吩咐张珺瑶。只听到“嘭”的一声门关上了，韩旭光才点了一支烟，站在窗台前，望着窗外风景，开始思考这场价格战的来龙去脉。

兴发集团地处隔壁东江省。西江省与东江省的经济状况其实相差无几，在多年以前，因为战备，很多大型企业都进驻了西江省，所以西江省的经济地位略高于东江省。改革开放后，西江的绵延群山反倒成了经济发展的羁绊，特别是近几年，西江省更是显出疲态，被东江省逐渐赶上甚至超越。所以，西江省与东江省便自政府到商家都形成了或明或暗的较量，政府之间互不相访，即便在中央开党代会、人代会，两个代表团亦形同陌路。至于民间，企业之间早已剑拔弩张。东江省产烟，可与云烟相媲美，然而在西江，东江烟几近绝迹。至于西江用汩汩清泉酿造的醇香之酒，在东江亦难觅踪迹。其中缘由，不言自明，以至于两省百姓日常闲谈的话题亦是谁是龙头老大。

此时，兴发集团向昊天集团发起攻伐大战，其用意是明显的。兴发集团其实起步要比昊天晚，然而最近几年在董事长胡安邦的管理下已经大有起色。他们收缩了战线，集中力量实行密集型战略，单一生产和营销空调产品，经过几年的攻城略地，已经取得了仅次于昊天的市场占有率。因为兴发股权结构简单，且公司治理结构明晰，已经先于昊天向证监会递交了上市申请书，准备上市了。

对韩旭光而言，这的确是一场生死大战。对于与兴发集团的这场大战，不仅是昊天职工，连省委领导都会异常重视。这不仅仅是一场商战，更是韩旭光代表的西江全省人民与东江人民的一次较量。倘若胜了，自己自然成了省里的英雄；如若不胜，省委第一个就将拿自己开刀。自己就任昊天集团总经理时，谭鹏飞就不太愿意，到时他必然会以此为口实，将自己批判得体无完肤，别说是这个总经理，即便再回文化局恐亦不能，这也是沈修杰选择躲开的真正缘由。

这副担子的轻重尚在其次，最让韩旭光担心的是，空调部已经出现了叛徒或者说是商业间谍。韩旭光有研究各个公司财务报表的习惯，他清楚地知道空调部的产品毛利率只有百分之十八，而胡安邦居然不多不少地就降价百分之二十。价格大战是一个双面受损的游戏，价格降得不够达不到打击对手的目的，降得太大又会使自己蒙受损失，故在降价的幅度上大有学问。而胡安邦如此精准地把握了降价幅度，这就绝不是仅靠聪明能够解释的了。间谍犹如一颗定时炸弹，你不拆除就会使得自己的所有谋划都详细地呈现在对手面前，你反倒像瞎子摸象一般毫无章法，岂能取胜？但倘若大张旗鼓地拆除这间谍炸弹，势必会弄得人人自危，到时候人心涣散，又如何是好？

难啊，韩旭光一拳抡在了窗台上。面对如麻的难题，韩旭光已经准备亲自去山阳县坐镇指挥了。正在此时，办公室的门上轻轻地响了三声。韩旭光回过身来，坐在办公椅上，说了一声“请进”，赵辰逸便走了进来。韩旭光指着他面前的沙发椅让赵辰逸坐下，他等到张珺瑶进来倒了茶，关门出去后，才一脸沮丧地叹息道：“辰逸老弟啊，昊天遇到大麻烦了！”

“韩总此话怕是吓我吧，我胆子可小着哩。”赵辰逸呵呵笑着应道。

“真没有吓你……”韩旭光将胡安邦如何发起价格大战，空调部如何战败，又提出降价请求的事情向赵辰逸细细道来。赵辰逸以惊讶的表情面对着韩旭光一字一顿的言谈，他在心里琢磨，韩总告诉我这些干嘛？这样的事情恐是公司绝密，他既然想让我知道，恐怕是想知道我的想法。要说想法，赵辰逸尽管颇有心计，在对外商战方面却是一窍不通。

“我才疏学浅，也不能为韩总排忧解难啊。但是我还有一身力气，为韩总鞍前马后效劳还是可以的。”赵辰逸摇着头，呷一口茶缓缓说道。

“老弟你可是自谦了哦。不过俗语说‘兄弟同心，其利断金’，只要有你老弟这句话，我也就心满意足了。你公务繁忙，本不愿劳烦于你，然而这终究是影响昊天生死存亡的大事，在整个昊天集团，恐怕也只有老弟你能与我同赴此险了。”韩旭光狡黠地注视着赵辰逸。

“既然这样，事不宜迟，如果韩总没有别的事，那我们就立马出发去山阳县吧。不过我要将丑话说在前头，我笨手笨脚的，到时候碍着韩总的事，还要恭请韩总海涵哦！”赵辰逸呵呵笑着对韩旭光说道。

之后韩旭光对赵辰逸说了当前情况。赵辰逸自知此次前行定然异常艰险，更知道保守秘密的重要性。不过，韩旭光虽然对赵辰逸推心置腹，但对空调部存在叛徒的情况只字未露。待到韩旭光说完，赵辰逸都没有回办公室收拾行李，便脚步匆匆与韩旭光一同下了楼，司机老王早已将车备在楼下了，二人直奔山阳县。

一路上，韩旭光与赵辰逸并没有说话，他俩都知道商场规则，尽管司机老王是自己人，但是防人之心不可无。五月的天空很美，蔚蓝蔚蓝的，一朵淡淡的白云挂于蓝天。韩旭光望着车窗外，渐渐睡去。

韩旭光被赵辰逸叫醒的时候，离空调部大门只有几步之遥了。远远望去，孔倩雪已经带着鲁正梅、孙瑾瑜、吴雅兰站在那里了，在他们三个身后还站着苗梦洁。本来鲁正梅还准备迎到高速路口的，却被苗梦洁劝阻了。苗梦洁的意思是，按照规矩上级虽然说不用接，还是应该接到路口，但此时是非常时刻，倘若真接到路口，正好给了领导批评的口实，说火都烧到眉毛了，你们还尽务些虚礼，净装洋蒜。孔倩雪一想这话在理，便决定仪式从简了。

司机老王显然极为世故，在离迎接人群还有几步路的时候便停下了车。赵辰逸伺候着韩旭光下了车，韩旭光拉扯拉扯西服，便带着笑脸迎上前去伸手握手：“这么大的毒日头，让大家久等，我过意不去啊。”

“这是应该的嘛，欢迎韩总在百忙之中莅临空调部指导工作。”孔倩雪微笑着应道。待到孔倩雪说完，秘书苗梦洁便走过来，开始介绍鲁正梅、孙瑾瑜与吴雅兰了。伴随苗梦洁掠过的，还有一种熟悉的香味。韩旭光扭头一瞥，这个苗梦洁竟亦是一个难得的绝色美人哩。

其实，在孔倩雪决定通过招聘会从公司外招聘自己秘书的时候，她是向总部申请了的。韩旭光心想，这个苗梦洁便是新招来的秘书了。不过不是说她是刚毕业的大学生吗？做秘书尚不足一年，办事居然如此周到，在这样的场合，面色从容，举止优雅，不卑不亢，落落大方。直到苗梦洁将众人介绍完之后，韩旭光居然向苗梦洁伸出了手，果不出所料，苗梦洁握手的方式是与众不同的，她手心向上伸出了手，韩旭光盯着苗梦洁的脸，紧紧握手居然超过一分钟。

直到赵辰逸喊了一声韩总，韩旭光才恍然回过神来。孔倩雪心中不由得暗暗一笑，看来，这个人称精明人的韩旭光也只不过是一个好色之徒，真是盛名之下，其实难副。虽说孔倩雪在心中表示了对韩旭光的轻蔑，但她依然微笑着说给韩总订了接风宴。韩旭光也没有推辞，去酒楼吃了饭，席上孔倩雪自然不停地让苗梦洁给韩旭光敬酒，韩旭光倒是来者不拒，越发显示出了他对苗梦洁的好感。

午饭之后，韩旭光说今日乏了，明天上午九点再召开经理层的办公会议，而且半醉半醒地说道："苗小姐也一定要来参加会议哦！"

在赵辰逸的搀扶下，韩旭光跌跌撞撞地走出了酒楼。孔倩雪不停地在后面摇头，回空调部后，她便给沈修杰打了一个电话。沈修杰不由得笑得前仰后合，看来这英雄还是难过美人关啊。孔圣人说的年少戒于色还是有道理的，岂不知色字之上有把刀，看你还能快活几天。

赵辰逸心中大为不快，他是将整个身家性命都押在了韩旭光这一边的，想不到他居然是个色鬼。在赵辰逸将韩旭光搀扶进宾馆，准备叹着气离去的时候，韩旭光一把抓住了他的手。

"辰逸老弟，你得帮我看紧了苗梦洁！"韩旭光微微睁开眼说道。

韩旭光便将叛徒之事向赵辰逸和盘托出。原来这个苗梦洁尽管一身素装，装扮得俨然一个清纯学生的样子，她却用了一种名为海蓝之谜的面霜，此种面霜是雅诗兰黛旗下的顶级品牌，一个所谓家境一般的学生怎么可能用得起如此顶级的化妆品？而且，苗梦洁大大方方地向韩旭光介绍几位领导，不卑不怯的从容，亦让韩旭光大感可疑。在韩旭光看来，一个才毕业的女学生竟能将繁杂礼仪拾掇得如此漂亮，这难道不是一件可疑的事情？

更让韩旭光大觉可疑的是，当苗梦洁向自己介绍孙瑾瑜的时候，孙瑾瑜流露出一种很不自然的神情，以韩旭光的聪明，他显然已经感觉到了孙瑾瑜与苗梦洁不同寻常的关系。他故意与苗梦洁握手，果不其然，苗梦洁手心向上地伸出了手，这是一种面对上司的尊敬的握手方法，一般的中国老百姓绝少有人知晓，倘若不是训练有素，一个刚刚毕业的大学生岂能懂得？韩旭光带着色眯眯的眼神，紧紧握住苗梦洁的手久久不放，他用眼角瞟了一眼孙瑾瑜，孙瑾瑜阴沉的脸好似一头见到红布的公牛，韩旭光就此断定，苗梦洁与孙瑾瑜的关系非同寻常。韩旭光抿抿嘴继续说，这个孙瑾瑜看来是个老实人，倘或他是个训练有素的商业间谍，万不会在这样一个简单局面上失魂落魄。

直到此时，赵辰逸才渐渐地明晓了韩旭光的真正用意。韩旭光故作好色之态，这一招不仅可以让苗梦洁疏于防范，而且可以让孔倩雪对他的到来放松警惕。赵辰逸暗暗在心中想，恐怕此刻孔倩雪正在与沈修杰相互庆贺呢。然而，如此机密之事，韩旭光为何对自己口无遮拦？韩旭光说出来，一是表示了他对自己的信任，二是恐怕有些谋划少了自己难以完成，三是天哪，韩总已经看到了自己对他的不信任与摇摆。唉，自己这张哭丧的脸、轻慢的表情，谁看不出呢？

赵辰逸坐在宾馆的沙发椅上，听着韩旭光的叙述，不觉对这位年未四十的总经理佩服得五体投地，自己若要有这个脑子，那该有多好啊。不过韩旭光似乎是百密一疏：“韩总的计策真是高明，让我们这种人难望项背。不过我还有一件事不太明白，您既然在怀疑苗梦洁，那您明天让苗梦洁前来参加经理办公会，岂不是自投火坑？”

韩旭光哈哈大笑：“我们不自投火坑，你怎么能将她揪出来呢？”等赵辰逸要说话的时候，韩旭光已经伸出手来，算是逐客了，精明的赵辰逸只能将已到嘴边的话咽了回去，握手之后便起身告辞了。其实韩旭光哪能不知，赵辰逸想说的是，即便能够将苗梦洁这个叛徒逮个正着，然而毕竟机要密谋已经泄露，胡安邦岂能没有防备？

这是山阳县最好的宾馆，韩旭光今天十分高兴，因为在来山阳之前最为顾忌的便是寻不着间谍，然而想不到刚刚到来，间谍便自动浮出了水面。他本来想点一支烟，然而看着头顶上赫然四个大字——禁止吸烟，便只得摇头作罢。韩旭光忽然想到包中还有一袋蓝山咖啡，这种咖啡是张珺瑶推荐给自己的，他曾经将信将疑地尝了一口，这个咖啡的确与别的咖啡不同，它在苦中略带一点儿酸味。因为韩旭光总是习惯熬夜研究财务报表，便逐渐喜欢上了这种咖啡，然而当他寻出包中那袋蓝山咖啡的时候，睹物思人，不禁叹息一声。

回到自己房间，赵辰逸显然还有另一层顾虑，那便是这个会议。按照商业常例，如此级别的会议显然不应该在上午九点召开。下午召开，即便竞争对手知晓了其中计划，采取行动最早亦在第二天早上，到时尚可挽救。倘若上午召开，竞争对手知道了其中内容便能从容安排，以做应对，难道如此精明的韩总连这一点都没有想到？这怎么能让赵辰逸不担心呢？对于这次商战的意义，赵辰逸心知肚明。韩总啊韩总，这可牵系着你我的升降荣辱，我可是赌上了自己的全部身家的。所以这一夜赵辰逸失眠了，他辗转反侧，直到东方泛起了鱼肚白。

这一夜韩旭光睡得很好，第二天精神抖擞地出现在了赵辰逸面前，恰好赵辰逸开门出来。韩旭光笑呵呵地说道：“老弟啊，正喊你去吃早餐哩！”赵辰逸想将自己的想法说出来，然而正在他欲言又止的时刻，孔倩雪带着苗梦洁出现在了他们面前："韩总，你可让我们好找，梦洁都找得急火攻心了呢，想不到您躲到这里来了。"赵辰逸在一旁打趣道："苗小姐找男朋友也没这么急过吧！""我还没有找男朋友呢，到时候还得请韩总赵总多多指教哩！"苗梦洁诡异地微笑道。

"这个小妮子，被我给宠坏了，没大没小的！"孔倩雪一边训斥一边请韩旭光与赵辰逸去楼下餐厅吃早点。早点是自助餐，其实商业聚会上自助餐往往是首选，这家宾馆的安排亦是如此。自助餐便各自取食，并无太多章法可言，待到各自吃完了早餐，便一同来到空调部。鲁正梅与孙瑾瑜，还有吴雅兰早早地就等在会议室门口，韩旭光一一给各位打了招呼，便在孔倩雪的引导下，走进了这间会议室。

这间会议室的气派甚至超过了总部那一间，暗红的绸子铺排在黄花梨的围桌上，高背的黄花梨的黑色椅子光可鉴人，围桌顶头一幅巨大的《江山如此多娇》的壁画更是豪迈万丈，而且茶盅上的图案雕刻精美，一看便是景德镇的手工物件。本来韩旭光让孔倩雪坐在上座，可是孔倩雪执意不从，韩旭光只得坐在了上座，会议便开始了。

韩旭光首先简短地回顾了空调部的业绩，并且说尽管兴发集团蓄意已久地发起了价格战，可空调部依旧是排除万难，屡败屡战。听到此处，鲁正梅心中悬着的那块石头才砰地落下，看来这个韩旭光并不如传闻那样是个冷面判官，没有拿销售部杀鸡儆猴。其实，韩旭光在看到那份奇怪的降价申请书的时候便已经心知肚明，韩旭光的对手是孔倩雪，此时如果对销售部大加挞伐，岂不是将鲁正梅赶到孔倩雪的那一边？

"不过，目前形势依然严峻啊，大家说说应该如何应对？"韩旭光抿一口茶说道，结果底下死一样的沉寂。"各抒已见嘛。"韩旭光催促道。

鲁正梅心中犯嘀咕了，不是申请办上已经说得清清楚楚，我们请求降价打价格战的吗？韩旭光为何明知故问？会议室里死一样的寂静，毕竟没哪个愿意出来发言，谁又愿意担责呢？鲁正梅见无人应对，只能硬着头皮道：“我们销售部决定，与兴发打场价格战！”

“我们降价多少呢？”韩旭光喝了口茶，接着追问道。

“百分之二十吧。”

“且不说降价百分之二十我们会亏损，假如兴发继续降价呢？”韩旭光继续逼问道。此时，鲁正梅已经无言以对了，她本以为这场会议只是走个过场，所以来前并未做充足准备，哪知这会议竟是真枪实弹。

韩旭光的问题显然在理，众人愕然。看着一脸茫然的与会者，韩旭光侃侃而谈：“我有个还没成形的想法，说出来大家商讨商讨。我认真研究了兴发集团的招股书，兴发集团因为想上市，不想在存货上太多地占用资金，所以储备的存货很少，倘若我们不从价格战入手，而直接控制原材料压缩机，岂不是让兴发集团降价之后无货可交？到时候他们不但会不战而溃，而且还会丧失信用，众多经销商岂能饶他？”

韩旭光的话一抛出，赵辰逸不由得立即鼓掌，众人亦是掌声雷动。孔倩雪心中亦感佩服，想不到这个色鬼在商业经营上果真有一手。此时，在座者无不投来钦佩的目光，当然苗梦洁是个例外。

“不知大家认为此法如何？”韩旭光一面示意大家放下手来，一面诚恳地问着。

鲁正梅欣然道：“韩总真是在世诸葛，围魏救赵，这场商战将来一定会载入史册的。”

“过誉了，这只不过是我的一己拙见，还要各位商场前辈不吝赐教呢！”韩旭光边喝茶边说。此时，赵辰逸的心已经提到了嗓子眼。他在心中琢磨，既然韩总知道了苗梦洁是叛徒，如此妙计为何会在苗梦洁面前公然道出呢？韩旭光是不是聪明过头，已经忘乎所以了？

第八章 共生关系

人情就像水一样，倏忽而变，似乎只有金钱是不变的，部分人的人性都在围着它转

正当赵辰逸露出疑虑的表情，欲言又止的时候，韩旭光投来了别样的眼神。以赵辰逸的机警，他知晓韩旭光已经猜透了自己的想法，所以尽管心存疑虑，他却拿起面前的茶，咕噜喝了一大口，而没有说话。

“既然大家没什么意见，那就各部门安排安排，明天上午将材料交到我这里，我安排采购部的人员去执行。”韩旭光轻敲着桌子说道。

说完之后，韩旭光轻轻地呷一口茶，看见左边第一的孔倩雪若有所思，便询问道：“孔总有什么要补充的？”此时孔倩雪才回过神来，孔倩雪显然被韩旭光这种聪明的计策惊呆了，她在盘算着昨天向沈修杰报喜是否过早了一点儿。尽管她并不喜欢韩旭光，然而这空调部好歹是自己一手拉扯起来的，就像个孩子一样，自己哪里能没有感情呢？目前空调部身处危机中，显然韩旭光的这个计策可以使其脱离困境，如若再从中作梗，一旦空调部垮了，自己又将栖身于何处？如果成功了，的确可以给韩旭光带来荣耀，但是那又关自己什么事，自己依旧是空调部的总监，没必要替沈修杰操那份闲心。

“韩总的计策真是太精彩了，我没有什么补充的，看大家还有什么意

见。"突然回过神来的孔倩雪笑着说道。然而此时，整个会场除了会心的笑容，便已然无声了，这种会心的笑容是对韩旭光的方略的肯定与称赞，亦是对濒临绝境而又起死回生的欣喜与期待。其实鲁正梅对这场价格大战后昊天空调部的局势本来已经相当悲观了，然而有了此计，昂扬的斗志与浑身的力气便又袭上了她的心头。

只有苗梦洁皮笑肉不笑地坐在那里，尽管她也鼓掌，她亦将韩旭光的策略记录在会议簿上，但是她的这些动作始终掩盖不了她心中的沮丧。她正沉思着的大脑显然不可能察觉，赵辰逸的那双眼睛死死地窥伺着她。尽管苗梦洁无法察觉赵辰逸的窥伺，但是孙瑾瑜微妙发觉了此情此景，梦洁啊，你的身边为何总是有男人围绕?

尽管孙瑾瑜沉默寡言，经常看上去呆呆的，然而这两天他陷入了深深的痛苦当中。本来他心仪的苗梦洁已经开始与他熟络起来，时常来到财务部坐上一会儿，而且跟自己聊天，还向他学习一些财务会计方面的知识，孙瑾瑜便拿出公司的财务报表，手把手教她做账。他怎么能不教她呢?自己心仪的女孩真心向自己请教，对一个男人来说是多么荣光与幸福，尽管每次苗梦洁弓身站在他身后的时候，他的心都怦怦直跳，特别是苗梦洁挨得更近的时候，他甚至能够感觉到苗梦洁的呼吸与嗅到苗梦洁的体香。他还从来没有被如此漂亮的女人如此亲密地接触过，那种心潮澎湃已经让他神魂颠倒了。

要不是这次兴发集团掀起了价格大战，孙瑾瑜已经想好了向苗梦洁表白的。孙瑾瑜甚至在家对着镜子演练了好几种表白方式，但每种方式的演练最终都被他以太俗气而自我否定了，其实哪里是因为这些仪式太过俗气，而是因为他的怯弱与对苗梦洁的珍视，让他总是显得过于拘谨。直到他那晚喝了几杯酒之后想去公司拽住苗梦洁的手向她表白，不巧的是，他接到一个电话，公司出了大麻烦。一时间，公司上下都忙得不亦乐乎，苗梦洁与孙瑾瑜当然也不例外，儿女情长英雄气短，在事业攀登的道路上，爱情只是路旁的风景。

然而，让孙瑾瑜万万没有想到的是，韩旭光来了。自从昨天韩旭光色眯眯地握住苗梦洁的手，孔总就有意无意地让苗梦洁与韩旭光接近。而苗梦洁并不反抗，居然与韩旭光勾搭起来，对一往情深的孙瑾瑜反倒生疏了。孙瑾瑜开始痛恨韩旭光的好色，后来又因爱生恨，在家狠狠地骂苗梦洁是个荡妇，见利忘义，难怪有人说男人有多好色，女人就有多爱财。所以，当孙瑾瑜看到赵辰逸死死盯着苗梦洁的时候，他更觉生气了，看来不仅韩旭光，连赵辰逸也和苗梦洁勾搭上了。孙瑾瑜紧紧地握住拳头，他真想站起来狠狠地对准赵辰逸擂一拳，然而擂一拳又能怎样呢？毕竟自己现在跟苗梦洁还什么都不是，再者说，即便苗梦洁跟自己结婚入洞房了，难道还让苗梦洁做阿拉伯国家的女人，蒙住精致的脸庞，不让人看吗？自己果真擂赵辰逸一拳，那么昊天自己肯定是待不下去了，自己待不下去倒是不要紧，别人又会怎么看待苗梦洁，苗梦洁今后还会理我吗？在痛苦与理性的交织下，孙瑾瑜松开了攥紧的拳头，叹了口气。

一场会议便这样结束了，结束的时候是上午十点，众人谈笑风生地走出了会议室，而赵辰逸的眼睛显然还没有从苗梦洁的身上挪开。让孙瑾瑜更为吃惊的是，赵辰逸这小子竟贼心不死，会后还尾随苗梦洁走出了办公室。此刻众人已经散会，孙瑾瑜便想冲上去给赵辰逸几拳，然而转念一想，这恐怕不妥，俗话说捉奸要捉双，即便莫名其妙地给赵辰逸几拳，到时候这个小子死不承认，自己照旧脱不了干系。孙瑾瑜只得尾随赵辰逸，等候机会再下手。

只见苗梦洁拐了几个弯，走到了会议室旁边的一块空旷的阳台上。因为会议室在最顶上一层，旁边一块空旷的阳台便空了出来，很多吸烟的办公室职员实在憋不住的时候便会爬上来吸一口。此外，有很多在办公室憋气久了的职员也会到这里来仰望蓝天，眺望山阳县的街景。赵辰逸瞅见苗梦洁拐了一个弯，也钻进了人群，他看到苗梦洁走到一个僻静的角落，拿出了那部黑色的手机。

“胡总，昊天集团准备明天下订单，购买所有的空调压缩机。”当听到苗梦洁说出这句话的时候，赵辰逸便准备蹿上去拉住苗梦洁的手，不想肩上被人重重地拍了一下，还没等赵辰逸扭过头来，这只手便一把抓住了赵辰逸的胳膊：“赵总，想不到您也在这里散心啊！”

赵辰逸只得扭过头来，一看是孙瑾瑜，便敷衍道：“是啊，孙总不也上来了嘛！”赵辰逸边说着边扭头去看苗梦洁，此时哪里还找得着，苗梦洁早就走开了。赵辰逸便“唉”了一声，强行地挣脱孙瑾瑜的手：“我现在有急事，下次我们再详聊。”便飞奔着走了。

此刻对孙瑾瑜来说犹如一个晴天霹雳，他没有想到，让自己魂牵梦绕的女孩竟是商业间谍，怎么会这样呢？如此清纯的一个女孩，如水般温柔的面庞背后，隐藏着的却是一副如蛇蝎般的心肠！孙瑾瑜点燃一支烟，站在栏杆旁边，望着楼下奔流的人群，天下熙熙，皆为利来，天下攘攘，皆为利往。他怎么也不敢相信，苗梦洁居然是如此的一个女人，但那个电话已经声声在耳，难道这还能有错吗？但是孙瑾瑜转念一想，苗梦洁是不是有什么苦衷，孙瑾瑜决定找苗梦洁好好谈一谈。

郁闷了一整天的孙瑾瑜终于等到了下班的时刻，职工陆陆续续地离开了办公室。孙瑾瑜知道，以苗梦洁的勤奋，她必然会迟于孔倩雪而离开。等到孙瑾瑜看到孔倩雪走出了办公室，他便一个人蹑手蹑脚地爬上了顶楼，果不其然，苗梦洁办公室的那盏灯依然亮着。

“妈，爸的病怎么样了？”孙瑾瑜还没摸到苗梦洁的门口，便听到苗梦洁在啜泣，孙瑾瑜定睛一看，苗梦洁正在打电话呢。

“医生说了，爸的这个病要做透析！”苗梦洁依旧边擦眼泪边说道。孙瑾瑜心想，要做透析，难道她的爸爸患上了尿毒症？

“钱的事情我已经解决了，您让爸放心，让医生用最好的药，咱们准备给爸换肾！”苗梦洁依旧边擦拭着泪水，边对着电话啜泣道。

此刻，孙瑾瑜用双手蒙面，低头蹲下，他想冲进去，抱住苗梦洁。他觉得自己真够虚伪的，口口声声说自己喜欢着这个女孩，然而连这个女孩家里这么大的变故都不知晓，一时间，脸不由得发烫。然而转念一想，既然苗梦洁从未向人提起，她必然是不想让人知晓的，倘若此时自己闯进去，岂不是让苗梦洁难堪？况且，即便自己冲进去，又能说些什么呢？安慰她，还是坦然告诉她，她已经被赵辰逸发现了，那不是让苗梦洁更为着急？孙瑾瑜想自己解决。

片刻后，孙瑾瑜默默地离开了。他静静地下了楼，默默地彷徨于街头。在孙瑾瑜的心中，正在作一个艰难的抉择：要保住苗梦洁，只能替她承担起所有的罪责，然而作为一个会计从业者，要是自己承担了这样的罪责，那不就意味着自己职业生涯的终结吗？孙瑾瑜心有不甘啊，注册会计师他考了三年，英国公认会计师自己考了五年，前后八年，这八年的努力，就将在这一夜间付诸东流。倘若他不站出来，明日苗梦洁就将离开昊天，赵辰逸之所以现在还在沉默，就是因为胡安邦那边还没有行动。苗梦洁离开意味着什么，意味着她不仅将失去这份工作，恐怕油滑的胡安邦连所谓的公关费都未必给她。一个人失去了利用价值，在商场中她便失去了价值，那么苗梦洁的父亲会怎样？苗梦洁会不会走上歧路，出卖自己的肉体与灵魂？孙瑾瑜确实不敢继续想了，他太痛苦了。

尽管孙瑾瑜的心头充满着矛盾，他依然不知不觉地走到了韩旭光住的那家宾馆的楼下。他在宾馆门口徘徊了很久，最后点了一支烟蹲了下来，在狠狠地将一支烟吸完之后，狠狠地在地上擂了一拳，便匆匆地走进了宾馆，用颤抖的手敲响了韩旭光的门。

韩旭光正在与赵辰逸商量着苗梦洁的问题，看到孙瑾瑜叩门进来，赵辰逸便准备出去，没承想，孙瑾瑜却拦住了他：“想必你们都知道了吧？”“我知道什么了？”赵辰逸一头雾水地回答道。“知道我就是那个间谍了，这件事情与别人无关！”看着孙瑾瑜一本正经的回答，韩旭光愕然了，但转念一想，他便知道了孙瑾瑜的来由。

赵辰逸突然想对韩旭光说些什么，但被韩旭光制止了，他便只能去给孙瑾瑜倒茶。“值得吗？”韩旭光轻轻地问孙瑾瑜道。“没有什么值得不值得的，我只要对得起天地良心便成！”孙瑾瑜将半杯茶一口饮完，“这是我的辞职信。”他丢在桌上，转身走了。

赵辰逸想追出去，却又被韩旭光制止了。“由他去吧！”韩旭光说道。“老韩，你怎么能这样呢，小孙显然是受到苗梦洁的蛊惑了。”赵辰逸边叹气边说道。“莎翁说过，恋爱中的人都是疯子嘛。我们去向他解释，他不仅听不进去，还会迁怒于你我，这就是罗密欧与朱丽叶的悲剧哩！”韩旭光边抽烟边说道。“难道我们就不管了吗？”赵辰逸甩手叹息道。“事缓才能圆，倘若孙瑾瑜非要将事情扛下来，那我们又能拿苗梦洁如何？到时候不仅不能拿苗梦洁怎样，而且会弄得我们像清除异己似的，弄得人人自危啊！”听到韩旭光如此说，赵辰逸激动的心情稳定下来，然而他依然心有不甘：“可怜了一个痴情的孙瑾瑜啊，他的一生就这样毁了！”

“他是一个好人，但是好人并无用处。”听到韩旭光如此坚定地说，赵辰逸不由得心寒如冰。他万万没有想到，这个有着聪睿头脑的人，竟然是这么冷酷无情。一气之下，赵辰逸沉沉地“唉”了一声，转身甩手离开了韩旭光的房间，重重地关上了门。直到多年以后，赵辰逸才知道韩旭光说的这句名言其实是钱钟书说的，只有历经了岁月的风霜、世事的打磨，赵辰逸才真正参透其中玄机。

听到赵辰逸重重的关门声，韩旭光凝重的表情舒展开来，陷入了一种茫然。他又何尝不知道孙瑾瑜不仅是个好人，而且还是一个人才，然而他又能如何呢？继续纠缠下去，以苗梦洁的精明，她既然能够使得孙瑾瑜今天站在这里，她就必然能够想法脱身，大敌当前，昊天岂能内耗？倘若自己隐而不发呢，明天之后胡安邦定会率先行动，若没有人出来承担责任，岂不是人人自危，相互猜疑？到时昊天将真真正正地大厦将倾，自己的前途亦不复存在。孙瑾瑜啊，你真正好糊涂啊，爱情固然可贵，然而所爱也要有所值啊。当然这也不能全怪孙瑾瑜，像苗梦洁这种深谙人情世故的女人，他孙瑾瑜又怎能是其对手呢。

做人难啊，尽管韩旭光有千万个不愿意，此刻他却并不能保住孙瑾瑜，他必须让孙瑾瑜悲伤，甚至让他绝望，这是韩旭光在体味权术给自己带来喜悦的同时，第一次感觉到权术给他带来的无奈。然而韩旭光死死地陷入了权术的泥潭，再也不可能拔出来了。

第二天，当昊天空调部的采购人员风尘仆仆地奔向各个压缩机供应商的时候，却被冷冷地挡在了门外。几经打听，才弄明白了缘由，原来兴发集团在昨天晚上便同众多压缩机供应厂商签订了购销合同，以时价将百分之九十的压缩机全给包下了。采购经理立即觉得事态严重，便拨通了孔倩雪的电话。孔倩雪一时间面色惨白，这回可糟了。

韩旭光的这个策略本身显然是没有问题的，时间这么精准，兴发集团便已经采取行动了，显而易见，在自己的这个团队中出了叛徒。倘若如此，韩旭光必定会将自己当作替罪羔羊，而他恰恰可以脱身。孔倩雪不停地在办公室里踱步，这该怎么办呢？这可当真如何是好？

孔倩雪只能拿起电话，拨通了韩旭光的手机，听见电话那头传来了“喂，您好，我是韩旭光”的回声，孔倩雪才用略微颤抖的声音说道：“韩总，我是孔倩雪。空调部这边出了点儿情况！”

“哦，我已经知道了，你马上通知开个紧急会议！”

“好的，我马上安排。”直到听到对方响起了嘟嘟的声音，孔倩雪才木讷地挂上了电话。韩旭光已经知道了？他是如何得知的？难道韩旭光在空调部亦有眼线？孔倩雪不由得心头凉了半截，她自以为铁板一块的空调部，哪里想到竟是漏洞百出，她不禁打了一个寒战。

会议室里，孔倩雪焦急地一遍又一遍地打着电话。在这关键时刻，孙瑾瑜的电话居然关机了，她岂能不急？吴雅兰与鲁正梅也如坐针毡，她们早上已经知道了情况，但她们此时担心的并不是昊天的前途，而是寻思着如何替自己摆脱叛徒的嫌疑。只有苗梦洁不停地在给众人倒茶水，不停地安慰着孔倩雪，她虽然面带遗憾，倒也不太难过。

大约半个小时之后，韩旭光与赵辰逸赶到了。与会者便齐刷刷地一齐站了起来，韩旭光示意大家坐下，苗梦洁便放下暖水瓶准备撤出去，却被韩旭光叫住了。她便如上次一样，坐在了右边这一排的最末端。

“大家都受惊了吧！”韩旭光笑着对与会者说道。此刻与会的几个人哪里有这份消遣的闲心呢，面面相觑，竟无言以对。在大家发愣的时候，韩旭光甩出了孙瑾瑜的辞职报告：“我此举就是为了找出他！”

“啊，老老实实的孙瑾瑜居然是叛徒！”孔倩雪看着孙瑾瑜的辞职信，不由得诧异地喃喃说道，脸唰的一下便红到了耳根上，此事自己应该负领导责任。当孔倩雪结结巴巴地向韩旭光解释的时候，韩旭光却笑着说道：“俗话说，人心隔肚皮嘛，你又怎么可能知道，诸葛亮不也错用了马谡守街亭？”孔倩雪便将要说的话全收了回去，用手巾擦了擦额头上的汗珠。看来，韩旭光并没有针对自己的意思，不仅如此，更让孔倩雪舒心的是，看来空调部有韩旭光眼线纯属自己的多虑，原来是孙瑾瑜昨晚便到韩旭光那里去辞职了，难怪他提前知道了。

“可是，韩总，兴发集团已经将货源全部垄断了啊，这可如何是好？”鲁正梅一脸疑惑地问。实际上，在20世纪九十年代的中国，进口实行严格的配额制，压缩机自不例外，如果国内货源被垄断，进口配额已经确定，那么要取得压缩机，就非得买走私货，尽管价格略低，但却是违法的。虽然那个时候的企业都买过走私货，但鲁正梅显然不想自己去承担这种违法的责任，她想让韩旭光首肯，然后她再去这么做。

“这个问题，到了明天大家就明白了！现在要做的，是我请求大家，将兴发集团的所作所为向员工保密，就保密一天就可，人心散了，就一切都完了哦！”韩旭光微笑着呷一口茶对与会者说。

“那是自然的，我看我们空调部，还有哪个敢当叛徒！”孔倩雪接过韩旭光的话茬儿，恶狠狠地、重重地拍打着桌子怒吼道。

对于这份神秘，鲁正梅与吴雅兰都一脸疑惑，赵辰逸却死死地盯着苗梦洁，苗梦洁倒也坦然，毫无拘束地在记事簿上记录着。赵辰逸心中思忖，天下竟有这么蛇蝎般的女人，这张精致的面孔下隐藏的却是如此险恶的用心，你难道不知道孙瑾瑜替你承担下责任，对他意味着什么吗？其实，久经公关的苗梦洁早已对人情淡漠如无了。她本是省城的一介歌女，随人攀折。她憧憬过美好的爱情，然而那个信誓旦旦的男人背叛了她，她差点儿自杀。梦碎了，她期盼过温馨的亲情能给她温存，然而当她踏进家门的时候，她的父亲居然拿着扫帚将她赶出了家门。自己就是期盼着珠光宝气、美酒甘食，自己不偷不抢，仅仅出卖了自己的灵魂，这是自由交换，在这个物欲横流的社会，这难道有错吗，我是他的亲生女儿，大过年的，他竟然将我赶了出来！

在苗梦洁心中，人情就像水一样，倏忽而变，只有金钱是不变的，人性都围着它运转。她期盼着有一天，等自己腰缠万贯的时候，回到乡间，能够像苏秦一样父母郊迎、嫂嫂匍匐蛇行。人生在世，权力与金钱是绝不能丢弃的。为了得到金钱，牺牲一个孙瑾瑜又算得了什么呢？任凭你赵辰逸如何瞪我，我现在不依然坐在这个地方吗？

苗梦洁越是镇定坦然，赵辰逸便越发义愤填膺，然而他不能冲上去，孙瑾瑜自己承担了所有罪行，那么他冲上去又是何因由？所以直等到韩旭光一声咳嗽，他才恍然发现，原来会已经散了，他居然死死地盯着苗梦洁那把空空如也的椅子。“恨苗梦洁吗？”韩旭光问道。“没，我在想事情。”赵辰逸本来想说我可不是铁石心肠的，但转念一想又将话吞了下去。“下午没事的话，我请你去喝一杯如何？”

赵辰逸不觉纳闷，这都什么时候了，你韩旭光居然还有心思喝酒？尽管你今日用一份神秘将大家稳住了，但明天看你哪里还有脸站在台上。本来赵辰逸是不想跟着韩旭光去的，但转念一想，这也可能是与韩旭光最后一次喝酒了，盛情难却，便不是很情愿地应承了下来。

西江的酒本来就是全国闻名的，西江的男人都喜欢有事没事喝上两口。要说这个酒吧，喝多了的确甚是伤身体，然而在伤身体之余也培养了感情，所以便有了无酒不成席的说法。韩旭光与赵辰逸选择了一家虽小但也十分热闹的饭店。喝酒与喝茶不同，喝茶的居所需要的是淡雅，而喝酒需要的是热闹，人声鼎沸就更好了。

韩旭光对着赵辰逸说：“今天咱们是第一次单独喝酒，谁都不能当乌龟哩，不醉不归哦！”赵辰逸呵呵地苦笑着，他心里思忖，你让我说你什么好呢？你是真的处变不惊，还是不知死活？你死不要紧，干嘛把我也拉扯到山阳？此刻，赵辰逸已经开始后悔跟韩旭光来了。

“辰逸兄弟啊，你说说，做生意什么最重要啊？”

“诚信？”

“迂腐了。”韩旭光抿一口酒笑着道。

“管理……”赵辰逸心不在焉地瞎猜了几个，韩旭光不住地摇头。

“是时用。我们的老祖宗司马迁总结了前人致富的捷径，得出的精辟之言。所谓用，就是你知道消费者需要什么；所谓时，就是你知道消费者什么时候需要。能够悟到用的人，可以成为一个商圣了；能够悟到什么时候用的人，便是真正的商家之神了。白圭便是神！”韩旭光说完便敬了赵辰逸一杯，还没等赵辰逸入口，他便一饮而尽。

赵辰逸本来就不喜读书，被韩旭光的这套言论弄得晕头转向，加上喝了几杯酒，便不觉腿脚发软了。喝酒的人有个特点，越是醉了便越说能喝，加上赵辰逸心头甚是郁闷，平日的酒力便无从施展，等到韩旭光再次准备举杯向赵辰逸敬酒的时候，他已经歪在桌上了。

第二天，赵辰逸懒洋洋地从床上爬起来的时候，依然觉得头晕乎乎的，一种想吐又吐不出来的感觉让他十分难受，尽管昨晚那种天旋地转的感觉已然消退，然而腿脚轻飘飘的。他看了一眼表，居然已经十点了，天哪，他只能匆匆地完成洗漱，准备去叫韩旭光。

韩旭光想必也睡过头了吧。所谓酒醉心不醉，赵辰逸隐隐约约地记得，昨天下午，他们一顿饭从下午一点吃到晚上八点，弄得那个饭店的老板都不耐烦了。还好韩旭光甩下了一千块，那个老板才露出了笑呵呵的表情，任凭他两个在那里喝得人仰马翻，直到自己倒下，韩旭光还喝了好几杯呢，最后是出租车司机将二人送到宾馆的。

果不其然，等到赵辰逸出现在韩旭光门口的时候，韩旭光也刚刚惺忪地睁开双眼，他问了一声谁，等赵辰逸在门口应承了一声，他才穿着睡衣去开了门。此时，韩旭光并不跟赵辰逸说话，而是急不可耐地打开了电视，天哪，韩旭光的眼中竟淌出了泪花。

“泰铢贬值了！”韩旭光一边歇斯底里地嚷着，一边像一个小孩子一样跳了起来。赵辰逸呆呆地看着手舞足蹈的韩旭光，一时竟然不知道如何是好。这个对经济学所知甚少的行政副总，此刻显然无法知晓泰铢贬值，对已经签订原材料购销合同的兴发集团不啻于灭顶之灾。

虽然赵辰逸无法明白其中的深奥，然而孔倩雪与鲁正梅立即明白了其中因由。当孔倩雪看到这个消息的时候，不由得大声感叹韩旭光真乃神人也。她兴奋地给韩旭光打电话，哪里打得通啊，原来韩旭光昨晚已经将电话线拔掉了，手机也关了，他想像死猪一样睡上一觉。此刻，孔倩雪与鲁正梅便不约而同地出现在了韩旭光卧室的外面，等到她们推门进来的时候，竟然看到韩旭光只穿着一身睡衣。不过韩旭光显然并未发觉此事，他居然还替这两个女人倒了茶，直到两个女人惊讶地看着他时，他才发觉了装束的不雅，去卧室里换上了西服。

昊天胜利了。赵辰逸后来知晓，中国是个经济外向型的国家，亚洲金融危机的爆发必定使得世界经济受到牵连，整个空调行业的出口便会进入严冬。兴发集团的销量必定会大减，然而他们与所有原料商签订了压缩机的购买协议，不管兴发集团的空调卖不卖得出去，他们都必须按照合同上约定的价格，将供应商手上的压缩机通通买下。

赵辰逸记得，那天整个昊天空调部都掌声雷动，整个公司举行了盛大的宴会，所有员工都对韩旭光投去了钦服的目光。在觥筹交错中，赵辰逸终于明白了，韩旭光才是他自己所说的商神。

在那天晚上，赵辰逸去书店买了一本《史记》，他找了好久才找到了在《货殖列传》上的那几句话。这真可谓一本经典的商业著作啊，赵辰逸开始沉醉于中国古人的智慧了。然而泰国为何会出现金融危机，影响又为何会如此之大，他并不曾知晓。直到十年之后，另一场金融危机席卷全球，赵辰逸才明白金融危机是怎么回事。但让赵辰逸吃惊的是，韩旭光不仅判断出这次金融危机的发生，而且准确地把握了发生的时间，这便是时用之道啊，他真是个商业天才！

今夜，空调部的员工都可以睡个好觉了，只有苗梦洁无法入睡。她在思忖着自己的前途。她万万没有想到，空调部居然能够死里逃生，那么胡安邦答应的那笔公关费恐怕是要泡汤了。胡安邦此刻恐怕已自身难保，那么多压缩机供应商拿着合同紧逼在胡安邦的办公室门口，特别是东江省的领导，岂能容他？最让苗梦洁担心的是，胡安邦会不会狗急跳墙，将自己出卖？到时候自己可就真的一无所有了。

苗梦洁遥望着天空，月明星稀，竟没有一丝的云彩。苗梦洁渐渐觉得，韩旭光，简直聪明得令人害怕。她虽不知道韩旭光的下一步，但是她凭借女人的直觉已经察觉危险正在逼近。

共生关系

第九章

所谓商人，便是凡事以利益进行考量、可以商量的人

这一日，空调部的会议室里一改往日的郁闷，喜气洋洋。韩旭光也带着笑脸出现在与会者面前。在一阵寒暄过后，韩旭光对众人说道："其实这次能战胜兴发集团，有个人是很有功劳的。"

与会者都面面相觑，鸦雀无声。这个战略可是韩旭光一个人想出来的啊，别人又有何种功劳可言呢？赵辰逸敏锐地发现，韩旭光的目光转到了苗梦洁身上："梦洁啊，没有她的帮助，谋划如何能够成功呢？"说着便宣布了如下决定：即日起提升苗梦洁为空调部行政副总裁。

这个决定让与会者都鼓起了掌。大家都心知肚明，这韩总对苗梦洁似乎有着一种特殊的"意思"，尽管韩旭光的提拔有些牵强，但此刻他在空调部是大英雄，如日中天，谁又会自讨没趣呢？然而赵辰逸并不这样想，他无力地拍着厚实的手掌，却满脸的迷惘，他暗自思忖，韩旭光啊韩旭光，现在能容忍苗梦洁在空调部显然已经是情非得已了，难道你果真是被色相迷住了双眼？

赵辰逸本来想要说话，但是当他准备开口的时候，被韩旭光制止了。所有人的欢笑并不能减少苗梦洁心中的忧虑："韩总，我何德何能，岂能担当

空调部的行政副总监？万万使不得啊！”尽管苗梦洁百般推托，但韩旭光在早晨便将这个人事任命让吴雅兰发给公司全体员工了。苗梦洁此刻才如梦初醒，之后便不再推辞，瘫倒在椅子上。她盯着韩旭光那张绽放着的笑脸，这个笑脸却是如此诡异。

韩旭光一声“散会”之后，众人便一齐向苗梦洁道贺。特别是孔倩雪，带着笑脸走过来，打趣道：“难道你不应该谢谢韩总吗？”说完便转身走了。苗梦洁露出笑脸走向韩旭光：“韩总，请你吃顿饭如何？”韩旭光并不推托：“大美女请我吃饭，我当然是求之不得的！”

于是这天的中午，韩旭光与苗梦洁便出现在了山阳县一家精致的西餐厅中。西餐不像中餐，讲究颇多，韩旭光在做昊天的总经理之前，也认真研究过商场上的西餐礼仪，不过到昊天之后，今天是第一次吃西餐。他让苗梦洁走到前面，等到苗梦洁走到座位之后，韩旭光绅士般地帮苗梦洁拉出了椅子，待苗梦洁坐下之后，他才就座。

“韩总很会心疼女孩子哦！”苗梦洁打趣道。

“苗小姐恐怕也很会照顾男人吧！”

“这样对一个小姐说话，显得不太绅士吧！不过没关系，既然我今天请你到这里，我想以你的聪明，我们都不言自明吧。”苗梦洁说。

“苗小姐，来杯长岛冰茶如何？”韩旭光看着苗梦洁在点餐前酒，便笑着打趣道。“那我看，你应该来一杯血腥玛丽。”苗梦洁回应道。

这是两个交际高手之间的语言幽默，只有对方能够明白自己的想法。“你是什么时候开始怀疑我的？”苗梦洁点完餐，吐出一句话来。

“来的第一天就开始怀疑了。”

“我露出了什么破绽？”

“你的化妆品出卖了你。”

“哦，难怪！我可以确定，你是个很体贴的男人。”

“为什么呢？”

“很少有男人研究女人的化妆品！尽管他们愿意掏钱。”

韩旭光发出一阵轻轻的笑声：“苗小姐真是过奖了呢。我可以问你一个问题吗？你对孙瑾瑜有一丝愧疚吗？他为了你，失去了所有！”

“你觉得我会吗？你不是跟我一样的吗？你先是将计就计，让孙瑾瑜出了空调部，现在又将我高升，明天胡安邦举报我的信就会出现在你的办公桌上，到时候你再把孙瑾瑜请回来，他那个傻小子还不对你感恩戴德？好了，让我猜猜，你的下个目标是谁，应该是孔倩雪吧？”

苗梦洁正说着，她的长岛冰茶便来了：“在美国实行禁酒令期间，酒保便把烈性酒掺和在了这种鸡尾酒中，取个好听的名字，叫长岛冰茶。在你韩总的心目中，我苗梦洁便是这杯藏得很深的长岛冰茶了吧？”

“尽管在苗小姐心中，我韩旭光是那杯血腥玛丽，但我还是想为自己辩解一下。你的所思所想都是对的，然而我与你依然是不一样的。我们用的方法是一样的，都是种种谋略，但我们的目的是不一样的，我不会去伤害一个无辜的人，我会用谋略去做好事，但你用谋略做了恶事。我用的是阳谋，你用的是阴谋。”韩旭光笑着说道。

“阳谋？阴谋？呵呵，岂不知机关算尽太聪明，反误了卿卿性命。”苗梦洁边说边在一块七成熟的牛排上狠狠地扎下了一刀，但是她并不吃，将刀叉横叉着放在餐盘上，端起了韩旭光给她点的那杯长岛冰茶，娴熟地用两个指头捏住郁金香式高脚杯杯脚。

韩旭光微微一笑：“女人的高雅是无法掩饰的，正是你的高雅出卖了你。一个普通人家的女儿懂得这么握酒杯吗，懂得握住这个香槟酒杯的杯脚？”

“韩总，你真是一个可怕的人！上知天文，下知地理。我见过很多男人，这些男人要么呆头呆脑，要么色胆包天，他们自己居然不知道自己很傻。今生能够有你这么一个对手，我苗梦洁也算是知足了。”

“苗小姐言过其实了，让我都感到不好意思了！”韩旭光道。

“你那种对我色眯眯的眼神恐怕也是装出来的吧？迷惑孔倩雪，迷惑我，还有激怒孙瑾瑜？”苗梦洁笑着问道，韩旭光笑而不言。

不多时，一顿饭便吃完了。饭后，韩旭光要了一杯白兰地，而苗梦洁来了一杯蓝山咖啡。“苗小姐，其实我很欣赏你，如果你不做商业间谍这一行，我们也许会成为很好的朋友。”韩旭光微笑着说道。

“倘若你不是这么聪明，我兴许愿意做你的情人。然而你聪明得让人有些害怕，让人有点儿不敢逼视，所以我会选择你做我的知音。”

短短十几分钟的交谈之后，苗梦洁便起身告辞了：“不好意思，韩总，我还有事，需要先走一步。这是我的辞职信，这个你回去听听，我想对你可能有些用处。在没有你的日子里，我恐怕会时常想你的。”

韩旭光站起来跟苗梦洁握了握手，西餐厅的钢琴师正在弹奏着《致爱丽丝》。他默默地坐在靠窗的座椅上，他渐渐地觉得，孙瑾瑜也是很幸福的，就像贝多芬一样，他心中有了一个爱丽丝。

在离开昊天集团后，孙瑾瑜一直把自己关在家里。那个晚上，他鼓起勇气向韩旭光递交了辞职信后，跑到江边狠狠地哭了一场。他记得西班牙的那位君王，在他的城邦被伊莎贝尔女王攻破之后，离开城邦时亦落下了泪水，他的母亲没责怪他：一个男人，在失去自己的事业与前途之后，是应该落一点儿泪的。江水呜咽，令人唏嘘。

孙瑾瑜已近而立之年，在最讲究诚信的会计行业，他却失去了诚信，也就意味着他的人生就此扭转。他拥有会计行业的最高资格，然而这些资格在诚信面前苍白无力。他还没有成家，他的父母均在农村，他思忖着自己何以向父母交代。当上这个财务总监的时候，他的父母在乡亲们面前赚足了眼球，然而此时这一切都成为过往。头发花白的父亲是最讲究面子的，他如何承受这种伤痛呢？哭完了的孙瑾瑜不觉站起来，向前迈了几步，他已经感觉到水的冰凉了，然而他再也不能前行了，下意识地向后退了几步。他在心中骂道，孙瑾瑜啊孙瑾瑜，你竟窝囊至此，死这么简单，你都不敢去完成它。

倘若有生的希望，又有哪个愿意坦然而死呢！孙瑾瑜将脚从水中拔出，拖泥带水地漫步于山阳县的街道上，昏黄的灯光映照着江边冒着青烟的烧烤摊。孙瑾瑜坐在一张桌子边，老板笑脸相迎地过来了。他要了一瓶二锅头，咕噜咕噜地一口气喝了半瓶。可怜的孙瑾瑜，平时连一瓶啤酒都没敢喝完过，哪里经得起这半瓶白酒，加上心情郁闷，不觉昏厥过去。等他醒来的时候，已经是第二天中午了。他发现自己竟然在医院里，手上挂着点滴，他急不可耐地打开手机，苦笑几声。

本来医生是让他多待一会儿的，他却挣扎着硬是出院了。此时，爱情居然比死亡更为冷酷，他为之失魂落魄、为之魂牵梦萦、为之付出一切的苗梦洁，别说以身相许，竟然连一个谢谢的电话都没有。这种冷酷让他这个痴情人明白了一切，那一切只不过是一个局，又有哪个傻子会上那种低级得可怜的当呢？他觉得自己很可怜，他想拿起刀走向苗梦洁，朝着她身上捅上几刀，然而他怯懦了，那样美丽的身体沾染了血污的可怖与他天生的懦弱使他望而却步了。他在上中学的时候就苦读孔孟学说，任岁月流转，孙瑾瑜始终相信仁义与中庸，始终相信人皆有不忍之心，相信宽恕之道与仁者无敌。

孙瑾瑜想去江边继续喝酒，然而此时是中午，江边的烧烤店显然还未开业。他便走到一家小酒馆，当他再次打开那瓶酒的时候，忽然觉得恶心难耐，哎呀，我居然连喝下一瓶酒的勇气都没有了。在一阵苦笑后，他只能拖着疲惫的身体，爬上了他的那间三十来平方米的房子，这个房子也住不了几天了。他举目四顾，那是一堆书，有南怀瑾的佛家之言，有孔孟的四书五经。孙瑾瑜不由得觉得好笑，当此大争攻心之世，所谓的仁义礼智又有何用？孙瑾瑜想起了孔子所说的礼崩乐坏的时代，他痴痴地笑着，现在自己就是立于城门外的孔子，惶惶然如丧家之犬。他又想到，自己好歹也是知识分子，不会没脸到孟子的地步，不会在君王顾左右而言他的时候还面不改色心不跳地慷慨陈词，不会跑到集团去把苗梦洁骂得体无完肤。孙瑾瑜快步向前，将那个书架上所有的孔孟学说与佛家之言胡乱抛起，书籍撒了一地。

孙瑾瑜没脱衣服，便倒在了那张熟悉的木板床上。他已经麻木了，几天来，他除了吃饭便是睡觉，他怕见人，更怕见光，当阳光明媚的时候，便将窗帘死死地拉住。直到那天早上，他依然睡眼惺忪地躺在床上，恼人的电话居然无数遍地响起来。孙瑾瑜心不在焉地接了电话："喂，我是孙瑾瑜。"这种心不在焉是一种习惯，自从他辞职之后，平时经常响的手机居然死一样的静寂，他都有些失落了，然而这个电话使孙瑾瑜开始怀疑起自己的耳朵："韩总，您没有开玩笑吧？"

难道这一切都是真的？我孙瑾瑜又可以回昊天了？天哪，韩总可是一个天大的好人啊，上次我对他的倨傲，他竟然丝毫没有放在心上。孙瑾瑜连忙爬了起来，在衣柜里找了一套西服。作为文人，孙瑾瑜是清高的，以前在公司总是不修边幅，然而今天他穿上了西装，这不是为了空调部，而是为了韩总。他修整了面庞，梳了一头油光的头发，匆匆地下楼，坐车来到了空调部，爬上了顶楼的资料室。

这间资料室本来是放杂志的，因为空调部根本就没几个人来看杂志，便基本废弃了。这回韩旭光来空调部坐镇指挥营销大战，本来孔倩雪是准备将办公室让与韩旭光的，然而韩旭光怎么也不肯，点名要了这间资料室，简单收拾一下，便成了他的临时办公室。此时张珺瑶还在昊天总部，所以吴雅兰便临时做了韩旭光的秘书，她带孙瑾瑜进去。孙瑾瑜瞥了一眼，韩旭光正低头批阅着文件。他看到孙瑾瑜进来后便微笑着站起来，伸手与孙瑾瑜握手，并把孙瑾瑜引到旁边的沙发上，亲切地坐了下来嘘寒问暖。一旁的吴雅兰亦微笑着端过半杯茶，亲切地放在孙瑾瑜面前，然后弓着身子，缓缓地退了出去。

“瑾瑜，我可是对不住你啊，让你受委屈了！”韩旭光悔恨地说。

“韩总，您这是说什么话，我感谢您还来不及呢。”

“我也是情非得已啊！一则你正在兴头儿上，跟你讲苗梦洁的坏话，你肯定听不进去，年轻人嘛，大家都有过这种故事。二则我也是为空调部，不这样胡安邦怎么可能轻易上当呢？还希望你能够体谅哦！”

“韩总如此用心良苦，我感激您还来不及呢，怎么会怪您呢！”孙瑾瑜红着脸，手握着茶杯，忸怩地说道。

等他抬头的时候，韩旭光拿来了一堆文件道：“这是胡安邦的举报信，还有苗梦洁的辞职信，你一看便会明白了。瑾瑜啊，不要灰心，我将来给你寻个好女朋友。”

孙瑾瑜颤抖着接过了文件袋，他没有打开，此时他心里乱极了，他不知道说什么才好。“瑾瑜，如果你不怪我的话，我想请你回来，像你这样的人才，如果流失是我们昊天的损失啊。”韩旭光一边给孙瑾瑜递过烟来一边说道。孙瑾瑜不抽烟，只能轻轻将烟给推拒了。

“当然如果你另有高就，我也很乐意为你写份推荐信的。”韩旭光看着孙瑾瑜迟疑了半天没有挤出一个字来，便又恳切地对孙瑾瑜说道。

细而思之，韩旭光的话是很具艺术性的。一则肯定了孙瑾瑜是个人才，二则是孙瑾瑜如果换工作便是另有高就，岂不是背主求荣？三则你的求职推荐信还要我写呢，你得掂量着点儿。此时，孙瑾瑜并没有领悟韩旭光语言艺术的能力，他对韩旭光除了感激，再也没有其他考虑了。他噙着热泪，微微地点了点头。韩旭光微笑着拍拍他的肩膀，起身与他握手道：“好好干，我还有点儿急事，就不虚留了。”

等出了办公室，孙瑾瑜寻了一个僻静的角落，拆开了胡安邦的举报信与苗梦洁的辞职信。原来，胡安邦在焦头烂额时，得知苗梦洁升任了昊天空调部的行政副总监，大觉此人其心可诛，居然做起了双料间谍，便一封举报信将其举报了，并将她舞女的身份和所作所为毫无保留地抖了出来。以苗梦洁的机敏，在韩旭光无缘无故地升她为行政副总监之际，她便已经心知这是韩旭光所施的一个精彩反间计，而那一次西餐会，是苗梦洁有意安排的与韩旭光的最后午餐。

唯一出乎韩旭光意料的是，这个舞女在欺骗孙瑾瑜之后其实并没有洒脱地放下。孙瑾瑜的善良撩动了她早已麻木的内心，她落了泪，但是作为公关人员的荣耀，她不得不永远表现出孤傲与无情，毕竟世事就是如此，总是环境在改变着命运，几时看到环境随命运而改变？直到第二天孙瑾瑜上班时，在办公桌上发现了那封道歉信。孙瑾瑜并没有将此信打开，微微一笑，有这封信他已然知足了。

兴发集团陷入了焦头烂额的局面当中，先是已经发出去的货被退了回来，然后是那些签订了合同的压缩机供应商纷纷拿着合同堵在兴发集团的门口要账，此时已经无暇顾及昊天集团了。昊天空调部亦复归正常，那个作为间谍的苗梦洁已经露出了原形，孙瑾瑜去而复回。

韩旭光在空调部的地位空前提高，各级干部与员工都像神一样地崇拜着他，特别是孙瑾瑜，他甚至视之为再生父母。虽然一切看起来都喜气洋洋，然而并非一马平川。金融危机不分你我，对每个企业来说都是一场挑战，当市场萧瑟、出口锐减时，真正的冬天到了。

所以，空调部将这次临时会议取名为“过冬大会”。会议依然在空调部会议室里举行，与会的有韩旭光、孔倩雪、鲁正梅、吴雅兰、孙瑾瑜和赵辰逸，这些人都是整个空调部的中坚力量。此次会议依然由吴雅兰召集，由韩旭光主持，会议的中心议题是要削减费用。

在金融危机的袭击下，开源是很困难的，所以睿智的管理者都会选择节流，也就是所谓的削减费用，能省一点儿是一点儿。而削减费用又是需要全员努力与全员参与的，特别是财务部门，应该拿出具体规划。孙瑾瑜对能够回到空调部心存感激，便卖力工作，连夜起草规划了《空调部的全面预算管理》，准备此次会议通过。

所谓全面预算管理，就是凡有开支必先审批，除非遇到特殊情况，不准超出预算。比如说，当时的空调部公款吃喝已经成风，接待个购买商，一桌消费几千元已成家常便饭，更有甚者，员工竟然将狎妓冶游的金额也一起开到发票上报销。倘若实行全面预算管理，就意味着，每个员工按照级别不同，每年的报销费用将在一个定额之内，如此一来，不仅不能大吃大喝，而且通过变通弄点儿零用钱的可能性也将减少。在孙瑾瑜看来，这是一个绝顶聪明的办法，所以昨日他向韩旭光作了报告之后，便微笑着拍着胸脯保证，此举将卓有成效。韩旭光皱着眉头想了一会儿，迟疑了几分钟后微笑着说道："这个还待办公会审批，如果你想好了的话，就在办公会上提出来吧。"

当孙瑾瑜提出这个方案之后，鲁正梅就直皱眉头，她所管理的销售部，公关应酬多，大吃大喝已经成了习惯，孙瑾瑜如此一来，不是断了底下员工的财路吗？对面的吴雅兰也对孙瑾瑜的这个方案不以为然，别说别人，她自己都在这里头捞到不少油水。反倒是坐在左边打头的孔倩雪毫不在意，不停地喝着茶，她已经对韩旭光地位的崛起感受到了极大的威胁，如此一来，韩旭光将把空调部的员工都得罪个精光，到时候他就会由商神变为商鬼了。魔鬼领导不就是这样炼成的吗？故而孔倩雪的这种毫不在意显然是一种幸灾乐祸，她在心中暗暗一笑，抬头瞥了一眼韩旭光，看你今天如何下台。

听了孙瑾瑜的报告，韩旭光让大家讨论，结果大家都鸦雀无声。只有赵辰逸看到了韩旭光的示意，他发言道："这个全面预算倒是个好主意，不过现在空调部的条件似乎还不是很具备，各种会计电算化的软件都没有配备，编制全面预算耗人耗力，我看还是暂缓一段时间吧。”听到赵辰逸如此说，孙瑾瑜立即想鼓起勇气去反驳，结果还未等他发言，韩旭光便说道：“我跟赵总一个意思。我跟赵总昨晚商讨了一下，我们应该充分相信各级干部与员工对昊天的忠诚度，所以这个削减开支还得靠大家自觉。不过龙生九子各有所好，任谁都不敢保证这空调部一个滥竽充数的员工都没有，在大家自觉的同时，我想让财务部设立一个重点审计工作组，由孙瑾瑜来主管，大家觉得如何？”

听到韩旭光如此说，孙瑾瑜只得将准备辩驳赵辰逸的话咽了回去。鲁正梅与吴雅兰面面相觑，但是她们显然明白，如果不同意审计，那么就必定要实行全面预算，而重点审计审计谁还不一定呢，又不是全面审计。鲁正梅便诡谲一笑：“我支持韩总的想法，那就先从我们销售部审计起吧！”吴雅兰此时才知道了韩旭光的企图，难怪他会允许孙瑾瑜抛出这个所谓的全面预算管理，之后他再抛出所谓的重点审计。他显然是想让孙瑾瑜打个头阵，先让孙瑾瑜冲得头破血流，然后他再充当这个救火队员。如此一来，不仅会让他提的重点审计畅通无阻，而且孙瑾瑜显然已经充当了炮灰，在员工大骂他心黑的同时，又会大加赞扬韩总的仁慈心宽哩。鲁正梅想，这重点审计不同于全面审计，关键在“重点”二字上，挑选哪个部门进行审计，下多大力度进行审计，全在韩旭光的掌控中，他完全可以通过所谓的审计来拉拢人心、打击对手。鲁正梅立即明白，韩旭光是要向孔倩雪下手了。

孔倩雪此时想反驳，但是有用吗？自己的秘书居然是竞争对手的间谍，韩旭光大度宽容地对自己的过失毫不计较，倘若此时再反驳韩旭光的观点，传出去，别人岂不说自己刻薄？再则，反对韩旭光的观点，难道赞成孙瑾瑜？那岂不成了众矢之的？韩旭光啊韩旭光，本来昨日你赦我错用下属之罪的时候，我对你还心存幻想，想不到今日你就露出了狰狞。孔倩雪此刻才明白，韩旭光果真是个可怕的人。

会议结束后，孔倩雪拖着疲惫的步伐走进了她的办公室。她将门重重地带上了。孔倩雪一出生便是昊天的人，她的父母在昊天工作，她后来亦进入了昊天。她凭着自己的精明能干，顺风顺水，从一个普通工人，渐渐升到了空调部总监的位置。几十年来，功劳与苦劳她都有。然而此时，她明白自己已经完全陷入了韩旭光与沈修杰这场斗争的旋涡之中，她更清楚，倘若自己倒下了，沈修杰必定会弃车保帅的。怪谁呢？怪自己，恐怕不对，如果不拉帮结伙，在昊天她岂能升任总监的位置？怪沈修杰，显然也不对，毕竟是自己主动贴上去的。怪韩旭光，他是应该怪的，怪他实在是太聪明了，即便老练如沈修杰，在与他的各种争斗中还不是力不从心、一败涂地？

尽管心情复杂，但孔倩雪立即意识到，需要给鲁正梅打个电话。“正梅妹妹，麻烦你过来一趟！”当鲁正梅听到孔倩雪如此亲昵的电话时，不禁感觉到一阵恶心。前几天是谁逼着自己向总部提出降价申请的？大难临头方知道还有我鲁正梅？但她死死地压住心中的怒火，不冷不热地“嗯”了一声。在这一声“嗯”中，孔倩雪感觉到了一阵冰凉，鲁正梅过去的热情已然消逝，孔倩雪有些绝望。

果不其然，一如鲁正梅心中所料，孔倩雪是怯懦了。

关于鲁正梅与孔倩雪的秘密会谈，有三种说法在空调部流传：一说是孔倩雪要求鲁正梅在审计的时候替她遮掩，结果鲁正梅冷冷一笑，孔倩雪便大骂不止，言语极其恶毒，不忍听闻；一说是鲁正梅一走进孔倩雪的办公室便甩了一句“你也有今天”，便带上门匆匆而去了；还有一说是她们俩什么话都没说，两人就是在办公室里相互看着对方，默默地喝了半个小时的茶，然后鲁正梅便带着微笑离开了。

这些传闻一开始在空调部若隐若现，到后来居然沸沸扬扬了。在开始传播的时候，一大群员工还铆足了劲儿替孔倩雪辩护，他们都说以孔倩雪的精明与能干，怎么可能同鲁正梅去骂街呢？至于说孔倩雪有所谓的经济问题，那一定是造谣中伤了，大家为此竟面红耳赤。直到半个月之后，不仅这些谣言随着孔倩雪的辞职平息了，而且那个清廉正直的孔倩雪陷入了谩骂与诅咒中，风云突变，不仅前几天认为孔倩雪清廉无辜的言论已经销声匿迹，而且大家异口同声地对孔倩雪口诛笔伐，连几个底下的科长在晨会上作报告也拿孔倩雪举例，让各位工友以孔倩雪为戒，要时刻为空调部的利益着想。

与此同时，另一个流言已经在空调部尽人皆知了，这个流言传得还有板有眼。据说是在一个夜晚，当吴雅兰有事到孔倩雪办公室的时候，她居然看到韩旭光与孔倩雪在办公室里，吴雅兰偷听了谈话的全过程。

“孔总，经过孙瑾瑜的审计，销售部的账目有点儿混乱！”韩旭光跷起二郎腿，端起一杯茶，坐在孔倩雪的对面，诡异地一笑，说道。

“是吗？我不懂财务，这个我倒不太清楚。”孔倩雪低头摩挲着手上的戒指，不紧不慢地回答道。

“不懂财务不要紧，可是孔总懂钱嘛，有几大笔钱据说都跟孔总有关系哩。这是孙瑾瑜的审计报告，你看看吧。”韩旭光沉着地放下茶杯，从身边的公文包中拿出一份文件，径直甩到了孔倩雪面前。

“这又能说明些什么呢？”孔倩雪拿起那份文件，心不在焉地翻了翻，然后将这份文件往桌上一甩，邪恶地一笑，一本正经地问道。

“你说呢？”韩旭光一阵坏笑。

“这些发货单都是我的秘书签署的，即便上级要怪罪我，恐怕也只能说我用人不当，韩总你说是？”孔倩雪得意地对韩旭光说道。

“是啊，孔总做事是滴水不漏啊。”韩旭光苦笑一声。

“我又哪比得上你韩总呢！”孔倩雪哈哈大笑。

“所谓天网恢恢，疏而不漏，看来我们需要欣赏一段音乐消消火气之后再谈喽。”韩旭光拿出一台单放机，微微笑道。

“既然韩总有兴致，那就请便吧。”孔倩雪心不在焉地答道。

然而，当单放机中播放出孔倩雪与苗梦洁的谈话的时候，孔倩雪的脸顿时阴沉了下来：“你怎么会有这个？这个可恶的苗梦洁！”

“机关算尽太聪明！苗梦洁是人精一样的人物，她难道不留一手？她又不想进牢房，孔总你说是吧？”韩旭光轻描淡写地说道。

“你想怎么样？”先前高傲的孔倩雪一时间便软了下来。

“孔总应该知道怎么样。这背后恐怕还有人吧，那个承泽有限公司的沈承泽，不会这么巧跟沈董一个姓吧？”韩旭光不怀好意地笑道。

“你想让我拉出老沈？”孔倩雪苦笑道。

“我可没这么说，揪出老沈对我有什么好处？我想以孔总的聪明，在做这些事的时候不可能不留下一些凭据作为自己的退路，我们做笔交易如何？你给我凭据，这件事我们既往不咎，准许你以年老为由辞职。”

“老沈难道不会保我吗？”孔倩雪自信地笑道。

“你觉得他会吗？即便会，他保得住吗？”韩旭光诡异地回敬道。

韩旭光的话像一柄尖刀一样狠狠地刺进了孔倩雪心中，孔倩雪那安如磐石的心理防线在韩旭光层层的攻伐之下轰然瓦解了。她用一只胳膊撑起了重重的脑袋，身体前弓扑在办公桌上，不住地摇头。

“好了，这笔交易我做了。”片刻后，孔倩雪将一本账本从抽屉中拿出，“韩总，我奉劝你一句，我曾听人说脑子太好使的人命不长哩！”

“这个便不劳孔总费心了。”韩旭光拿了那本账本便离开了，“我收到你的辞职信的时候，这盒带子就送给你了，这首曲子可优美着哩。”

随着韩旭光“砰”的一声关上门，强势的孔倩雪瘫软在了办公椅上。孔倩雪其实刚才已经考虑清楚了，即便韩旭光得到了证据，他亦不会轻易揪出沈修杰。作出这种判断，孔倩雪主要是考虑了省里的意思，省里似乎并不太愿意让昊天的总经理与董事长由一个人担任。如果韩旭光将沈修杰抖搂出来，省里必定会委派另外的人来接替沈修杰，这是韩旭光所不愿意看到的。韩旭光所希望的是，通过抓住沈修杰的把柄，让沈修杰为其所用，而不是揪出他后，让另一个沈修杰来掣肘。

正是基于这种精妙的考虑，孔倩雪才放心地交出了那本账册，倘若不交，韩旭光定然要将那盒录音带公之于众。只有如此他才能扳倒沈修杰在昊天的势力，到那时，是真正的鱼死网破。但对韩旭光来说，他恐怕需要与新来者再进行一轮斗争，而我孔倩雪呢，只能阴沟翻船，在牢房里度过余下的日子了，五十岁了，寒窗难耐哦！

所谓商人，便是凡事以利益进行考量、可以商量的人，这是孔倩雪的简单想法。鱼死网破、杀人越货的事情是政治家做的，商人是不为的。政治谋的是权位，权位只有一个，除了干掉挡道者别无他法，然而利益到处都是，何必拘泥于唯一呢？因此，这个双方有利的交易她做了。然而做了这个交易，也就意味着，韩旭光已经完全掌控昊天集团了。

孔倩雪给沈修杰挂了一个电话，告诉了自己的所作所为。沈修杰本想冲着孔倩雪大发一通脾气的，然而转念一想，此时发脾气除了显示出自己的平庸和再得罪一个人以外，还有什么用处呢？所以他反而变得和蔼了，不仅没有责怪孔倩雪的作为，而且还为她开脱，说这一切都是因为韩旭光太过阴险，让她不要多想，好好退休安享晚年。

沈修杰挂掉孔倩雪的电话之后，便在家徘徊不停，尽管他十分不愿意，然而这个电话他非打不可。与其让韩旭光打电话过来，阴阳怪气地指出他对自己的恩赐，忍受韩旭光那种高高在上的傲气，还不如给韩旭光打个电话，这样不仅体现了自己的知错能改，而且还体现了自己的真心服帖，毕竟人在屋檐下呢。所以他拨通了韩旭光的电话，当听到接通的声音的时候，沈修杰的心脏怦怦直跳。

“喂，您好！我是韩旭光。”那边一个和气的声音传来。

“旭光啊，我是老沈啊。孔倩雪把事情都跟我说了，你看……”沈修杰用一种颤抖的声音，结结巴巴地在电话中说着。然而还没等他说完，那边一个笑声说道：“这个，沈董你就放心吧，你我哪儿跟哪儿啊！”

“那就好，那就好，我都不知道如何感谢旭光兄弟了！”韩旭光听见此时沈修杰已经开始叫兄弟了，心中一阵烦恶，但仍和声和气地道：“见外了哦，我也不知道孔总给我的是什么，没看就给烧掉了。”

“啊！”沈修杰不由得脱口道，但马上发觉说错话了，“那就好，那就好，既然这么晚了，就不打扰韩总了，回临江后我们再聚啊！”几句客套话之后，听到对方嘟嘟的声音，沈修杰放下了听筒。沈修杰知道，从韩旭光先挂电话这一点来看，韩旭光已经在给自己警告了。

本来，沈修杰是想软磨硬泡将那本账本要回来的，然而韩旭光用一句将那本账本烧了便堵住了他的嘴，至于真的烧没烧，鬼才晓得呢。第二天，沈修杰第三次进入了临江市人民医院，以后便对昊天的情况不闻不问了，在医院里听听京剧，还买了盆兰花，养花为乐。

放下电话，韩旭光一声长叹，从一个并不受待见的国企总经理开始，经过半年多的努力，他才完成了昊天的权力整合，不容易啊！韩旭光心中明白，此时必然有很多人在背后骂他阴险狡诈，骂他阳奉阴违，然而他并不这样看。韩旭光心地善良与纯真，也祈望大家都能和平相处、其乐融融，然而这一切都只是奢望。只有真正掌握了昊天大权的时候，他才能成为昊天这艘巨轮的真正舵手，才能驾驶它去劈波斩浪。昊天有两万多名员工，为国家每年交几个亿的利税，如果不攫取权力任其坍塌，那么两万员工的生计怎么办？国家的财产又将怎么办？的确，坏人通过权谋做尽了坏事，然而好人亦可以通过权谋为百姓去谋福。

骂吧，韩旭光站在宾馆的窗台前，注视着山阳县街市昏暗的灯光。事有艰难，方有人杰！哪个伟人不需要承受为人诟骂的痛苦呢？

第十章 共生关系

毕竟这是在中国嘛，学生这种特殊的关系是可以起作用的

孔倩雪辞去空调部总监的职位后，韩旭光暂时兼任了空调部总监一职，他的办公室也由那间资料室搬到了孔倩雪以前的办公室，而吴雅兰则临时充当了他的秘书。本来吴雅兰准备给他全新装修一下的，然而韩旭光没有同意。于是在空调部便流传着韩旭光是个崇尚节俭的人的说法，一时间，昊天空调部便掀起了一场节俭运动。先是在用过的废纸上打印文件，结果打印出来居然一片模糊，根本无法阅读，只得再次打印，这样一来，不仅纸张没有少用，油墨却多用了几盒，弄得韩旭光哭笑不得。

在九月初的一天，一个山东汉子不顾吴雅兰的阻拦，硬是闯进了韩旭光的办公室。吴雅兰不停地向韩旭光解释，说自己百般阻拦，他硬要闯进来。而这位山东汉子则大声叫嚷，说自己是以前给昊天集团供应压缩机的，韩旭光便已然全明白了，便厉声呵斥吴雅兰道："这是老主顾了，还不给倒茶去！"吴雅兰满脸委屈，然而没办法，只得怏怏地去给这个山东汉子倒了茶，重重地放在了他面前的茶几上。

"韩总，以前兄弟真是对不住您啊！"这个山东光头汉子一只手摩挲着他那个锃亮的光头，一只手端起茶杯牛饮。此刻韩旭光才定睛看了这个山东汉

子一眼，一身皮尔·卡丹的西服配上一双不伦不类的旅游鞋，里面一件暗红色的T恤，而且还挂着一根狗链子粗的项链。

韩旭光心知肚明，此人定是以前跟胡安邦签下了销售合同而断绝了与昊天的关系，此刻兴发集团一团乱麻，哪里有钱给他呢？“哎呀，您看，我们都是老熟人了，还这样说话就见外了不是？”韩旭光笑道。

“既然韩总这样说了，那我就放心了。那我们就约好了，就稻花香，我订了个包间，到时候我们边吃边聊。”这个山东汉子见不停地有人进来找韩旭光签文件，觉得坐着也不太安稳，便大声地说道。

“这怎么好意思呢？”韩旭光边签署文件边回答道。“你这就是不把我当兄弟了！”那个山东汉子大声地吼道。韩旭光哭笑不得，只得应承了下来：“那就晚上六点吧！”那个山东汉子便在韩旭光的肩膀上重重地拍了一下，准备告辞了，韩旭光要送，硬是被他死死按下了。

等到这个山东汉子走了之后，韩旭光才将吴雅兰叫进来，原来这个山东汉子名叫耿彪，果不其然是个卖压缩机的。看着吴雅兰的委屈依然挂在脸上，韩旭光便说道：“既然他已经闯进来了，干嘛还得罪人呢？”吴雅兰这才真正体会到韩旭光为人的艺术，不由得佩服起来。

“晚上你和赵辰逸陪我去吧！”韩旭光微微笑道。“啊！我可不去！”三十多岁的吴雅兰板着脸道。“你还必须得去。”韩旭光边签文件边对吴雅兰说。“你知道他晚上会安排什么活动吗？”吴雅兰憋红了脸对韩旭光说道，她都觉得说出那个活动的名字脏了嘴。“正因为如此，你才必须得去，这是工作需要。”韩旭光不觉诡异一笑。

尽管吴雅兰一百个不愿意，但她亦无办法，韩旭光已经点明这是工作了，赵辰逸亦莫名其妙地被叫了过来。当耿彪在稻花香门口迎接到韩旭光一行的时候，不由得心凉了一大截，本来他还想找几个小姐，吃完之后便去唱歌的，不料居然来了个女的，到时如果真的唱歌，带她去不好，不带她去又怎么好意思将其支开呢？这个女的与韩旭光是什么关系？她跟随而来是不是有意？有意监督他在外是否风花雪月？如此一来，安排小姐岂不就得罪了她？得罪她可没有好呢！耿彪心中一阵思索后，只得一个电话让安排好的那些小姐都散了。

耿彪领着一行人来到了稻花香的豪华包间，一桌丰盛的酒席便呈现在了韩旭光面前。本来进门的时候应该是耿彪最后进的，然而他没有这个概念，领着众人便进来了，一屁股便坐在了面对门的位置上，然后嚷嚷着："大家随便坐啊，别客气！"韩旭光赔笑道："耿总太客气了，你看这一桌子菜。""这算什么啊！"耿彪一边给赵辰逸与韩旭光倒酒一边说，吴雅兰不喝酒，耿彪便给她要了一瓶饮料。

"这可是好东西哦，韩总肯定吃不到的。"耿彪指着中间那个热气腾腾的锅说道。韩旭光便尝了一口："还真没吃出来，这是何物？""白鳍豚！"耿彪哈哈大笑地端起一杯酒说道。原来这锅鱼是白鳍豚，国家一级保护动物，不知道这个耿彪如何神通广大，竟然能够弄到它。韩旭光不由得心中作呕，但他只得陪着耿彪喝了三杯。

"实话说呢，这个事儿呢，是我对不住兄弟，还望兄弟大人有大量啊！"耿彪一边说，一边在韩旭光面前撇开三根手指头。韩旭光若无其事地将他的三个手指头压了下去，结果耿彪又伸出了五根手指头，韩旭光边将他的五根手指头压下去边说道："耿总真是客气了，如果真有心的话，帮我取一幅画如何？"耿彪眼睛一亮道："那有什么难的？什么画？包在兄弟身上。"其实耿彪心中欢喜还来不及呢，五十万元不要，居然要一幅画。"也不是什么名画，请省城葛洪涛先生帮我画一幅春睡图就可以了！"耿彪爽朗一笑："包在兄弟身上。"

"那我就先谢过兄弟了，葛洪涛先生的画可是全国一绝啊。"说着便举起酒杯，一饮而尽。几巡酒下来，赵辰逸显然不胜酒力，已经栽倒在桌子上了，韩旭光便借故送赵辰逸回去，这桌酒席便散了。在回空调部的路上，韩旭光对吴雅兰说："耿彪去葛洪涛那里讨要画的时候，你一定请人帮我盯紧了。”“好的。”吴雅兰欲言又止。看到吴雅兰好像还有话要说，韩旭光便笑问道：“你是应该来吧？”吴雅兰不觉吃惊，这个韩旭光当真是再世诸葛，连自己心中的所思所想他都相当清楚，吴雅兰不由得对这个人佩服得五体投地。尽管她不知道为何韩旭光让自己盯住耿彪，但她知晓一定会有他的道理的。

“韩总，耿彪来了！”几天后，吴雅兰急匆匆地跑进韩旭光的办公室，气喘吁吁地说道。“哈，终于来了。”韩旭光站起来，一边搓手一边说道。

“兄弟啊，哥费了好大劲儿，总算帮你把画求来了。”耿彪一边推开韩旭光办公室的门，一边嚷嚷，当他看到吴雅兰亦在的时候，又压低了嗓门。韩旭光便冲过去，拍拍耿彪的肩膀：“真是难为你了！”

吴雅兰给耿彪倒了茶水，便退了出去。韩旭光兴高采烈地打开了那幅名为《春睡图》的写意画，不由得啧啧称赞。耿彪一边牛饮一边哈哈笑道：“反正我是个粗人，也不知道这幅画哪里好，一坨坨的墨水，哪里还看得出是个女的哦，看来这葛洪涛真正是没见过美女哩。”

“哎呀，葛先生是画家，画家的风流，哪是你我这种凡夫俗子能够理解的！”韩旭光一边仔细地看着画，一边轻轻地说道。

“兄弟，你看，我这画也给你弄来了，算是赔罪了吧，那我们这压缩机……”耿彪吞吞吐吐地看着韩旭光说。“兄弟，你就放心吧！”韩旭光依旧研究着那幅画，头也没抬，对耿彪信誓旦旦地说道。

“好哩，有韩总这句话，我这几趟省城也总算没有白跑。那，韩总您慢慢欣赏吧，我先告辞了。”耿彪拿起包便要离去，此刻韩旭光才放下了那幅画，满脸堆笑地走向耿彪，一边握手一边道：“还是喝几杯再走吧，你看我这席都订好了。”耿彪虽然粗鲁，但这商场规矩倒也明白，当韩旭光跟他握手的时候便已经是下逐客令了，至于订好席位的话也就是个虚应景而已，他便笑得像弥勒佛一般地应道：“我也正想跟韩总一醉方休呢，可是这边还有几笔款子要收，实在对不住了，只好下次了。”于是韩旭光便把耿彪一直送到了电梯口。

送走耿彪后，韩旭光把吴雅兰叫到了办公室。看着坐在对面皮椅子上的吴雅兰，韩旭光笑道：“这耿彪是如何弄到这幅《春睡图》的？”

“说起来也就话长了，别看这个耿彪粗鲁，在搞人事关系上，还真有一套。他先是让手下的一个男员工带了二十万，说是仰慕葛洪涛的画，结果当这个男的将钱一放下，你猜结果怎么样？”吴雅兰诡异地看着韩旭光。“自然是没求到喽。”韩旭光微笑着说道。

吴雅兰显然有些扫兴，本来她是想给韩旭光出个难题的。“接着耿彪又让一个漂亮妖娆的女秘书到葛洪涛那里去要画，据说这个漂亮的女秘书一进门便对葛洪涛挤眉弄眼的，没想到，这个经常画女人人体写真的艺术家竟是个正人君子哩，居然直接把这个女的给推了出来。”

听到这里，韩旭光不由得哈哈大笑。看到韩旭光一脸高兴的样子，吴雅兰以为自己讲得精彩，便继续手舞足蹈地讲道：“第三回耿彪没辙了，便找了位画家朋友，他想这次两人是对路了，结果情况更糟糕了。这位画家朋友居然没进得了门，便被葛洪涛挡在了外面。”

“文人相轻嘛！”韩旭光呷一口茶低声说道。“可不是嘛！最后还好，耿彪的公司有个很机灵的文秘，去和葛洪涛谈天说地，最后葛洪涛居然兴之所至，便免费送了他这幅《春睡图》，你说那个文秘聪明不？”

“聪明着哩！葛洪涛的脾气古怪，能够在他那里求到画的，我看应该是人精呢！”韩旭光呵呵地笑着说道，“你可是立大功了。好了，通知几位领导到会议室开会吧，我有大事情要宣布。”韩旭光一边表扬吴雅兰一边轻声地说道。吴雅兰欢喜地应了一声，便出去通知大家开会去了。韩旭光走到窗台前，点了一支烟，吸了一口，吐出个烟圈。

不一会儿，吴雅兰便进来道：“大家都已经到会议室了。”韩旭光便在烟灰缸里掐灭了烟，在吴雅兰的前面走进了会议室。果不其然，赵辰逸、鲁正梅、孙瑾瑜已经在那里等着了，都在窃窃私语。

“让各位久等了，今天我有大事宣布。”韩旭光一边笑着往会议桌的上位坐，一边微笑着说道。一时间，会议室变得鸦雀无声。

“金融危机以来，我们空调部的销量是逐月下滑，我作为代总监，应该首先检讨。你们作为干部，也是有责任的。”韩旭光严肃地说道，然而这恰恰是韩旭光的狡黠。他在表扬人的时候，往往是表扬一个，在批评人的时候，时常是批评一批，这样不仅能让受表扬者大感殊荣，而且可以让受批评者不至于太难堪。所以尽管韩旭光说出批评的时候是严肃的，然而下面的与会者并没有太多的抵触感。

“当然喽，销量下滑并没有什么不好，多难兴邦，穷则思变嘛！”韩旭光呷一口茶，微笑着说道，与会者便轻松下来。“我思考过了，目前的出口形势不尽如人意啊，我们应该主打内销这条道路，大家以为如何？”韩旭光面带诚意地问道。假若在以前，韩旭光肯定会让底下人把他想说的话说出来的，但此时不同了，沈修杰已经到医院里种花去了，韩旭光便不再兜圈子了。尽管韩旭光这是在征求意见，但与会者谁都明白，这已经是最后的决定了。鲁正梅便微笑着说道：“韩总这个提议可谓高瞻远瞩啊，反正我是举双手赞成的。”鲁正梅不仅如是说，而且如是做，居然真的举起了双手，引得大家一阵笑声。

“既然大家都没有什么反对意见，我想大致方针就这样定了吧。那么，具体上大家有什么主张呢？”韩旭光一边示意大家停止笑，一边急切地问道。

“我想，我们应该从改革空调机外观上入手。”赵辰逸呷一口茶，笑着说道，“空调机的核心功能就是调节温度，不能调节温度还算空调吗？当然不能，所以这个无法创新了。其次有的同志说应该省电，但是大家试想一下，现阶段能够用得起空调的，还在乎那几个电费吗？所以，我认为还是应该设计出具有民族风格的外观。”

“那赵总有何具体办法没有？”韩旭光一脸疑惑地向赵辰逸问道。

“我省的葛洪涛先生是全国有名的大艺术家啊，不仅书画是一绝，而且他替美国公司设计的外包装，在中国也销售得出奇地好，我们何不请他来帮我们设计一个有中国风格的包装、样式？”赵辰逸铿锵有力地说道。

赵辰逸一语点醒梦中人，此时吴雅兰已经明白了韩旭光的谋划，原来韩旭光早已做好了如此打算，难怪他那次吃饭要叫上赵辰逸呢。在想到这一层之后，吴雅兰差点儿叫了出来，怪不得一向都不收礼的韩旭光居然会找耿彪要一幅葛洪涛的画呢。葛洪涛这个人素来就有怪人的称号，韩旭光原来是先让耿彪去试探试探，看看如何才能取悦葛洪涛，取得葛洪涛的画。

“我在省城读书的时候就听说了，这个葛洪涛可是个怪人哩，要他帮我们昊天设计外包装，恐怕会很难吧。”孙瑾瑜一脸愁容地说道。“事在人为嘛，我想只要我们诚意到了，葛先生是不会不领情的。我看这件事我还是亲自出马吧，这样才能显示我们昊天的诚意。”韩旭光微笑着说道。听到韩旭光如此说，赵辰逸的脸一下子黑了下去。

其实赵辰逸有他自己的想法，他原想着，这次去省城找葛洪涛会让他去的，这样对韩旭光是有利的。如果葛洪涛请来了，韩旭光显然有领导者的功劳；如果葛洪涛请不来，韩旭光自然可以惩罚赵辰逸来服众。况且赵辰逸已经相当清楚韩旭光的安排了，请来葛洪涛的可能性是很大的。当然，赵辰逸心中还有另一层盘算，空调部的总监现在是韩旭光兼着，这显然不是长久之计，倘若此刻自己去省城将葛洪涛请来了，那时候自己就任空调部的总监便多了一层筹码。然而韩旭光此时的话，完全打破了赵辰逸的美好梦想，他岂能不失望？

更让赵辰逸失望的是，韩旭光在沉思了片刻后接着说道：“我们此次去省城请葛洪涛先生，还有另一层优势哩，我们洗衣机部的张茹雪便是葛洪涛先生的学生。”听到韩旭光如此说，众人不由得释然，似乎先前所有的疑虑，便由这层关系而烟消云散了，毕竟这是在中国嘛，学生这种特殊的关系是可以起作用的。

所有人都露出了希望的笑容，只有赵辰逸依旧阴沉沉地坐在那里，他显然已经参透了韩旭光所有的谋划，不觉一阵寒意袭上心头。

回到办公室，韩旭光便急不可耐地给张珺瑶打了个电话：“珺瑶啊，在总部还好吗？”“谢谢总经理关心，我好着呢！”张珺瑶这个生硬的回答显然显示着她还在生气，韩旭光的心头便感觉很不是滋味。但他压制住这种不快，故作镇静地说道：“陪我去趟省城如何？”

“为公事吗？”张珺瑶懒懒地问道。

“算是吧！”韩旭光也不解释，“你帮我约张茹雪一道去吧，去看望她的老师葛洪涛。就明天上午九点半，你们在昊天集团总部门口等着。”

张珺瑶淡淡地回答了一声“嗯”，韩旭光亦不知再说些什么，只是嘱咐了几句让她注意休息、注意身体的闲话，便叹息着挂掉了电话。

第二天早上十点，韩旭光便赶回了临江市的昊天集团总部，他远远地看见，张茹雪与张珺瑶已站在门口谈笑风生，他便疾步走了过去。

“让各位美女久等了啊！”韩旭光笑着说道。

“韩总得给我们点儿补助呢，顶着这么大的毒日头等了半个小时，你看这珺瑶，水滑的皮肤哪禁得住这大毒日头哦。本来我是要拉着去里头坐着等的，可这个傻丫头就是不愿意，说您让在这里等的。”张茹雪笑呵呵地冲着韩旭光揶揄道，她没想到，韩旭光居然尴尬地红了脸。

张珺瑶的脸也通红，还好韩旭光机灵，一边打开车门，一边对她们说道：“两位大小姐请上车，补助是肯定没问题的。”“享受总经理给开车的礼仪，这比补助还让人心情愉悦呢！”张茹雪继续揶揄道。

去省城本来就不是很远，加上韩旭光让司机快点儿开，三个小时在谈笑风生中便匆匆地过去了。韩旭光订好了酒店，等张茹雪与张珺瑶住下，他便回到自己家中，第二天带着一只盒子，早早来到了酒店。

葛洪涛的家住在郊区的湖边，一栋老旧的别墅。这栋别墅以前是省委的干休所，后来改革开放了，葛洪涛亦成了全国的名人，省委便决定将这栋别墅奖励给葛洪涛。葛洪涛在这栋两层的别墅周围种满了潇湘竹，在月明星稀的夜晚，葛洪涛喜欢在竹林里寻求灵感。

张茹雪熟悉地按住那个门铃，留着半仙头发的葛洪涛便迎了出来。他一身长褂，留着长须，加上瘦骨嶙峋，大有仙风道骨之感。韩旭光见到葛洪涛便不握手，而是双手抱拳，以左手为上，自下颚为始，恭敬地向葛洪涛行了拱手礼。在葛洪涛还礼时，张茹雪便笑着道："这是我们公司的韩总，久慕老师大名，今天特意前来拜会。"

在张茹雪作介绍之时，韩旭光恭敬地双手递上了名片，微笑着说道："久仰先生大名，只是无缘相见，今天沾茹雪的光，总算是有机会了。"葛洪涛一边嘴上说着岂敢岂敢，一边领着韩旭光往里走。

待韩旭光坐定之后，一个绝色美女飘了过来，送来一壶茶。张茹雪便起身说道："师母，我来吧！"韩旭光这才知晓，这个二十五六岁的女子居然是葛洪涛的爱人。张茹雪便将一杯茶先奉到了葛洪涛的面前，之后又将一杯茶奉到了韩旭光的面前，之后便退下去了。

"六安瓜片，泉水煎的，好茶！"韩旭光呷一口茶，恭维道。

"韩总也懂茶？"葛洪涛轻蔑地问道。

"略知一二。这六安瓜片陆羽在《茶经》中又称为'庐州六安'，周总理在生命垂危之际，还喃喃地念叨着此种茶呢。"韩旭光答道。

"可是贾母不喜欢哦！"葛洪涛故意刁难。

"贾母哪有葛先生会享受哩。妙玉煮茶，但这六安茶不同，需要二次冲泡的，水温过高的滚煮，会使此茶变黑，味涩苦，想必贾母经常喝的便是如此苦涩的茶水，这又岂能赖六安茶哉！"韩旭光将那只小盅的茶水轻轻摇了摇，轻轻地呷一口，笑着回答葛洪涛的话。

葛洪涛此生最恨满身铜臭的商贾人士，韩旭光进来的时候，他便颇多不满，然而毕竟是张茹雪领来的，他也不好拒人于门外。之后这韩旭光只喝一口就能说出茶名，让葛洪涛大感意外。葛洪涛立即引《红楼梦》中妙玉煮茶一节试探，岂料韩旭光是真懂茶之人。

“煮茶品茗，丝竹声声，葛先生的生活赛过神仙也！”韩旭光笑着说道。“韩总可知此曲为何曲？”葛洪涛就着音响中的曲子询问道。

“这曲是有名的琵琶曲《十面埋伏》，葛先生的英豪之气尽在其中矣！”韩旭光恭维道。“我哪有项羽那种志向哦！”葛洪涛连连推辞。

“项羽乃一匹夫也，哪堪此天籁颂之？这个曲子末尾有几处琵琶的煞弦手法，实则是演绎战场的炮声，楚汉之争何曾有炮？”韩旭光冷冷一笑道。葛洪涛大觉奇异，如此说法，他还是头一回听说呢。

“所谓隐于朝者，方为大隐！像项羽这种鲁莽之夫，放弃苍生自刎而亡，实则心中懦弱。死何所惧？实乃一介懦夫！”听着韩旭光的议论，葛洪涛不觉大为称奇，如此商贾，也可以算得上一代儒商了。

“实不相瞒，在下此次前来，是有一个物件请葛先生掌眼的。”说着，韩旭光便将随身带的那只包装精美的盒子打开，拿出一只小碗来，“也不知道这是不是个真物件，在我家多时，还请先生不吝赐教啊。”

葛洪涛接过那只小碗，边摩挲边啧啧称赞：“真是精美啊！这画片淡雅，釉色光亮，底足平滑，当是康熙末年、雍正初年的官窑无疑了。”

“亮青釉不是康熙早年的吗？”韩旭光故意问道。

“非也非也。这鉴宝啊，首重者乃其造型，次重者乃其材质，再次者为其画片。这种碗的造型浅，况且画工淡雅，当是康熙末年、雍正初年无疑了。不知韩总这物件何处而得？有意转让吗？”葛洪涛问。

葛洪涛本来是无欲无求的，然而这艺术品是他的软肋。“所谓宝剑送烈士、红粉赠佳人，如此一件宝物，在我这个蠢人手中岂不寂寞？我就将它送给先生吧。”葛洪涛见韩旭光如此说，倒也觉得受之心安理得，这艺术品不是别的，在不懂它的人手中岂不是糟蹋了？

里屋的张茹雪显然嗅到了其中的气息，看来这个韩总可谓是一个送礼高手，不仅将礼送出去了，而且让受之者没有丝毫的尴尬，竟然还像帮了送礼者一个忙似的，高明啊！更让张茹雪称奇的是，这个韩旭光真是天文地理、琴棋书画无一不通啊，如此学问，到底是如何练就的？

等到葛洪涛笑着将礼物收下，对韩旭光的态度立即变得亲切了，不停地让韩旭光喝茶。韩旭光呷一口茶道："其实这次来呢，我还带着整个昊天集团员工对葛先生的仰慕与期盼哩。目前遇到金融危机，哪个人不想为国家做点儿贡献呢？我们想请葛先生出山，做我们昊天集团的艺术设计顾问，让我们昊天集团为国家、为民族留下一爿产业。"

葛洪涛此时才发觉，这个韩旭光绕了这么大一个圈子，最后居然是来请自己做设计的。他想拒绝，然而仔细想想又不能拒绝了。首先是礼物已经收下了，难道退回去不成？这不是出尔反尔吗？再者，现时韩旭光以项羽为对比把自己大吹大擂了一番，而且韩旭光已经说了，请自己是为民族留下一爿产业，倘若此时拒绝，明日自己不爱国的名声岂不是会传得沸沸扬扬？想到此，葛洪涛只得微微笑道："好说，好说。"

等到从葛洪涛家出来已经是上午十一点了，选择这个当口离开是韩旭光深思熟虑了的。此时说吃饭吧，还早，而且能够有充裕的时间把应该做的事情办完。葛洪涛的爱人亦知道韩旭光的这个心思，故而只是虚留了一番，韩旭光与张茹雪便走出了葛洪涛的家。

此时虽九月深秋了，西江省的天气仍很炎热，一出门便一股热气迎面而来，好在葛洪涛家住在郊区，林荫小道，几声鸟叫使人心旷神怡。司机老王将车停在离此较远的别墅区门口，这一来是对葛洪涛的尊重，二来则是别墅区门口有家咖啡厅，老王亦可以在里面避暑。

韩旭光与张茹雪一左一右地漫步于湖边，因为事情已经办妥，他们亦不着急。张茹雪笑着说道："韩总真是个全才呢！什么时候学的茶道？又什么时候成艺术家了？"韩旭光微微一笑："我哪里会这些啊，还不是临阵磨枪，你就别笑话我了。""看来韩总对我的老师还是蛮了解的嘛，拉我来岂不就是个陪衬。"张茹雪笑着说。

"啧啧，你这张嘴还真是得理不饶人哩！没有你，我哪能进门呢？这回你可为空调部立下了汗马功劳哩！"韩旭光深沉地一笑。韩旭光心中岂能不知，张茹雪就是在提醒自己，这次她的功劳可是不可小觑的哦。"哪里哪里，我不过就是做个陪衬而已。"张茹雪拉了拉身边的一株小草，满意地笑着答道。韩旭光亦抬头望着湖面之上。

"洗衣机部的生意怎么样？"韩旭光无心一问。"很好呢！韩总的及时生产系统可起了大功效了，金融危机来了，我们不仅没有库存，而且我们的产量能够迎合顾客的需要，卖得红火着呢！"张茹雪高兴地回答道。"那么收款自然是不成问题了喽！"韩旭光往湖里扔了一块石头，这块石头在湖面轻快地跳跃了三下，才一头扎进了蔚蓝的水中。

张茹雪不禁一惊，略显惶恐，支支吾吾地回答道："这个是财务部门的事情，具体的我也不是很清楚哩！"其实张茹雪岂能不知其中的蹊跷，她亦知道韩旭光当然知道其中的因由，只不过是不点破而已。今时今日，韩旭光将这个问题点破到底何意？张茹雪不觉感到在炎炎烈日下一股凉飕飕的风平地而起，她再也轻松不起来了。

韩旭光显然已经注意到了张茹雪的困窘，便笑着说道："我倒忘了，你升任的是洗衣机事业部的行政副总监。不过听说你们办了个事业部的报纸，我读了几期，办得很不错呢，特别是对及时生产系统的宣传。"

一语点醒梦中人，原来是为这个。张茹雪感觉一种肃杀之气扑面而来，这韩旭光显然不是随口一说。他先是直接将洗衣机事业部的财务问题"无心一问”，这就犹如一柄高悬的巨斧，只要绳索一断便可让段才良身首异处，而紧拉着这柄巨斧的绳索，便是所谓的洗衣机事业部的那份宣传报。本来张茹雪是不同意段才良办这份宣传报的，段才良却好大喜功，执意不从；办就办吧，亦未尝不可，然而他在这份机关报中肆意夸耀自己的功劳，而对总部领导的指导只字不提。特别在那几篇所谓的介绍及时生产系统的文章中，居然颠倒黑白，说是自己首先知晓了这种生产模式，暗地里跟韩旭光探讨的。天哪，这有多么滑稽？段才良的这种浮夸行为，韩旭光显然已经有所警觉了。

“韩总见笑了。都是我们这些底下人事情没有办好，回去定然严加整顿。”张茹雪思忖片刻便拘谨地答道。然而此时，韩旭光依然像一个老顽童一样不停地扔着石头，似乎他所有的话都是随口一说。“茹雪你想到哪里去了，我也就是随口一问。不过这报纸是工人的精神食粮，办报纸倒是应该小心些。”韩旭光的这个“小心”让张茹雪意识到，这不仅是要整改报纸的问题了，恐怕是要让她将这份报纸停办，要不然韩旭光肯定会只说前面一句话，怎么可能让她小心点呢？

这种谈话的窘迫随着老王的一声喊叫而结束了。张珺瑶拘谨地站在老王的身旁，拉扯着她的新裙子。这身工作套裙上身为白色，下身为黑色，是张珺瑶昨天与张茹雪一起买的，加上张珺瑶本身便是昊天第一美女，穿上这套裙子便可谓堪比西子、王嫱了。张珺瑶故意拉扯自己的裙子便是希冀着韩旭光给以夸耀，所谓女为悦己者容，然而当他看到韩旭光与张茹雪漫步而来的时候，那种亲昵显然已经浸透了她希冀的眼眸，一种女人特有的嫉妒袭上心头，脸上的笑容顿时消逝了。此情此景，哪里能够瞒得住张茹雪敏锐的目光，她下意识地向右挪开几步，微笑着冲司机老王与张珺瑶招招手，疾步走了过去。

“珺瑶啊，今天你的这身裙子真漂亮呢。”本来韩旭光想问哪里买的，但一则以张珺瑶的消费水平，这套裙子肯定不会太贵，张珺瑶回答起来恐怕会觉得窘迫；二则这套裙子可能是张茹雪挑的，张珺瑶刚才的嫉妒，韩旭光又岂能不知？所以精明的韩旭光便将已到口边的话咽了下去。

“真的吗？”得到赞赏的张珺瑶笑呵呵地回答道。

“我什么时候骗过你呢？”韩旭光一边说着一边用手轻轻地拍了拍张珺瑶的肩膀。

韩旭光也不知道这样做对不对，他发现自己的确喜欢上了这个不谙世事的女孩。然而韩旭光并不是贪图张珺瑶的美色，这种喜欢与对陈凌薇的喜欢是不同的。韩旭光喜欢张珺瑶的简单与单纯，这种简单与单纯可以给韩旭光那枯萎的心灵以某种慰藉。不知怎的，在最困苦的那几个夜晚，韩旭光总能梦到张珺瑶，他坐在大草原上，张珺瑶便采了好多野花围在他身边跳跃着，微风拂来，牛羊成群……

韩旭光在肩上的轻轻一拍让张珺瑶觉得就像在这个炎热的正午喝了雪水，尽管张珺瑶不谙世事，但以女人对爱情的特有敏感，她又岂能不知？张珺瑶便娇嗔着对韩旭光说道：“老韩，请我吃哈根达斯吧？”司机老王的脸色似乎有些窘迫，张茹雪自然明晓，便打趣道：“韩总事情办好了，是应该请我们吃呢！”韩旭光便应承下来，他让老王将车开到香格里拉大饭店，说不仅吃哈根达斯，还要大吃一顿哩。

韩旭光显然是考虑到老王的，老王已经年过五十，让他陪着两个小女孩吃冰激凌，他肯定显得尴尬，如果他坐在车里不去吧，似乎又显得很不合群。当听到韩旭光如此说的时候，老王才舒展开了眉头。

第十一章 共生关系

将已经收下的礼物退回来显然既不合情，亦不合理，所以韩旭光便将一条红塔山交给了段才良

香格里拉大饭店是西江省最好的饭店，价格自然也贵得令人咋舌。韩旭光却喜笑颜开："随便点，这次算是给茹雪庆功，没有张茹雪，我们今天还不能邀请到葛洪涛先生哩！"说着便把菜单递给了张茹雪，张茹雪便与张珺瑶商量着要了一个哈根达斯圣代。

其实韩旭光对哈根达斯是很反感的，本来是一种极为普通的冰激凌品种，经过略微高超的营销手法，便由灰姑娘变成了公主。韩旭光望着几百块钱的冰激凌，摇首叹息。当两个小小的圣代端上来的时候，司机老王不禁吐出了舌头，韩旭光大笑道："消灭洋玩意儿。"

韩旭光此话引起了诸人的哄堂大笑。此时面临金融危机，吴天集团不正面临着与诸多洋品牌的贴身肉搏吗？此次来省城，不就是为请葛洪涛出山，扛起民族的品牌，给洋品牌以迎头棒喝吗？韩旭光这句贴切的用语立即把张珺瑶从生活奢侈的不利境况中拉了出来，大家便举起刀叉，鼓足了勇气，开始了消灭洋品牌的征途。

一不做二不休，这桌酒席韩旭光不仅消灭了哈根达斯，还要了一瓶波尔多酒庄的拉菲，与张茹雪和张珺瑶一起消灭了。倒是司机老王不习惯这种红

酒，酒劲太差。老王笑道："这洋人就是小气，连弄瓶酒也他妈的磨磨叽叽，喝多少才能醉啊。"众人不禁哄堂大笑。

不多时，四个人酒足饭饱，准备回临江了。回去的路上张珺瑶显得特别高兴，有说有笑，只是张茹雪显然少了来时的那份乐趣，时不时勉强地应答着。韩旭光亦兴致盎然，居然说起了笑话，逗得张珺瑶捧腹大笑。老王开玩笑说，韩总您再讲，恐怕我们都得去医院听了。

三个多小时很快就过去了，回到临江昊天总部，韩旭光便要回山阳县。此刻，张珺瑶千叮咛万嘱咐，让韩旭光在那边注意身体，前几天的那种赌气任性一扫而光。这便是女人，一旦认定了，便会嘘寒问暖，义无反顾。等到送走了韩旭光，张珺瑶本来欲留张茹雪住上一夜，但此时的张茹雪哪里还睡得着，便匆匆地赶回了隐山。

回到隐山天已经擦黑，按照往常，张茹雪是定然会到段才良的住处找他的。今日她却不了，一则是她的身子的确乏了，二则她一路上看到张珺瑶与韩旭光有说有笑，在心中思忖，看来这韩旭光是真喜欢上张珺瑶了，不是她与段才良的那一种。看着别人打情骂俏，一种失落感便涌上了张茹雪的心头，她不想再那么下贱地走到段才良的住处，那么下贱地跟他睡在一起。她不仅仅是个身体，她更是一个人，她需要尊重，需要关怀，需要真正的爱，所以她默默地回到了自己家中。

在张茹雪去省城的两天里，段才良给她打了两个电话，电话的内容却让张茹雪十分寒心。段才良想知道的无非是韩旭光的行踪与目的，对张茹雪的冷暖竟然只字未提。每次接完电话，张茹雪便窝在被窝里默默拭泪，张茹雪渐渐说服了自己，她需要冷静地思考一下。这便是女人，在看到真正的幸福的时候，才会认真考量自己的幸福。

尽管身体很乏，回到家的张茹雪却无法入睡，韩旭光的话始终萦绕在她的耳旁。虽说段才良对她依然是不冷不热，她亦感觉到了痛苦与折磨，然而毕竟是她心爱的那个男人此刻正处于危险之中。况且韩旭光在她面前点出，肯定是希望她有所行动的。

段才良是个倔强的男人，这点张茹雪心中是清楚的，如何才能使他放弃继续办这份报纸而又不伤及他的自尊？张茹雪感觉很困难。如果劝说段才良放弃办这份报纸，自己将如何说呢？说韩旭光已经点出来了？且不说段才良是否会听韩旭光的话，段才良会不会反问韩旭光为何要把这件事告诉自己？你们都没见过几面，为何如此熟络？如果说张茹雪自己想停办这份报纸，那么她又以何种理由说出呢？

这些都是让张茹雪感觉到犯难的，此刻张茹雪的脑子乱极了，作为女人的痛苦与作为副总的事务一起纠缠着她。她想起床喝上一杯咖啡，却没有了起来的力气，便索性什么都不想，进入了梦乡。

第二天张茹雪起得有些晚，匆匆忙忙便来到了办公室，在楼梯间的拐角处竟一头栽进了段才良怀中。段才良抬头望望，并没有向她说回来了之类的话，似乎她的去留和他毫无关系一样。还是张茹雪一把拉住了段才良，没想到，段才良居然一把将其手拿开，张茹雪只得很不高兴地说道："段总，我找你有些事。"这才与段才良一前一后地走进了办公室。段才良甜言蜜语地向张茹雪道歉，说些刚才大庭广众之类的话，然而张茹雪冷冷地掰开了段才良搂抱在她腰际的手。

"段总，我想把事业部的那份报纸停了。"张茹雪严肃地说。

"为什么？"段才良呷一口茶道。

"我的精力有些不够，忙不过来。"张茹雪回答道。

"可以让手下人去办嘛，你把把关就行。"段才良走过来，坐在沙发上，一边搂着张茹雪的腰，一边贪婪地摩挲她的身体，淡淡地说道。

"这份报纸必须停刊。"张茹雪一把推开段才良，大声说道。

本来今日张茹雪冷淡的态度已经让段才良心有不满，没想到，平日里这个言听计从的漂亮女人现在居然敢用命令的语气对自己说话，这还了得？难道翻天了不成？段才良扯着嗓子喊道："报纸就是不能停刊。"

看着这个哈着热气的孩子似的段才良，张茹雪气极了，她便冷冷地低声再问一句："难道为我，你也不能停吗？"段才良亦冷冷地回答道："这完全是两码事。话说回来，即便是为你，这报纸也不能停。"

张茹雪几乎要绝望了，她没有想到，自己在段才良的心目中，居然还没有一份小小的报纸重要。她捂着嘴，啜泣着拉开门，随着门砰然一声关上，她的婀娜身姿便飞快地消失在了走廊上。段才良并没有追出来，因他觉得，只要过段时间，随便哄哄，她就会温顺回头。

张茹雪一口气爬到了楼顶，望着隐山县层层叠叠的山峦，泪水模糊了她的眼角，她使劲地忍着。以前每次与段才良吵架，她总是会爬到楼顶去大哭一场，任泪水四处挥洒。然而今天，她不想再泪流满面了，她开始爱惜自己，为那个男人抛洒眼泪显然不值。

当一个女人不再为一个男人落泪的时候，她的爱就算是终止了。张茹雪很伤心，很绝望，她感觉到了失落，同时亦感觉到了一种轻松。毕竟三年了，一共是一千个日日夜夜，岂能轻易割舍？

尽管心中还残存着一丝丝感觉，但是这种感觉亦很稀薄了。

回到山阳县，韩旭光显然心情很舒畅，所有事情都朝着他所预想的方向发展着，葛洪涛已经答应来昊天了。第二天夜晚，在宾馆里，韩旭光高高兴兴地与赵辰逸仔细商讨着葛洪涛的接待问题。

晚上八点多钟，三声叩门声将韩旭光与赵辰逸的商讨打断了，赵辰逸走过去开门："段总，这么晚，哪阵风将您吹过来了？"赵辰逸一边笑道，一边让段才良走了进来。段才良显然没有预料到赵辰逸会在韩旭光的卧室中，连忙应答道："没想到赵总也在啊，没有打扰到你们吧！""我们也只是闲聊。"

韩旭光一边给段才良倒茶一边说。

“韩总，我有点儿事需要先走，你们聊吧！”赵辰逸见段才良进来，而且说到了没想到自己也在，便乖觉地知晓了他找韩旭光必然有些私话，故而想找个理由离开。“好吧，那你先走吧。”韩旭光微笑着望着赵辰逸说道，并且起身将赵辰逸送出了房门，然后又轻轻将门关上。

“段总，好久没见，越发精神了。有事吗？”韩旭光一边坐到沙发上，一边笑呵呵地问段才良。“也没什么事，就是出差，顺道路过山阳县，于是过来看看。”段才良扯扯衣襟，忸怩地说道。

在段才良如此说的同时，他将带来的一只大礼盒送到韩旭光面前：“出差途中，买了一点儿土特产，也不知道韩总是否喜欢。”韩旭光心中思忖，难道是张茹雪将自己的意图转达给了段才良，段才良来登门谢罪了？倘若如此，自是甚好之事，再加上只是一点儿土特产，收下亦无大碍，韩旭光便和蔼地微笑道：“来就来嘛，还买东西来，唉！”

韩旭光在收下段才良的东西的同时，不觉用眼瞟了一下，看里面果然是一些土特产，便放心地收下了。于是韩旭光便与段才良聊起了家常，然而在闲聊中，韩旭光慢慢发觉，段才良显然对歉意之事只字未提，而且一个劲儿地宣扬他在洗衣机事业部的功绩，比如营业收入又上升了多少，利润又增长了多少。特别让韩旭光感到警觉的是，段才良对创造这些业绩的及时生产系统仅仅是轻描淡写，一带而过。这让韩旭光大为不快，但段才良是远道而来，还带了礼物，韩旭光虽然心中不快，在表面上也只得保持着笑脸，对段才良的业绩大加赞赏，而且对段才良不住地称赞，说他真是个管理上的奇才。

段才良听到韩旭光的称赞，便觉得韩旭光是对他完全认可了，加上韩旭光脸上灿烂的笑容，他又误以为韩旭光此时是分外高兴，于是鼓起勇气说了一句莫名其妙的话：“听说孔倩雪内退了？”

韩旭光是何等聪明的人物，仅凭段才良这看似无心的一问，便立即明白了他此行的真正来意。看来，段才良不仅对在洗衣机事业部的所作所为毫无悔意，而且竟然变本加厉，开始觊觎空调事业部总监的位置了。是啊，洗衣机事业部始终是昊天集团的三流事业部，而空调事业部才是昊天集团的顶梁柱哩。先是处心积虑地夸耀自己在洗衣机事业部的业绩，显示他有经营好空调事业部的能力，然后又这么“无心一问”，如果韩旭光有心让他来接管空调事业部，一切便会水到渠成，倘若韩旭光无意，段才良亦能避免被当面拒绝的尴尬，之后还可以通过其他方法转圜，看来这段才良显然是出息了。

韩旭光想到了这一层，便对段才良愈加反感起来。段才良虽然是个人才，然而其狼子野心此刻已昭然若揭，恐怕他还不仅仅想做空调事业部的总监吧，甚至还想取自己而代之，做昊天的总经理，甚至总经理在他眼中亦只是一个跳板，他还觊觎着董事长的位置呢！尽管韩旭光心中透亮，然而他仍然是呷一口茶，微微一笑道：“嗯，孔倩雪内退了。”说完后韩旭光便不再言语，端起茶杯又喝起茶来。

韩旭光的轻描淡写，弄得段才良手足无措。段才良原在心中思忖，韩旭光最起码也会说孔倩雪因为年老有病而内退之类，显然他不会将孔倩雪内退的真正原因道出，尽管自己与韩旭光心照不宣。倘若如此，段才良便筹划着继续询问后继者是否年轻之辈，之后再步步逼问，直到韩旭光认可自己为止。然而韩旭光并没有如此回答，轻描淡写地连孔倩雪内退的原因都未提及，只是轻轻一“嗯”，一句内退便搪塞过去。这让段才良非常被动，显然他的整个谋划就此泡汤了。

正当段才良绞尽脑汁地搜寻着其他突破口的时候，韩旭光连打几个哈欠外加伸了伸懒腰，这是在明示段才良，他是在逐客了。尽管此时段才良还未完成他来时的任务，他亦不得不带着遗憾离开了。段才良便起身道：“我在山阳县还有些事情没做呢，就不打扰韩总了，您先休息吧。”韩旭光便站起来，伸出了手，与段才良握了握手，然后拍拍他的肩膀道："既然你有事，那还是公事为先吧，我也就不虚留你了。"段才良转身出去，结果刚走到门口又被韩旭光叫住了，韩旭光跑到卧室寻了寻，拿出一条红塔山香烟来："段总，我身体不好，最近戒烟了，别人硬是推给我一条烟，反正放在我这里也是浪费，段总就帮我抽了吧。"段才良本不想拿着，但韩旭光硬塞在了他手中，段才良只得不再推辞了。

走出了韩旭光的房门，段才良已经明晓了韩旭光心中的想法，这条临了送给他的烟昭示着韩旭光对自己的来意已经心知肚明，并且是明明白白的拒绝了。中国古语有云：无功不受禄，显然是韩旭光无法帮自己完成当上空调事业部总监的任务，那么自己刚才送给他的礼物他自然不会收。问题在于，将已经收下的礼物退回来显然既不合情，亦不合理，所以韩旭光便将一条红塔山交给了段才良。段才良徘徊在山阳县昏黄的路灯之下，漫无目的地游走到了江边，面对着滔滔长江水，他心中的压抑喷涌而出。他狂喊一声，便将那条红塔山香烟远远地扔到了江水之中。他拿出了电话，拨打了张茹雪的电话，他需要张茹雪的安慰，然而他听到的只是服务台通知关机的温柔之声。

等到段才良离去，韩旭光从抽屉中拿出一支烟来，点燃后便躺在沙发上思忖着整件事情。看来，张茹雪对段才良的旁敲侧击已经失败了，这个段才良显然已经让胜利冲昏了头脑，飘飘然起来。段才良的确有才能，然而整个昊天集团是一个集团，个人的才干并不能将其效用发挥到最大化。韩旭光吐了一口烟圈，望着盘旋上升的云雾，一声叹息，与其让段才良坐大之后再与他火并内耗昊天的实力，还不如忍痛割爱，在段才良羽翼未丰之时便将其彻底铲除。

然而，自到昊天以来，段才良的一幕幕都呈现在了韩旭光眼前，毕竟这个人曾经帮助自己遏制了沈修杰的权力，倘若没有他，自己很难有今日在昊天的一言九鼎，自己这样做似乎有些忘恩负义。韩旭光重重地吸了一口烟，看着盘旋而上的烟圈，紧握了一下拳头，这亦没有办法，如果自己不这样做，将来对昊天的伤害更大。即便是孟子也说过：言不必信，行不必果，唯义所在。量小非君子，无毒不丈夫。即便是最讲信义的孔夫子不也说：言必信，行必果，硁硁然小人哉！

想到此，韩旭光将双脚从茶几上拿下来，起身坐了起来，将剩下的小半截烟在烟灰缸中死死地摁熄了，他已经下定了最后的决心。

那一夜韩旭光显然没有失眠，第二天他饱满的精神便是明证。

其实韩旭光也不清楚自己为何会如此果决而没有歉意，他始终在享受着权术给他带来的荣耀与欢乐。然而他却不曾感觉到权术正在将他缓缓地吞噬，使他从那个忧国忧民的人变得近乎冷漠无情。权术就是这样，它能给你以名位，给你以财富，给你以美女，正当你安心享用权术给你带来的一切的时候，却已经如温水煮青蛙一般陷了进去，不能自拔，只能沉沦进这条不归路，最终自己亦为其所吞噬。

韩旭光意气风发地来到了空调部的办公楼，显然空调部的员工早就知道葛洪涛被请动了，所以韩旭光踏进空调部办公楼之后总是能够看到大家信心满满，脸上带着幸福的笑容，连走路的脚步也比往日里加快了不少。韩旭光来到自己办公室门口的时候，吴雅兰笑脸相迎道："恭喜韩总了，连葛洪涛先生也请动了。"韩旭光则笑呵呵地说："这完全是张茹雪的功劳哩，况且恭喜也不能恭喜我嘛，准确说是同喜。"吴雅兰立即纠正道："同喜，同喜。"此刻吴雅兰显然没有意识到，韩旭光有意将这份功劳推给了张茹雪。

韩旭光走进了办公室，吴雅兰亦尾随其进入了办公室。韩旭光脱掉了外面的西服，吴雅兰将一杯绿茶送到了韩旭光的桌上。正当吴雅兰准备转身离去的时候，韩旭光突然叫住了吴雅兰，让她通知空调部的人员立即开会，会议的主题便是关于葛洪涛的。吴雅兰高兴地应了一声，便下去通知开会了。韩旭光则拿出了镜子，整了整衣冠。

等到韩旭光走进会议室的时候，其他人早就到来了，个个脸上洋溢着欢乐的笑容。大家都在闲聊，但话题只有一个，便是这次葛洪涛能够出马，真是一大幸事啊，国家已经出台了促进消费的种种政策，倘若再加上葛洪涛设计出的民族品牌的话，岂不是如虎添翼，想不赚钱都难。种种嘈杂之声随着韩旭光走进会议室而停了下来，而笑容依旧挂在与会者的脸上。韩旭光坐在了会议桌的顶头，理了理文件笑着说道："这次空调部又胜利了！"

这句胜利不仅让底下响起了热烈的掌声，甚至像吴雅兰与鲁正梅这样的空调部的巾帼英豪的眼角还沁出了热泪，毕竟连续几个月的销量不佳已经让她们备感压力，她们正在盼救星一样等待着葛洪涛的到来。韩旭光挥了挥手，示意大家停止掌声，会议室便安静下来。

"虽然葛先生愿意屈就到我们昊天，到我们空调部，但是我们也要为葛先生安排最好的衣食住行，因为葛先生是个知识分子，我们要给葛先生以最高的荣耀与尊重。"韩旭光认真地望着大家，严肃地说，"吴雅兰，你要去联系新闻界的朋友，要连续地宣传这件事，宣传的重点不是咱们空调事业部，而是葛洪涛这个人。如果有可能，你还要去书画院帮葛先生评个专家什么的，最好是中国艺术研究院的研究员，想想办法，只要评上，花多大代价都值得。"

"保证完成韩总交给的任务。"吴雅兰一边微笑着，一边斩钉截铁地说道。之后，韩旭光又将头扭向了孙瑾瑜："在财务上，不管空调部有什么困难，关于宣传葛洪涛以及葛洪涛先生所需要的资金必须优先得到满足，不能有丝毫的迟缓。"孙瑾瑜本来是个凡事都极讲原则的人，然而此刻亦频频点头称是。

"最困难的是，既然葛洪涛先生要来我们昊天，我们昊天显然要找一个人安排其饮食起居，并且充当昊天集团与葛洪涛之间交流的联系人，大家谁愿意承担这个重任呢？”韩旭光一边看着大家一边垂问道。

说实话，谁都不愿意充当这个角色，艺术家的清高与难伺候尽人皆知，特别是葛洪涛，有关他的不近人情在整个西江省都赫赫有名。所以当韩旭光提出这个问题的时候，几个与会者都低头不语，他们生怕这个困难差事最后会落到自己的头上。只有赵辰逸心里透亮，他举手示意道：“我觉得既然张茹雪是葛洪涛的学生，充当联络人再合适不过了，当然我只是个外人，最终还是要空调部来决定。”

说完，赵辰逸便端起茶轻轻地呷了一口。此刻空调部的三个人面面相觑，其实他们均不愿意张茹雪来到空调部，他们的眼睛都死死地盯着空调部总监这个位置呢。张茹雪在洗衣机部便是副总监，倘若此刻她加入空调部，对与会的三人来说，不就等于引狼入室吗？自己晋升的机会便愈加渺茫了。然而这三人亦不想承担起这个联络人的职位，最关键的原因是这个葛洪涛着实难以伺候，倘若有丝毫不周到，必然从联络人的职位上被撤换下来，到时候自己肯定会丧失掉晋升总监的资格，故而他们又没一个人敢于提出反对意见。你既然反对，那么就是你做吧，韩旭光定然会这样安排。所以这三个人面面相觑，窃窃私语，对请张茹雪来空调部不置可否。

望着窃窃私语的三个与会者，韩旭光对他们心中的意图自然心知肚明，所以韩旭光轻轻敲打了一下桌子，笑着说道：“大家不要在下面开小会嘛，有意见可以提出来，如果有更好的人选，也可以推荐嘛！”尽管韩旭光面带笑容，他的话却是字字诛心，有意见固然可以提，然而提了之后又推荐哪个更好的人选呢？于是窃窃私语便停止了，整个会议室陷入了死一般的寂静。“孙瑾瑜，你说说看。”韩旭光凌厉的目光射向了孙瑾瑜。孙瑾瑜只觉得一个寒战，手足无措地道：“我也认为，这个职位非张茹雪莫属。”尽管孙瑾瑜心中并不同意调张茹雪前来，然而此刻他又有何退路呢？这显然是韩旭光的策略，猝然单独询问孙瑾瑜，以孙瑾瑜的笨嘴拙舌，显然不能立即巧妙地对自己如此难回答的问题予以应对，但点名问他，他亦不能蒙混过关，只能作答，倘若他表示了反对意见，他自己又如何敢上阵呢？

孙瑾瑜的这个回答打破了僵局，听到孙瑾瑜的回答后，韩旭光便道："我也觉得张茹雪是最适合这个职位的，先借调过来，行的话便用她，不行再换别人吧，大家认为呢？"当听到用张茹雪的时候，鲁正梅是心怀不满的，尽管她已经无力抗争，然而韩旭光又说了是借调过来，行的话便用，这当中便有了转圜的空间，再说此刻又无其他适合人选，因此鲁正梅虽然还是心有不甘，但亦不至于太反对了，她便说道："韩总的这个提议甚好，万一不行的话，亦可避免空调部的尴尬。"听到鲁正梅如此回答，韩旭光不觉在心中冷笑一声，好聪明的女人啊。

"既然大家没有反对意见，那就这样吧。吴雅兰，你以空调部的名义向洗衣机事业部借调张茹雪过来，这个事还要洗衣机事业部和张茹雪本人同意呢。"韩旭光微笑着对吴雅兰说。"我觉得还是韩总先向张茹雪透个风，否则倘若张茹雪不愿意来，空调部也不好收场啊！"吴雅兰微笑地答道。韩旭光哈哈一笑："吴雅兰成了人精哩！"

韩旭光的这句话逗得与会者哄堂大笑，吴雅兰涨红着脸道："本来就是嘛！"于是大家边笑边收拾东西，这场会议便结束了。

走出会场，韩旭光感觉到十分疲惫。他跟外面的吴雅兰说需要休息一下，不希望有人打扰，便将办公室的门紧锁住，躺在那张老板椅上，泡了一杯浓茶，点了一支香烟，将双腿置于办公桌之上，假寐了。

每一次要办成某件事情，都要经过种种利益的权衡与分配，否则的话，即便运用手中的权力霸王硬上弓，最后亦是强扭的瓜不甜。这种左右逢源、滴水不漏的行事作风已经将韩旭光搅扰得异常疲惫，然而时至今日他仍然没有办法将昊天这种风气改变。

韩旭光想将张茹雪堂堂正正地调任空调部的总监，以张茹雪的水平不仅能够胜任，而且亦能妥帖地处理好与葛洪涛之间的关系。然而，倘若他不做变通，硬调而不进行妥协的话，即便最终张茹雪能够来到空调部，空调部的其他三人亦会消极怠工，甚至暗中掣肘。管理企业是管理众人之事，即便张茹雪有三头六臂亦不能单枪匹马地为空调部杀出一片天空，她也需要空调部其他三人的鼎力相助。

张茹雪能够在空调部凭借自己的能力最终立足吗？韩旭光陷入了沉思，根据自己对张茹雪的冷眼观察，以她的圆滑性格，加上关键时刻自己还可以暗中相助，应该是可以的。即便现在有所让步，到最后亦可以事缓而圆，况且张茹雪兴许可以拉拢到孙瑾瑜的支持呢。

有了这层考虑，韩旭光便决定给张茹雪打这个邀请的电话了。韩旭光显然对吴雅兰给自己出的这个难题心知肚明，在整个昊天，张茹雪与段才良之间的暧昧关系已经传得沸沸扬扬，吴雅兰知道借调张茹雪来空调部她未必愿意，这正是吴雅兰所期望的。但如果她连张茹雪都请不动，岂不是显示了自己的能力低下？在竞争空调部总监的职位的时候，岂不是少了不少筹码？所以吴雅兰便将这个烫手的山芋交到了韩旭光手上，倘若韩旭光亦请不动，那不但吴雅兰心中的期许能够成真，而且其也无须承担那种请而不动的尴尬与过失，她又何乐而不为呢？虽然吴雅兰跟着韩旭光学到了不少机变权谋，但她忘记了，她所有的机变权谋都是跟着韩旭光学的，而韩旭光令人感到可怕的地方就是他能将事情做得滴水不漏，倘若他请不动张茹雪，那么他又怎么可能处心积虑地绕个大圈子开这么个会？

昨天晚上段才良失望地离去之后，韩旭光用那根烟的工夫已经将事情琢磨得一清二楚。既然段才良颠颠地跑过来向他要官，那么必定他对张茹雪的建议是置若罔闻的，就连张茹雪停刊一份报纸的告诫都是可有可无的，那么这份感情又能算得上什么呢？所谓爱之深，恨之切，既然这份感情已经破败，那么女人便会显示出她们特有的狰狞。女人在爱情到来的时候能够温顺得像一只猫，而当爱情被愚弄的时候可以转身变成残忍的老虎。正是基于这一层的考虑，韩旭光已经断定张茹雪能够离开洗衣机事业部，并且将感情上的不顺转移到没日没夜的工作中。所以常言道，情场失意，事业场上必然得意。

在渐渐抚平了尔虞我诈的疲惫感之后，韩旭光睁开眼，将脚从办公桌上拿了下来，将剩下的大半截烟在烟灰缸中摁熄了，又牛饮了一口浓茶，拨通了张茹雪的电话，许久才响起了一声“喂”。

这“喂”是那么苍白而又无力，似乎是失去生命意义之后的一种漫无目的的肆意徜徉。然而这种声音恰恰是韩旭光所需要的，所以他的脸上立即泛起了笑容，然后平静亲切地问道：“茹雪吗？”

本来韩旭光想继续问一句“最近还好吗”，这是打电话的一般口头禅，往往能让接电话的人明晓打电话的人的关心与温暖，然而此时，这种关心与温暖显然会变成一种嘲弄与讪笑，所以话到嘴边，韩旭光又硬生生地咽了下去。

“是啊，韩总您好。”原来张茹雪这两天都蓬头垢面地躺在家里，直到此刻她才知道打电话来的竟然是韩旭光，所以才尊敬地回了一句。

“茹雪啊，我要请你帮我个忙呢。”

“这我哪儿敢当啊，韩总有事就尽管吩咐吧。”张茹雪懒懒地答道。

“葛洪涛先生不是要来空调事业部了吗，空调事业部想借调你过来做临时总监，你是葛先生的学生，能够方便与他进行沟通嘛。”

张茹雪是个机灵人，她立即敏锐地寻出了韩旭光所说的“临时”二字，倘若调到空调部，葛洪涛先生离去了她又将如何是好，到时候再回到洗衣机事业部？本来自己与段才良已经吵了一架，倘若远离了隐山到山阳县，今后再回来显然已经物是人非了，还有立足之地吗？

“韩总啊，这个我怕能力不够吧！再说我是洗衣机事业部的，调到空调事业部任临时总监显然不太合适吧。”张茹雪有意放慢了“临时”这两个字的语速。韩旭光对张茹雪的想法又岂能不知，当张茹雪有意放慢“临时”二字语速的时候，他便断定张茹雪的心思已经不在段才良身上了。张茹雪开始考虑自身的境遇与未来了，她此时的矜持便是在向韩旭光索要一份承诺，哪怕这份承诺仅仅是个口头的。

“茹雪你可真是开玩笑了，昨天我们在办公会上还在谈论你的功劳呢，空调部的员工都背后议论，倘若没有张茹雪，他们恐怕都要下岗了哩。天地为证，我是绝对看好你的能力的。”韩旭光哈哈笑道。

张茹雪这两天本来心情就不好，加上昨晚又喝了一大杯二锅头，脑子有些迟缓，然而对韩旭光的话外之音亦能够明晓。空调部的员工支持你，我韩旭光亦支持你，你怕什么呢？张茹雪知道，以韩旭光的聪明，他显然将那股反对力量略去了，既然员工与韩旭光都支持自己，那么为什么仅仅还是个临时的呢？显然，空调部还有一群中层干部，他们都在觊觎着空调部总监的位置，韩旭光不得不暂时妥协。

尽管如此，张茹雪至少已经明白了韩旭光的真正用意。韩旭光的赌咒发誓，显然已经在向张茹雪作最为诚恳的口头保证了，他是不可能给张茹雪写一份字据，保证让她当上空调部的总监的。张茹雪转念一想，韩旭光与自己可谓萍水相逢，他为何如此卖力地为自己谋划？想到段才良拒绝了自己的建议并且昨晚还特意去了山阳县，虽然并不知道段才良去山阳县干了些什么，但是她已经明白对自己的调任显然不是巧合。换言之，自己倘若硬撑着不到空调部，那么到时候韩旭光便只能将自己与段才良一起绑在同一辆战车上一同除掉，张茹雪想到这层便不寒而栗。

时间仓促，加上张茹雪此刻的头脑着实反应缓慢，她便轻轻地回答道：

“难得韩总对我如此器重，不过这个职位调动的确是个大事，我要处理的方方面面的事情也很多，可不可以容我先考虑考虑？”

对于张茹雪的如此回答，韩旭光显然是心中有所准备的，即便是张茹雪满心欢喜地愿意到空调部来任这个总监，她亦会假模假样地提出考虑考虑的请求的。“哎呀，葛洪涛先生明天上午就要来了，你今晚就得给我一个答复。”韩旭光似有歉意地在电话中说道。

“好的，我一定给韩总一个答复。”张茹雪肯定地说道。双方道别后，张茹雪耐心地等到韩旭光挂掉电话的嘟嘟声响起之后，她才心有所思，怅然地放下了电话的听筒。

第十二章 共生关系

在攫取权力的道路上从来就没有退路，躲躲闪闪只能让自己遍体鳞伤，唯一存活的希望便是战败对手

挂掉电话之后，张茹雪懒懒地从床上爬了起来，脑袋依旧是晕晕的。她走到衣橱那面大的化妆镜前面，开始嘲笑起自己的容颜来。蓬头垢面，不施粉黛，那张精致的脸庞已经变得有些丑陋了，加上晕乎乎的脑袋，那张脸在她自己眼中丑陋得有些可怕了。她笑，镜子中的那张丑脸亦泛起了难看的笑容；她朝着镜子中的那张丑脸骂了一声“贱人”，然而镜子中的那张丑脸居然默默地认可了，默默地从眼角滑落出几滴泪水来。张茹雪淡淡地对那张丑脸说了一句“不准哭”，便将衣橱打开，开始收拾起自己的衣服来。张茹雪衣橱的衣服堆得居然像一座小山，这些都是她每个周末去临江市，与张珺瑶一起买的。即便成为一个百变女郎，成为西子、王嫱，亦没有锁住段才良的心，哪怕是一点点亦没有。女为悦己者容，这些衣服有用吗？张茹雪准备索性将这些衣服全部扔掉，但她亦感到有些可惜。

于是，张茹雪拨通了姚玉珍的电话：“玉珍妹妹吗？我要走了，衣服带不走，扔掉可惜了。如果你不嫌弃的话，送给你吧。”姚玉珍本来是办公室的清洁工，来自农村山区，家里穷，也没读过几年书。张茹雪要送她衣服，她自然是欢喜还来不及呢，怎么可能嫌弃。

姚玉珍便欣然应允，等到姚玉珍来到张茹雪家中的时候，已经下午一点左右了。张茹雪知道今天下午两点便是公司例行的经理办公会，便在将衣服送给姚玉珍的同时，把自己的职位调动申请交到了姚玉珍手上，让她在经理办公会以前交到段才良手中。姚玉珍收到了这么多衣服，自然对张茹雪交代的事情不敢怠慢，不停地点头并且道谢。

其实，张茹雪送给姚玉珍这些衣服还有另一层用意，便是希望将这份申请在她离开隐山县之前，交到段才良手中。尽管张茹雪已经千次万次下定了决心，然而到真正要离去的时候，她亦心有不甘。可以断定的是，这种眷恋已经不再是爱，而是一种失落与挫败感。张茹雪从小便是一个要强的女孩，她总是处心积虑地得到她想要的一切，她的学业，她的工作，然而在爱情上，她马失前蹄了。在所有事物上，也许努力都是有结果的，爱情则完全不同，有时候努力得越多，流失得越快，越想将爱情死死抓住，爱情越是从紧紧抓住的指缝中滑落，就像一把沙子，握得越紧，往往是流逝得越多的。相反，那种任其自然、轻松愉快的人，没有了那些刻骨铭心、海誓山盟，反而平平淡淡，白头偕老，这些都不可捉摸。

老子云：飘风不终朝，骤雨不终日。刻骨铭心、山盟海誓的爱情，最终往往只能留下一个凄美的故事、一首哀艳的歌曲、一个令人唏嘘的传说、一幅令人神伤的画卷。然而张茹雪此刻并不这样想，她将这种自然而然的事情想成了段才良的有心算计，将这种人世间的分合看成了一种人生的成败，将爱情这种感情的东西妖魔化为一种颜面的失落。所以尽管心已死，她亦不甘心于这种结局。张茹雪想让段才良收到那份申请书之后幡然醒悟，气喘吁吁地跑到汽车站。在段才良到来的时候，她故意让他看到，但扭头便走，哪怕只是看到段才良的一丝丝悔恨与懊恼，张茹雪便心满意足了。

张茹雪甚至在头脑中勾画了段才良苦苦哀求自己留下的种种画面，当这些画面在眼前飘过的时候，张茹雪总是能够在脸上绽放出可怕的笑容。当然，我们没有理由对张茹雪的这些想法进行苛责，显然她已经为这段感情付出了太多太多，此时捞回来一点儿尊严亦是情理之中。张茹雪仅仅带着一只小小的红色皮箱来到了隐山县的长途汽车站，她有意买了最晚的一班到山阳县的长途汽车票，然后便坐在候车室里慢慢地等待。等到快要两点的时候，张茹雪心中思忖着，段才良此刻已经收到了自己的申请，她便装出一副开心的样子等待着段才良的到来与祈求。然而张茹雪失望了，一直到两点，那个熟悉的身影始终没有出现，候车厅中出现的只有攒动的人头与嘈杂的声响。

张茹雪开始安慰自己，想必是昨晚段才良去山阳见了韩旭光，有什么紧急事务需要交代，所以迫不得已只能在会议结束之后再赶到长途车站，反正买的是下午五点的车票，也不用着急。就这样，时间一点点地过去，到下午四点的时候，张茹雪开始坐不住了，她走到候车室的门口，翘首企盼，结果那个熟悉的身影始终没有出现，直到售票员催促各位旅客上车的时候，张茹雪才一步一回头地朝着那辆大巴车走去。张茹雪想到了很多电视剧中的一幕，男主角气喘吁吁地跑来，女主角在火车上含情脉脉，那是怎样的一种幸福啊？然而这一幕终究没有出现，随着大巴车的慢慢启动，速度由慢而快，直到整个隐山县都消失在了张茹雪身后，那个身影依然遥不可寻。直到此刻，张茹雪憋在心中许久的泪珠才滚滚地落了下来。

张茹雪模糊的双眼中闪现出了在隐山与段才良厮守的一幕幕，现在想起来，真是恍如隔世啊。这几年，张茹雪在这段感情中得到了多少欢乐呢？什么也没有。别人成为第三者也许还得到了些许承诺，她却什么都没有，这几年的感情虚幻得就像一个梦，好像从来就没有存在过一样。张茹雪忍让过、争取过，张茹雪是怎样一个机敏的女子，然而她终究还是败下阵来，连最后一场小小的胜利也成了一种幻想。张茹雪想通过她的智慧翻盘，但这是不可能的。其实与所有事情不同的是，爱情在开始的那一刻便已经注定了结局，该输的那个人终究是个输家，没有什么翻盘的可能性。当张茹雪去破坏别人家庭，插足一段感情的时候，即便她再机敏，至少在感情上，她也注定会输得彻底。不过幸运的是，此时张茹雪才二十五岁，她没有在一段错误的感情中虚耗太多的青春，她还有时间从头再来，尽管这种重新开始夹杂着对爱情的不信任与对男人的疑虑。在经历了这段不伦不类的爱情纠葛之后，她亦算是明白爱了。

所以，当这辆大巴车开进山阳县的时候，张茹雪拭干了眼角残存的泪迹，轻轻地呼吸了一口山阳县的空气，尽管没有了隐山空气中的清新，但在张茹雪来看，是如此轻松，感觉真好。

张茹雪来到山阳县已经是晚上了，山阳县城较隐山大了很多，昏黄的灯光洒在柏油马路上，街道上车水马龙，人们的步伐也快了许多。

走出车站，张茹雪掏出手机，拨通了韩旭光的电话。

"喂，茹雪啊，我是韩旭光。"韩旭光的话音很平稳，似乎他已经知晓了张茹雪必定会辞掉洗衣机事业部的工作，来到空调部一样。

"韩总，我想好了，既然韩总如此器重，我理应到空调部去试一试。"张茹雪用一种沉稳的口气说道，这种口气显示心情已然舒畅了。

"好啊，你能来真是帮了我的大忙，我刚才还在想，你不来我真不知道如何是好哩！你什么时候过来？我去接你。"尽管韩旭光已经推断出了张茹雪必定会来，但精明的韩旭光在话语中表达了一种意外的惊喜。听到韩旭光如此说，张茹雪感受到了自己的价值。

"我明天早上到呢，又不是头一回到，我直接过去就行了。"张茹雪的话带着笑声，尽管此时张茹雪就在山阳县，然而已经到了晚上，而且今天就到显示自己过于急迫，不利于抬高自己的身份。

"那怎么能行呢？你来，我是肯定要去接的。"韩旭光嗔怪道。"真的不用麻烦了。”韩旭光看张茹雪硬是不答应，便也只能依从了她。

等到接完张茹雪的电话，突然电话又来了，电话是从张珺瑶的办公室打来的。韩旭光立即一把接起了电话：“珺瑶啊！”

“老韩，出事了。”张珺瑶的声音显得有点儿低，说了这一句后又停顿了下来。此刻韩旭光显然着急了，这种沉默让他感觉到了一种害怕，他不停地在电话筒中喂喂地应答着，声音急促而又慌乱。

“你小点儿声，沈修杰回公司了。”张珺瑶停顿了半天突然又说话了。此刻韩旭光才镇静下来，他揣度出，这是张珺瑶刚刚得到的情报，因为是在公司办公室，所以她只能左顾右盼，时刻提防着隔墙的耳朵。

“沈董不是在医院养病吗？”韩旭光压低了嗓门，疑惑地问。

“今天下午回来了，据说是为了准备迎接什么谭省长来昊天考察，好像谭省长马上就到了。”张珺瑶在电话中一字一顿地说。

“哦。”韩旭光轻轻地回答了一声，这声轻轻的“哦”显然让张珺瑶摸不着头脑。她以为这是韩旭光的轻描淡写，甚或是对自己的话不相信。“沈修杰真的回来了。”张珺瑶又重复了一遍。“知道了。”韩旭光依然简略地回答，其实韩旭光此刻已在深入地思考其中的奥秘。

“这样吧，明天上午十点半我就回公司，你先准备一下。”韩旭光说完便挂掉了电话，只留下孤零零的张珺瑶痴痴地站在办公室里。

倘若在往常，韩旭光必定会对张珺瑶嘘寒问暖，然而此时，他的头脑中一片空白，豆大的汗珠从他的额头上渗了出来。在这个九月底的日子，本来韩旭光就不敢将宾馆的空调开得太冷，而此刻外面的热浪与心中的烦躁一起逼了上来。他走进洗手间，用手在水龙头上接了一捧水，浇到脸上，在镜子前拿毛巾拭干了脸上的水珠。

难道自己的这个总经理已经干到头了？韩旭光心中闪现的第一个念头便是这样的。韩旭光回想起一年前来到昊天集团的那一幕，谭鹏飞不冷不热的表情，特别是他那诡谲的笑容，自己都记忆犹新。况且沈修杰已经多次或明或暗地指出了他与谭鹏飞的战友关系，一起参加了南疆保卫战，看样子关系不是一般的好。然而韩旭光转念一想，倘若自己这个总经理真的马上就要卸任，那么在沈修杰被自己钳制住的时候，谭鹏飞为何没有立即向沈修杰伸出援手？沈修杰在吃了哑巴亏之后，必然会向谭鹏飞求援，谭鹏飞却并没有横加干预，而是让沈修杰住进了医院，选择待时而变，其中的奥秘肯定来自高层某种力量的博弈。那么，沈修杰为何又兴奋地走出了医院呢？

难道高层人事变动了？韩旭光飞快地在大脑中检索着有关省委人事变动的诸多消息，他有阅读报纸的习惯，所以对这些尤为敏感。然而在他的印象中，似乎省委并没有人事变动的消息，甚至连小道消息亦没有。难道自己有把柄落在了谭鹏飞手中？这个绝无可能啊，自己来到昊天以后，可谓风生水起，让昊天顶住了金融危机的冲击，特别是其中的洗衣机事业部更是红红火火。韩旭光越是思考，脑子中越有一种不祥的预感，好像这次真的躲不过去了。

其实，这近一年的时间里，一直让他疑惑的是，那个曾经推荐过自己的人到底是谁？这个人推荐了自己却又默不作声，总是在背后躲躲闪闪，似乎每一次最终博弈，这个人都会在背后助上一臂之力。这个人越是沉默就越是让韩旭光感到害怕，他无法琢磨背后的那个隐形人到底要干些什么。但是韩旭光有些预感，这个人好像在着力撇清与自己的关系，至少在外界看来是这样的。这样着力与自己撇清关系，不仅能够让他在帮助自己时的话语很有力度，而且亦能让自己对这种默默奉送的温暖更加感恩戴德，韩旭光已断定那是个高人。

不管如何吧，兵来将挡，水来土掩。韩旭光渐渐明白了，在攫取权力的道路上从来就没有退路，躲躲闪闪只能让自己遍体鳞伤，唯一存活的希望便是战败对手。尽管韩旭光已经感觉到这次回到总部必定是凶险万分，但即便是刀山油锅，韩旭光也决定闯一闯。

韩旭光给自己放了一点儿热水，躺在浴缸里舒服地泡了一个澡，然后从床头柜中拿出了一片安眠药，已经有很多个日夜，他都只能靠这个东西才能入睡了。他将闹钟拨到了早上七点，用一杯温水将这片安眠药一吞而下，之后倒在床上便困意绵绵，一觉到了天亮。

闹钟的铃声将韩旭光惊醒了，他洗漱完毕，又特意将头发整理了一番，穿上了那套已经很久都没穿过的阿玛尼西服，司机已准时在宾馆下面等候了。赵辰逸是先于韩旭光下楼的，帮韩旭光打开车门。在车上，韩旭光有说有笑，好像沈修杰那件事压根儿就不存在一样。此刻，韩旭光自然清楚赵辰逸还不知道消息，沈修杰是不会将这件事情特意透露给他的，在沈修杰的心目中，赵辰逸显然是个叛徒。韩旭光自然也不会将谭鹏飞可能来昊天考察的事情向赵辰逸提及，这不仅会让赵辰逸对自己的忠诚大打折扣，而且可能影响空调事业部。

“我今天要回总部去处理下日常事务，空调部的事情就要靠你盯着了。”韩旭光微笑着对赵辰逸说。“韩总您就放心吧。只不过葛洪涛先生的接待……”赵辰逸欲言又止。“这个你放心吧，张茹雪今天早上就到空调部了，我会向她交代好的。”韩旭光继续微笑着说道。“韩总真是考虑周全啊，不然我真是不知道怎么办呢。”赵辰逸满脸笑容地恭维道。韩旭光沉默着，并没有说话，转眼便到了空调部。

等韩旭光走进办公室的时候，张茹雪已经在他的办公室等着了。

韩旭光殷勤地给张茹雪续了茶水，一脸笑容地对张茹雪道：“你总算来了，我们都望眼欲穿了。”韩旭光说罢便欢喜地倒在办公椅上。

“难得韩总器重，我也是紧赶慢赶才在今天早晨到的。”张茹雪机敏地说。“你是应该着急点儿，不然我这里都要玩不转了。事不凑巧，总部有点儿急事，我今天就要回总部一趟，空调部的事务就要麻烦你了哦！”“韩总这是哪里话，只要不给您把事情办砸了，我就该求佛了。”张茹雪笑着说道，她以为韩旭光是故意离开，来看看自己是否能独当一面。

“哈哈，如果你都办砸的话，那这件事情本来就是办不好的。葛先生到的时候我不能亲自迎接啊，事后我会向他道歉的。”韩旭光遗憾地说道。张茹雪在心中暗暗一笑，这个韩旭光果然是个人精哩。若是一般人肯定此刻就给葛洪涛挂去电话了，说自己有事耽搁，就不能来接他了。然而韩旭光并不这样做，他是等到葛洪涛来了才打这个电话，这不仅能让葛洪涛感觉到他没来亲自迎接确实是突发急事，而且更能体现韩旭光的礼贤下士，总经理居然向自己道歉。

“放心吧，我保证圆满地完成接待任务。”张茹雪微笑着说道。说完便要走，韩旭光留住她道：“以后这儿就是你的临时办公室了，你到哪里去啊？”“这不大合适吧？”张茹雪说道。“有什么不合适的，我今后就不常来空调部了，即便来了，也可以去那间资料室挤一挤。”张茹雪本来还想推辞，但转念一想，正所谓名不正言不顺，本来对她的到来，空调部的几位副总监就心有不满，空调部的员工都在观望，此刻如果能够搬入这间总监办公室，自然能够将部分员工弹压住。

“那我就恭敬不如从命了。”张茹雪微笑着说道。“那我就物归原主了。”韩旭光知道张茹雪今天会来，早早地便将东西都收拾了，说完便提着公文包，告别了张茹雪。他现在忧心忡忡，需要立即回总部。

韩旭光回临江市的路上有些堵，等到司机将车开到总部的时候已经十一点了。韩旭光老远就看到张珺瑶在门口不停地跺脚，来回走动着。他想，张珺瑶肯定已经等了有些时候了。他便让司机远远地停了车，一路走到张珺瑶面前：“珺瑶啊，实在不好意思，到临江车就坏了，我打了个车，紧赶慢赶还是迟到了。”看着气喘吁吁的韩旭光，本来想撒一阵娇的张珺瑶便不再忍心，跟着他进去了。

韩旭光的回来立即在昊天总部引起了一场骚动，先是沈修杰从医院里挪到了总部，现在总经理亦从山阳前线马不停蹄地回来了，稍稍有点儿眼力见地的员工都嗅到了其中的火药味。韩旭光在上电梯的时候遇到了徐明美，徐明美显然对韩旭光的回来感到惊讶："韩总，您怎么大老远地回来了？"徐明美先迈入电梯，按下韩旭光要到的楼层，一边按着一边对韩旭光说。"山阳那边的事情做得差不多了，我就回来看看嘛。"韩旭光笑呵呵地走进了电梯，后面的张珺瑶尾随而进，电梯本来应该是张珺瑶来开的，然而她安然站在那里一动不动，现在看着她毫无愧色地走了进来，徐明美的脸立即阴沉下来。韩旭光显然注意到了这个变化，而张珺瑶竟浑然不觉。

韩旭光的办公室在十二楼，徐明美的办公室在十一楼，徐明美却按下了十二楼的按钮，这意味着徐明美是径直将韩旭光送到十二楼的。果不其然，电梯最终径直地停在了十二楼，徐明美先走出了电梯，在电梯门口伸出了右手，示意韩旭光走了出来，结果张珺瑶又尾随而出。徐明美照旧阴沉着脸，等到韩旭光与张珺瑶走过了拐角的那堵墙，徐明美便啐了一口，恶狠狠地骂道，一个臭秘书牛个啥？

估摸着韩旭光已经走进了办公室，徐明美便蹑手蹑脚地往左边挪，这左边便是沈修杰的办公室。当徐明美进办公室的时候，秘书小遥正坐在沈修杰的腿上，看到徐明美走了进来，小遥便红着脸跑了出去。沈修杰倒是并不惊慌，冷冷地指了指面前的椅子，示意徐明美坐。

"明美啊，好久没有看到你了！"沈修杰一边亲自给徐明美倒茶，一边揶揄道。徐明美自然不笨，她显然听出了沈修杰这句话的弦外之音。在沈修杰住进医院的那些时日，徐明美自觉地与他疏远了关系，但徐明美没有想到的是，这个沈修杰居然又杀回来了。后来徐明美得知，沈修杰回来的目的是迎接谭鹏飞来昊天考察，她便重新掂量了事情的轻重，于是打定主意重新贴到沈修杰身边。本来她还在琢磨怎么才能重新贴近沈修杰，而韩旭光此刻回来显然是给了她一个绝好的机会，她可以借这个邀功，重新回来。

“韩旭光回来了。”徐明美带着微笑接过了沈修杰端来的茶，对沈修杰的冷淡不仅不恼怒，还顺带着抛过去一个媚眼。

“他是总经理，回来不是很正常吗？”沈修杰瞥了一眼徐明美漂亮的脸蛋，表现得毫不在乎。

“恐怕没这么简单吧。看样子他是有备而来的。”

“此话怎讲？”

“韩旭光回来如果仅仅是例行公事，那么他的后面怎么会站着张珺瑶呢？张珺瑶显然知道他今日要回来，事情怎么可能这么巧？”

“哦？”沈修杰一脸疑惑地看着徐明美，他需要这个既有姿色又有头脑的女人，其他的庸脂俗粉显然不能替代徐明美的这个角色。

“看来你需要将谭省长来的消息通知他了。他既然回到了总部，省长来考察不通知他显然说不过去；再则既然通知了他，便必定要开个迎接会议，这个时候你正好可以收拢一下失去的人心。”徐明美呷一口茶，带着阴险笑容不紧不慢地说道，嘴唇在杯沿上留下一道唇印。

沈修杰看着搔首弄姿的徐明美并不言语，他端起徐明美喝过的那只茶杯，就着徐明美的那个唇印处，将这杯茶一饮而尽，然后便坐在了靠在墙角的沙发上。徐明美起身，软软瘫倒在这个老头的怀中……

别看这个沈修杰人模人样，毕竟上了年纪，几分钟后已经力不能支。他只能与徐明美抱在一起，瘫倒在那张大沙发上。沈修杰色眯眯地瞄着徐明美的身体，用手在她的私处贪婪地摩挲着。

正在这时，他桌上的电话突然丁零零地响了起来。“他妈的，谁这个时候打电话？”沈修杰并不穿衣服，赤裸着身体便扑到了电话听筒上，愤愤地

“喂”了一声，并不多说。

“沈董？我是省委的老钱。”听筒那边冷冷地应道，显然是对沈修杰那个愤愤的“喂”字不满的一种回应。老钱？尽管沈修杰的记忆力并不是太好，他却有个习惯，但凡比他官大的干部，名字与职位他都用笔记本记着，并且还尽一切可能到处打听这些官员与谁有交往，有什么爱好，都详细地记录在他的笔记本上。所以他不用怎么琢磨就已经知晓了，这个老钱便是钱浩宗，省委常委，现任省委秘书长。

当沈修杰恍然大悟的时候，他才发觉自己刚才那种愤愤的言语闯祸了，这一点从钱浩宗说话的语气便可以断定。于是沈修杰连忙道歉：“原来是秘书长啊，真是稀客。最近可好？”沈修杰在大脑中搜索出了钱浩宗一个特殊的忌讳，因为他姓钱，官职是秘书长，一般称呼便是钱秘书长，然而钱浩宗对如此称呼大是忌讳，一则因为这个“钱”字同“前”字谐音，就好像他已经卸任一般，二则这个钱秘书长似乎昭示着自己钻到钱眼里了。为人圆滑的沈修杰显然知道这个忌讳，便直接称呼了他的官职，加上那句“原来”，钱浩宗的语气便和蔼了下来：“周书记要到临江市考察工作，点名要视察你们公司。”

“感谢领导的关怀，我们保证圆满完成接待任务。”沈修杰微笑着说道，顺便将办公桌上的一件大衣拉着披到了身上。“周书记可是特别打过招呼的，不要搞接待工作，一切按照平常……”钱浩宗咳嗽一声，一字一顿地说。“领导体恤民情，我们自然知道。”钱浩宗的那几声咳嗽，沈修杰显然听懂了弦外之音，他呵呵地笑道。“好了，就这样吧！”“到时候秘书长也要来我们公司指导指导，上次您来的讲话我们认真学习了，大有裨益，对您再次到来指导工作，我们可是望眼欲穿啊。”沈修杰在阿谀奉承中对钱浩宗发出了请求。“这个到时候再看吧。”钱浩宗一个冷冷的回答后，便“啪”的一声挂掉了电话。沈修杰还在那里点头哈腰地拿着听筒，直到他放下电话才骂了一声：吃软饭

的你牛个 × 啊！

“谁打的电话？”在沙发上躺着的徐明美关切地问。

“省委的那个姓钱的，说周书记也要来我们公司考察，让我们好好接待。”沈修杰一边将披在身上的那件大衣扔掉，一边爬上了沙发。

“怎么换成周书记了，不是谭省长过来吗？”徐明美显然已经没有了刚才的那份温存，一把推开扑过来的沈修杰，紧锁着眉头问道。

“我哪里知道呢？估计是省委的重视吧。”沈修杰见徐明美并不让他凑近，加上刚才的电话也将性趣减掉了大半，便只能开始穿衣服。

“这周书记我还没见过，只听人说过，此人清廉如水，就事论事。对这样的主儿，我还真没想清楚怎么接待呢。”沈修杰一阵叹息道。

徐明美亦穿好了衣服。沈修杰穿好了衣服便准备往外面走，徐明美一把拉住他，毫无表情地冷冷地道：“你现在出去干什么？”

“跟韩旭光商量商量啊。”沈修杰平静地答道。

“还是我去通知他吧。你是董事长，比他大一级，去通知他不是降低你的身份吗？”徐明美微微一笑道。

“说的也是啊，那就麻烦你去一趟吧。”沈修杰道。

虽然外表上沈修杰表现得特别镇静，然而这一切都是表现给徐明美看的。谭鹏飞换成了周文博？副省长的考察团变成了省委书记的考察团，这要是放在以往恐怕也是件喜事，然而此时让沈修杰感到不寒而栗。前几天，谭鹏飞就给自己打过电话，说他马上要带个团到昊天集团进行考察。当时沈修杰便欢呼雀跃，以为翻身的机会要来了。尽管韩旭光手中还握着些把柄，但只要谭鹏飞护着自己，他韩旭光手中有把柄又能如何？这才欣喜了两天，就风云突变，周文博书记为何又带团了呢？显然此事并没有想象中的那么简单，似乎一股势力已经或明或暗地插足到了这个事件中。

本来个中缘由只需向谭鹏飞稍作询问便可以一清二楚，但沈修杰摸出手机几次拨了谭鹏飞的号，却又立即挂断了。这确实是个令人头疼的事，沈修杰一边在办公室踱步一边思忖，即便此刻跟谭鹏飞打了电话，谭鹏飞会告诉自己真相吗？这很有可能是周文博在其中插上了一脚，难道谭鹏飞会告诉自己，他被周书记掣肘了？这样不仅不利于常委会的团结，而且会在自己面前露出一种他并不受周书记待见的感觉，绝顶聪明的谭鹏飞怎么会以实相告呢？更有甚者，谭鹏飞会不会误以为自己是在打听探路，树倒猢狲散，打算改换门庭呢？几番思索，沈修杰觉得这个电话不能打，反正此刻不管是上级领导对昊天的重视，还是一场巨大的风暴刚刚开始，沈修杰现在首先需要应付的便是对省委领导的接待工作，这确实是马虎不得的。

第十三章 共生关系

按照常理，需要发言的各位同志都坐在前排，开会的领导即便点名发言亦会点到前排的

走出沈修杰的办公室，徐明美轻轻地带上了办公室的门，准备走，迟疑一会儿又扭头朝着沈修杰办公室的门“呸”了一声，然后才迈开步伐，一边走一边嘀咕：“这个老色鬼，老娘这次又白陪他睡一觉。”

这次来考察的人突然从谭鹏飞换成了周文博，徐明美便对问题看得透彻了。徐明美之所以回到沈修杰的身边，完全是由于她听说了谭鹏飞会来昊天考察，沈修杰不止一次地在枕边向徐明美提过他与谭鹏飞的哥们儿关系。而且谭鹏飞来之前便先向沈修杰透了口风，而不是等到秘书处通知后沈修杰才知晓的，这显然是在暗示沈修杰出院的时候到了，等着他谭鹏飞的到来再进行最后洗牌。

如此种种，徐明美当然认定沈修杰的再次发达已经板上钉钉，然而此刻突生变故，来考察的人由谭鹏飞变成了周文博。在昊天总经理空缺的时候，沈修杰便在徐明美面前吹嘘，说这次他一定会董事长与总经理一肩挑。没想到，最后半路杀出个韩旭光，看来韩旭光背后的那个人实力不可小觑。而此时，周文博突然又成了昊天集团考察团的带队者，用不着多想，周文博与韩旭光似乎有些关系。

经过这样短暂的思索之后，刚才在沙发上搔首弄姿的徐明美便一脸阴沉了，那种火辣的热情与温存的妩媚便一齐消退了，她甚至感觉到了一阵恶心，有一种想吐的感觉。徐明美立即感觉到需要到韩旭光那里邀功请赏，将周文博取代谭鹏飞成为这次考察团的带团者的意思传达到韩旭光那里，并且添油加醋地宣扬一番沈修杰是如何如何地让自己秘而不宣，特别是对他韩旭光，那自己岂不是有了大功一件？想到这里，心情便又完全舒畅了，她不自觉地加快了脚步。

当徐明美来到韩旭光办公室的时候，张珺瑶正坐在自己的座位上拿着镜子整理妆容，毕竟她日思夜想的韩旭光就坐在里面。徐明美走到门口便咳嗽了一声，张珺瑶匆忙地将镜子藏到了抽屉里面，紧张地站了起来，双手合拢在腰际，微微点头微笑道："徐总，您来了！"

"珺瑶妹妹越来越水灵了！"徐明美一边示意张珺瑶坐下，一边带着微笑说。"哪里，徐总才是大美人哩！"张珺瑶红着脸道。

"哪里啊，我这年纪，马上就要成老太婆了。对了，我朋友从国外给我带了几样化妆品，我这个年纪也用不上，待会儿我让人给你送上来吧。"徐明美一边笑着，一边走到了张珺瑶的办公桌前，认真地说。

"这怎么好意思呢，徐总还是自己留着用吧。"张珺瑶急忙推拒。"看来珺瑶妹妹是把我当外人了，生分了，那我也就不说了。"徐明美佯作微怒。"这是哪里话，好吧，那我就先谢了。"张珺瑶笑道。

"韩总在吗？"徐明美微笑着问道。

"在呢，我这就带您过去。"说着便领着徐明美来到韩旭光的办公室门口，在门上轻轻叩了三下，听到里面应了一声"请进"，张珺瑶便领着徐明美走了进去："韩总，徐总过来了。"韩旭光仍旧低着头看着文件，只冷冷地应了一声"坐吧"。张珺瑶便领着徐明美在靠墙的那圈沙发上坐下了，又殷勤地给徐明美端了茶，便蹑手蹑脚出去了。

“哦，徐总来了，您可是大稀客啊！”韩旭光放下文件，绕一圈走了出来。徐明美立即迎上前去，伸出了纤纤之手，与韩旭光象征性地握了一下，而韩旭光这句有弦外之音的话，她显然听懂了。

“不是我不过来，韩总是个大忙人，我也没几回能够有缘相见，这不是，您刚一到，我便来一睹真容了吗？”徐明美揶揄地笑道。

韩旭光不觉在心中好笑，这个徐明美果然是个能言善辩的人，见招拆招，转眼便将自己的嗔怪搪塞得恰到好处。“徐总来我这里有何贵干啊？”韩旭光虽然大致能够猜到她的来意，却故意问道。

“贵干谈不上，只是来提醒韩总一句，过几天来昊天总部考察的领队换人了，不是谭鹏飞，是省委的周书记。”徐明美凝神静气地说道，说完她瞟了一眼韩旭光的表情，他只是若有心事地轻轻地“哦”了一声。

“本来沈总说，这件事情不用麻烦韩总了。我说，韩总毕竟是公司的总经理，不参与接待实在说不过去，这才让我来通知您。”徐明美呷一口茶，一字一顿地说道。韩旭光开始感觉到了这个女子的可怕，然而她的机敏又证明她确实是个有用之人。韩旭光一直是信奉曹操唯才是举的选人方针的，好人无用一直是他的人生信条，看来这个徐明美自有她的用处，想到此便说了一声：“这真要感谢你呢！”

韩旭光不仅如此说，看到徐明美的茶杯似乎空了，便亲自端起了她的茶杯，在饮水机上给她续上了水。韩旭光的如此举动，让徐明美感觉到自己改换门庭已经成功了，便微笑起身接过了茶杯。

在几句闲聊之后，徐明美起身道：“韩总，我下午还有些事，改日再来拜访吧。”“你可要常来啊，我们张秘书最喜欢你了。”说着便一边握手一边将徐明美送到了办公室门口。本来韩旭光还要再送，徐明美硬是拒绝了，韩旭光只能让张珺瑶将徐明美送到了电梯门口。

回到办公室，韩旭光舒心地吁了口气，此刻最让他感到高兴的是，背后的那个人终于露出了他的庐山真面目，竟然是省委的周书记。这个周书记听说清正廉明，为人和蔼，就连他的秘书，他亦是不让其在外面应请收礼的，那么这么一个人推荐自己到昊天任总经理，背后的真正用意到底是什么呢？这显然成了韩旭光新的疑虑。

韩旭光微笑着仰头躺在办公椅上，点上一支烟，轻轻地抽了一口，吐出一个圆圈。他看着这个圆圈盘旋而上，直至它们最终消失，他才由仰而起，拨通了尚在山阳县料理事情的赵辰逸的电话："赵总，你把空调部的事情放一放吧，省委周书记要到我们昊天集团来调研了。"

"啊？周书记？"赵辰逸惊讶地回答道。这种惊讶让韩旭光立即明晓，这个赵辰逸在几天前应该就已经知道了谭鹏飞将要带队到昊天集团考察，只不过他是个精明人，不说出来而已。"是啊，省委领导关怀嘛！"韩旭光呵呵笑着说。"这还不是韩总您领导有方？好哩，我收拾一下马上回来。"赵辰逸的回话中亦带着笑声，赵辰逸在心中盘算着，这韩旭光果真是个人才，回去才半天，整个事情居然彻底翻盘，看来韩旭光背后的那个靠山果真是大有来头的。

十月八日，这是预定好的省委考察团来考察的日子。

沈修杰、韩旭光、赵辰逸，还有徐明美，领着一大群昊天员工，顶着日头，在昊天集团总部门口那几根大柱子前焦急地等待着，好在天气已经进入了十月，不冷亦不太热。尽管所有人都没有吃饭，看看表已经快两点了，但大家均凝神以待，没有丝毫嘈杂，静默得有些可怕。

"周书记也该到了吧？"沈修杰扭头问韩旭光。

"这个我也不太清楚，市委并没有来电话。"韩旭光冷冷地说道，他当然清楚沈修杰的意思。沈修杰显然已经将韩旭光当成了周文博的死党，周文博来昊天集团的行踪，你韩旭光岂能不知道？

本来这考察都是事先安排好了的，一点在市委招待所吃完了饭便到昊天总部，市委招待所（也就是翠微居）与昊天总部相距并不太远，驱车也就十来分钟。然而一直等到快两点了，一点儿消息都没有，沈修杰哪能不着急呢？原来这省委周书记在其他市区考察的时候都是中规中矩地按行程办事，来到了临江市他却并不按常理出牌。先是来临江市的时候，没有走高速而走了国道，这让在高速路口等着的市委书记魏承泽空等了一场。等魏承泽接到电话的时候就听说周书记带队到棚户改造区去了，棚户改造区的居民没承想能够见到省委书记，就像见到了包青天一样，将拆迁中的种种黑幕对省委书记和盘托出。尽管谭鹏飞一再提醒周文博，说魏承泽已经在高速路口那里等着了，然而周书记毫不理会，与居民打成了一片，从居民家里搬过来一把小椅子微笑着坐下，听说更多的居民正在往这边拥过来呢。

人多手杂，周书记的秘书显然担心安全问题，便欲阻挡前来的居民，结果被周书记厉声喝止了。等到魏承泽气喘吁吁地跑过来的时候，周书记竟然没有理他，当魏承泽听到居民对他的投诉时，他的脸红得像猴子屁股。等到快两点的时候，周书记才挥手向群众告别，并且铿锵有力地表示：“大家的住房问题党一定解决，涉及犯罪的一定要给以追究，请大家相信党。”此刻，魏承泽的额头上不禁沁出了豆大的汗珠，等周书记准备上车的时候，他才敢凑过去，说道：“先到市委招待所吃饭吧，都已经安排好了。”周书记并没有理他，只是径直让司机将车开到昊天集团，因为周书记自己尚且空着肚子，大家岂敢造次，只能摸着饥肠辘辘的肚子，尾随着周书记朝昊天集团那边赶。

也就在此刻，沈修杰才接到临江市委秘书处的电话，说周书记马上就到，而且还没有吃饭。这让沈修杰手忙脚乱，他马上叫人去招待所订几桌酒席，免得到时候尴尬，然后他又与韩旭光窃窃私语了几句，便回头厉声对接待的员工说道：“周书记在百忙之中来到我们昊天集团，这是对我们集团的认可与鼓励，大家要拿出我们昊天集团的精神头来。”

沈修杰的话音刚落，周书记的车队便整齐地向这边驶来，前面两辆警车不住地鸣笛。沈修杰拾掇拾掇衣服，抖擞抖擞精神，便满脸堆笑地等在那里。由于沈修杰是董事长，他理所当然地站在了前排最右边的位置，他的左边是韩旭光，周书记的车队径直从他右手边而来，在离他还有四五米的时候，周书记的那辆中巴车稳稳地停下来。

周书记的秘书先下的车，因为他坐在司机旁边，所以从车尾绕了一圈将周书记身边的车门打开，弓着腰，面带微笑，将左手置于车门沿下面一段距离。周书记这才弯着腰出了车门，拉扯着他的这身新中山装。看到周书记下了车，其他干部才陆续地从车门里出来，然后一齐拥到了周书记后面，除了魏承泽，脸上均带着笑容。偏偏这魏承泽又是地方干部，必须站在周书记的右边不停地给周书记介绍昊天的情况。此时魏承泽额头上渗出的汗珠，清晰可见。

站在这边迎接周书记一行的昊天的领导并没有凑上前去，他们只是带着微笑迎接周书记过来，而一旁的机关报与电视台的记者们则趁周书记走路的这个当口摆好了角度，咔咔地拍个不停。但让记者们犯难的是，很难捕捉到魏承泽微笑的脸庞。周文博显然谈笑风生，若无其事地朝着沈修杰他们走去。周书记背后的谭鹏飞则故作镇静，不停地向记者和昊天欢迎的职工挥手，他背后的人亦带着笑容。

等走到沈修杰的旁边，在一旁的魏承泽便向周书记介绍此人是昊天的董事长。然而周文博就像没有听到一般，懒懒地向沈修杰伸出了手，说了一声“你好”，而沈修杰则堆着笑容，微弓着身体，想说些感谢的话。还没等他的话说完，周书记的手便迅速地松开了，握手的时间居然短得只有几秒钟，这让沈修杰感到有些尴尬，他的脸突然涨得通红，还好后面的谭鹏飞迅速跟上，死死地握住了他的手。

左边便是韩旭光，魏承泽还没开口介绍，周文博便笑呵呵地朝着韩旭光把手伸了过去。“旭光同志我是早有耳闻，听说年轻有为啊！”周文博扭头朝着魏承泽说。魏承泽只能生硬地回应道：“是啊，旭光同志来昊天没多久，昊天就变了一个样哩。”韩旭光立即谦虚地说：“这全靠周书记的栽培啊。”一边说一边微笑着弓身握着周书记的手。站在旁边的赵辰逸与徐明美显然注意到了这个细节，周书记与韩旭光不仅握手的时间超过了半分钟，而且临了，周书记还一边用右手握着韩旭光的手，一边转过身去，用左手轻轻地拍了拍韩旭光的肩膀。一旁的记者显然注意到了此举的非同寻常，便抓住这个瞬间，咔咔地拍个不停。这一幅其乐融融的画面，第二天将成为新闻头条。

此时，沈修杰的脸由红色变成了紫色，他知道明天他在整个昊天集团就将威信全无。然而谭鹏飞给他使了个眼色，这个眼色很明显是让他保持镇静，然而沈修杰如何能够保持镇定呢？还好周书记在与韩旭光握手后，继续跟赵辰逸、徐明美以及昊天集团的职工代表握了手。此时魏承泽便凑过来说道：“周书记，现在已经下午两点了，想必大家都饿了，我们还是先吃饭吧，在市委的招待所，都安排下了。”“哦，都已经两点了，是该吃饭了。”周文博冷冷地答道。正当魏承泽准备转身让准备车的时候，周文博却对身边的秘书说，你去把小韩叫过来一下。秘书应声便将韩旭光叫了过来，周文博笑呵呵地说：“你带我去昊天的食堂吃饭吧，想必工人们都吃了，不打扰了吧？”“不打扰。”韩旭光唯唯地回答道，显然韩旭光也没有想到，周书记会在昊天的食堂里面吃饭。站在前排的徐明美立即快步转身朝食堂走去，边走还边给食堂打电话，让赶快在二楼腾出位置来，同时去招待所将刘厨师请来。这个刘厨师便是当年给为毛泽东同志做武昌鱼的师傅打下手的那位，在听说周书记来考察后，市委特意将他从隐山县请到了临江市，此刻正在市委招待所那边使劲地忙活着呢。

因为韩旭光站在周书记的前方，便伸出右手领路，此刻沈修杰不知如何是好，正在迟疑的时候，突然感觉到谭鹏飞的手在后面顶了一下，他便趔趄着挤到了韩旭光与周书记的中间，微笑着取代韩旭光，给周书记指路了。周书记的脸色立即由晴空万里变得阴晴不定，对沈修杰的种种话要么不冷不热，要么笑而不答，就这样尴尬万分地，这一群人拥进了昊天集团的食堂。在昊天集团总部上班的本来就是文职白领，所以食堂条件并不差，一楼全部是自助餐，二楼是酒楼小炒，应付些客户到来、小公务员检查或者职工宴请什么的。看到徐明美匆匆地从二楼走下来，沈修杰显然知晓需要将周书记请上二楼，然而还未等沈修杰开口，周文博便径直在自助餐这边取了餐盘，此刻因为已经是下午两点，自助餐的餐食所剩无几。徐明美赶忙叫师傅们加菜，就这样，周书记一行人在昊天食堂里吃完了午餐。

在中午吃饭的时候，韩旭光显然没有真吃，他在打了一盘子饭之后，不停地瞟着周书记的那盘饭。他原以为周书记吃饭比较快，倘若周书记吃完了他自己还剩下一大盘子，自己又不能坐在那里继续吃，会很尴尬，所以只取了很少的餐食。哪知道这周书记吃饭真是出奇地慢，他只能小口小口地将取来的餐食嚼了又嚼，直等到周书记的餐食还剩下一口的时候，韩旭光才将剩下的半口一扫而光，擦擦嘴呷了一口茶。

因为以前在政府部门干过，韩旭光对政府部门开会的规矩略微熟络。这考察团远道而来的行程极为讲究，一般上午是地方领导陪着上级领导到安排好的地方走走看看，电视台与报纸跟着摄影记录；下午便会召集地方有头有脸的人物，有官员、企业家、劳动模范甚至普通百姓，一起开个务虚会，内容一般是肯定成绩、激励将来，这场务虚会便是晚上当地新闻的主要素材，也是老百姓时常关注的新闻。至于晚上，还有个极其重要的常委会，这才是真正实打实的重要会议、工作安排，那时韩旭光显然是无缘参加了，新闻对这场会也不加报道。

显然，下午的这场务虚会，韩旭光与沈修杰都是被安排参加的，特别是沈修杰。魏承泽书记已经让他准备好了发言稿。韩旭光机灵，正所谓有备无患，所以在前几天晚上，他也准备了一份。这官员的所谓发言稿，一般是由领导提出要点，然后由文字秘书联合一群人草拟而成，之后有的领导还略微瞟一眼，有的领导则到时候念读便可。但是，韩旭光不同，因为以前编过几个剧目，文字功底自然是有的，加上他私下里准备发言稿之事又不可张扬，所以他便自己写了一份，并且念了好几次，自己感觉还算词句通畅。

果不其然，周书记在下午的所谓务虚会上亦是不按常理出牌。按照常理，需要发言的各位同志都坐在前排，开会的领导即便点名发言亦会点到前排的。然而周书记在寒暄过后，让各位同志发言的时候，偏偏总是点后面的几位同志。后面的几位同志本以为是来凑数的，多数没有准备，在周书记的盘诘下立即张口结舌，本来还想以市委某些并不合规的举动进行掩饰，然而偏偏弄巧成拙，漏洞百出。别说坐在头排的魏承泽的脸变得像个茄子，就是各位新闻记者亦是面面相觑。他们完全蒙了，不知道这个会议的新闻稿要怎么写了。

好在后面周书记点到了韩旭光，韩旭光早有准备，加上前面的发言者的发言简直是词不达意，语句不通，于是韩旭光的发言就立即鹤立鸡群了，不仅摄影记者的照相机对着他咔咔地响个不停，而且文字记者亦使劲地记录着他说的一字一句，如果不把韩旭光的发言给记下来，今晚的报道恐怕凑不足字数。于是第二天的报纸新闻上，韩旭光大放异彩，整整地占据了日报头版的一个大版面。

在韩旭光侃侃而谈的时候，沈修杰茄子似的脸一动不动，他不停地扭动着他手中的那支笔。此刻，谭鹏飞显然亦是坐立不安，他瞪大眼睛死死地盯着对面的魏承泽，魏承泽不停地用手帕擦拭着额头上的汗珠，恨不得地上能有一条缝，他好寻个机会钻进去。其实，魏承泽估摸着，自己最大的危险恐怕还不在这里，他在心中盘算着，晚上的这个常委会他将如何是好。他开始明白了这周书记的种种机变权谋，开始明白了临江市作为全省的工业强市，为何周书记在上任两年多以来，将周围各个市都转了一遍之后才到来，为何在其他市区考察时规规矩矩而到了临江却不按常理出牌，这正是周书记的精明之处啊！他先将周围的各个市委的领导笼络到自己麾下，然后再向这个地方势力最为强悍的临江市宣战，在他作出最后的进攻之前，已经调过来了一个韩旭光，将全省最大的国有企业撕开了一个大口子。魏承泽完全迷惘了，他在宦海沉浮数十年，不知道通过权术将多少人踢倒在地。此时此刻，他居然成为一个被丢弃的棋子，成了一个牺牲品。

从谭鹏飞那狠狠的眼神中，魏承泽感觉到了绝望，看来谭鹏飞肯定是要将他抛出来弃车保帅了。这样的手段他自己也不止一次地用过，这真可谓君以此始，必以此终。也许谭鹏飞会拍着胸脯向自己保证，在他被丢弃之后会予以格外照顾，然而人情冷暖，政治尤其如此，褪毛的凤凰比鸡更惨。老百姓的骂声尚且不论，以前被自己整过现在还在位的那些干部，以前畏惧自己的权力选择了忍气吞声，此刻怎么可能不落井下石？他们会一齐扑将上来，在自己倒下的身体上死死地踩上一脚，这真是令人不寒而栗啊。

果不其然，晚上的常委会上，各位常委显然嗅到了气氛的变化，平时唯唯诺诺的他们在周书记对棚户区改造问题的层层逼问下，或明或暗地将矛头指向了魏承泽。魏承泽本想承认错误，然而他转念一想，此刻承认错误便彻底地失败，这棚户区改造问题的责任恐怕他一个人是担当不起的。于是，他将种种责任七牵八扯地绕到了与会的每个常委身上，可谓死死地将自己与整个常委会绑在了一起。魏承泽认为，只有这样，他才能在这个问题上最终得以全身而退。

魏承泽的所作所为，周文博显然明白，这是在示威与施压，以整个常委会在向他叫板。他很愤怒，然而这便是政治，冲动是魔鬼。他呷一口茶深深一叹：“要细究起来，这个问题恐怕我也有责任。”魏承泽清楚，周书记这句话字字带刺，他的意思是说自己所说的话纯属胡扯，特别是那句细究起来，难道照你所说，我亦要负责不成？而且，还另外隐含了两层意思：一层是我是书记，我责任轻微，尚且勇于承担责任，更何况是你？另一层是既然我都承担责任了，那你的责任怎么可以减轻？魏承泽深深地吸了一口烟，道：“当然了，负主要责任的还是我啊！”尽管如此，魏承泽心中却翻江倒海，难受万分。

当常委会上正唇枪舌剑的时候，沈修杰与韩旭光显然也都不轻松。尽管下午已经召开了务虚会，然而书记在晚上邀请一些人单独谈话也是常有的事情，而且这种单独约谈是一种更大的荣耀。所以务虚会开完之后，韩旭光便跑去食堂匆忙地扒拉了几口饭，由于中午根本就没有吃饱，晚上的这顿饭韩旭光便狼吞虎咽起来，逗得在一旁的张珺瑶咯咯直笑：“你好像从牢房里放出的犯人一样。”“这当官就是坐牢，想说的话不能说，想吃的饭不能吃。”韩旭光叹息道。

等到韩旭光三下五除二将面前的一大盘子饭囫囵吞枣地吞下了肚，他便与张珺瑶一起走出了食堂，然后他让张珺瑶守在外面不要让任何人进来，自己走进了里屋的办公室，躺在办公椅上假寐起来。因为几天以来为了接待之事累得不行，所以迷迷糊糊地，他竟真的睡着了。直到张珺瑶将他摇醒，才慌慌张张地坐了起来，原来是周书记的秘书打电话来了，说是周书记让他过去一趟。韩旭光连忙跑到洗手间里往脸上浇了一把凉水，对着镜子将衣冠上下都整理了一下，然后匆忙冲出了办公室，此时张珺瑶已经通知了司机老王。在走到办公室门口的时候，他瞥了一眼沈修杰的办公室，沈修杰办公室的灯还亮着，而沈修杰并没有匆忙地往外面跑，难道周书记没有喊他？

此刻韩旭光显然来不及多想，只能匆忙地按下电梯，下到楼下便直奔门口的轿车，轿车载着韩旭光一路飞驰，不一会儿便稳稳地停在了市委招待所的门口。韩旭光瞟了一眼手表，此刻正是晚上九点半，按常理推测，周书记见自己的时间还不算很晚，搞不好还是第一个见自己的呢，于是一阵喜悦涌上心头。

当韩旭光乘上电梯，上到周书记那层楼的时候，小刘，也就是周书记的秘书，显然已经在门口等了几分钟了。韩旭光认识小刘，刚一出电梯便堆着笑脸迎了上去，韩旭光见小刘没有伸手的意思，显然这个小刘对自己非常恭敬，便自己伸出了手与小刘握手。“韩总，书记在等着您呢！”小刘一边将韩旭光往周书记的屋里领，一边微笑着说道。在离书记的屋还有几步的时候，便听到周书记的屋里传出女人的笑声，这个笑声非常熟悉，似曾相识。韩旭光在头脑中细细地搜索，却好像一片空白一般，想不起这个熟悉的笑声是谁。

韩旭光想问小刘这个女人是谁，然而他没有，打听领导的私事，不仅不礼貌，而且小刘亦不会告诉他，纯粹尴尬一场。转而又想，既然周书记在接见这个女人，而小刘又将自己带了过来，显然是周书记有意安排的，让自己与这个女人见面，到底是什么意思？韩旭光的心立即悬在了半空中，直到小刘轻轻地敲了三下周书记的房门，里面传来一声“请进”，那个女人的笑声戛然而止，韩旭光那颗忐忑的心才死死地被强行镇住，他尾随着小刘一路堆着笑走进了那扇房门。

天哪，周书记屋里的这个女人居然是陈凌薇，韩旭光差点儿尖叫出来。好在周书记微笑着迎了过来，热情地握住了韩旭光的手，向他说道：“这位就不用我多介绍了吧，你的老部下了，听说你们还挺熟络。这次小陈与我们一起过来慰问演出，就把她也叫过来了。”周书记的这些看似无意的话让韩旭光觉得如坐针毡。与陈凌薇很熟？听说？每一个字眼都让韩旭光不寒而栗，此时，韩旭光就像一头猛虎一样，整个落入了周文博的兽槛之中。这个周文博先是给了自己春天般的温暖，此刻又用一只死死的项圈将自己牢牢地套住。韩旭光此刻才明白，他亦只是整个大棋盘中的一枚小棋子。

“嗯，是的呢，我们共事多年了。”韩旭光皮笑肉不笑地应着周文博的话。陈凌薇显然看出了个中的尴尬，便向韩旭光伸出手来，揶揄道：“想必韩总将我们这样的小人物都给忘了吧。”“哪里，哪里。”韩旭光本来想讥诮地说一句“书记都知道你”，然而转念一想，这样说显然是不妥的，所以他只能冷冷地重复了一声“哪里”。

等到韩旭光说完，陈凌薇微笑着扭过头去，对周书记说道：“我还有一点儿事，你们先忙！”陈凌薇一边说一边伸出了纤纤细手，含情脉脉地看着周书记。周书记显然在有意躲避这种温情的目光，古板地笑着，象征性地握了握陈凌薇的手，道：“艺术一定要喜闻乐见，要贴近百姓生活，期望你们能出更多优秀的作品啊！”陈凌薇继续微笑着：“感谢领导的关怀，我们一定努力。”“小刘，帮我送送陈小姐。”周书记扭头叫了一声秘书小刘，只听见小刘轻轻地应了一声，便带着陈凌薇飘了出去，然后轻轻地关上了门，韩旭光此刻竟呆在那里了。

“小韩，别客气，坐嘛！”转身走过来的周书记指着茶几旁边的一把椅子和蔼地说道。韩旭光这才唯唯地应了一声，但并没有去坐，只等着周书记一屁股坐到了他旁边的椅子上，他才趔趄着走向前去，坐在了周书记指定的那把椅子上。此刻，韩旭光与周文博之间仅仅隔着一个茶几，这还是韩旭光第一次与正省级干部亲密接触呢。

虽然时至十月了，临江市晚上的温度还是有些高。周文博一坐下便敞开了领口，卷起了袖子，这一点让韩旭光轻松了不少。周书记在自己面前没有官样官腔，显然是将自己当作朋友了。韩旭光转念一想，周书记的如此举动恐怕是有意为之吧，因为此刻宾馆的空调显示的温度是二十一摄氏度，这是最适合的温度。韩旭光尽管紧张万分，但他并没有热的感觉，韩旭光不禁在心中默默思忖，看来这仕途还真得处处小心，时时在意。

周书记掏出了一包烟，取出一支来，他并没有递给韩旭光，而是隔空扔向了韩旭光，韩旭光微微一笑便精准地接住了。然后周书记亦取出一支来，韩旭光凑过去掏出火机，微弓着身子给周书记点火。

“小韩啊，当初我推荐你到昊天集团的时候，十三个常委，有六个反对，剩下的几个，还是我作保给硬争取过来的。时间不到一年，你就做得有声有色，给我长了脸哦！”周书记嘻嘻地笑着说。

“哪里，哪里，还不是全靠领导栽培！”韩旭光唯唯地答道。

“这是哪里话，我这一年工作有些忙，加上些别的事情，一直都想来看你，但是走不开，对你哪里有什么栽培哦。”周书记摆手道。

“周书记这话我不敢同意呢。俗话说‘师父领进门，修行在个人’，您将我推荐到昊天集团便已经是知遇大恩了，我恐怕永生都无法回报了，哪里还敢奢望您对我格外垂青呢。”韩旭光揣摩着周书记显然已经将自己当作了心腹，如果回话再拘谨反倒显得生分了。

“其实，你也明白，我不对你垂青，实质上是保护你呢。”周书记狠狠地吸了一口烟，欲言又止，韩旭光此刻似乎已经明白了什么。

“今年击败了东江的兴发集团，可给我们西江省长了脸，前几天我去中央开党代会，东江省委书记的脸都拉下了半截。”周文博哈哈一笑道。

“这点儿小小的事情，哪里能算功劳呢？”韩旭光尴尬地答道。

“这做事就如逆水行舟，不进则退啊。昊天集团还需要再猛一点儿，我们不仅要做中国的第一，将来还要做世界的第一呢。”周书记笑道。

“有首长的关怀，这一天指日可待。”韩旭光恭维道。

“我说得猛一点儿，想必你也明白吧。副总理经常说，我们要有勇气踏地雷阵，闯万丈深渊。副总理有的这种勇气我们西江也应该有，昊天亦应该有。就昊天来讲，小韩，你觉得怎么样呢？”周书记问道。

韩旭光此刻正在搜肠刮肚地思考着，周书记的这些话都是颇有深意的。首先是指出了他便是伯乐，是他相中了韩旭光这匹千里马，这显然是在向韩旭光阐明，需要记得周书记的知遇之恩。后来又对韩旭光取得的成绩大加赞赏，这种表扬弄得韩旭光热血沸腾，立即让他心中美滋滋的，然而在发出那句“你觉得怎么样”的诘问的时候，韩旭光才真正明白了周书记的用意。

当然，韩旭光能够想明白的问题，周书记亦能想明白，即便周书记不能想明白，周书记周围的那群所谓幕僚，亦能给他以提示，这一点韩旭光相当清楚。想到此，周书记的想法便不言自明了。他想要韩旭光自己提出他周书记想要的主张，如此做的好处不仅在于若有失误可以将责任推得一干二净，而且还能够以此为凭据，对韩旭光进行考察问责，而最后功绩尽归于己。这便是几千年前大思想家韩非所说的任人之道，所谓权术者，因任而授官，循名而责实！

“我自己觉得，昊天需要以更大的勇气进行体制改革，就如小平同志所说的，要步子大一点儿，要勇敢地试。”韩旭光尽管知道了周书记的所思所想，然而他亦必须前行，这就是所谓仕途上的身不由己。

“好啊，省委坚决支持你。”周书记微笑着说。周书记的这句省委、这句支持，让韩旭光不由得暗中发笑，周书记这是将责任推得一干二净了。然而他并不言语，只是端起了面前的这杯茶，轻轻呷了一口。

第十四章 共生关系

送礼的最高境界便是送的是礼，而不是礼品

在体制改革这个沉重的话题被打开之后，周文博便兴奋地与韩旭光聊了起来。此时，对着卷着袖子、敞着领口的农民一般和蔼的周文博，韩旭光还是感觉到了阵阵杀气，他小心地试探着周书记心中的所思所想。韩旭光将当前国内有的、他亦了解的国企的改制方案平铺直叙地向周书记阐述，然而周书记要么只是嗯嗯地应答，不大理睬，要么是哈欠连天，昏昏欲睡，直到最后韩旭光谈到所有权改革的时候，周书记才精神矍铄，神采奕奕。尽管周书记并没有对这种方案作出肯定评价，但韩旭光已经明晓了他的想法，周书记的整个谋划此时才在韩旭光心中完全地铺展开来。

等到所有制改革的方案谈完，韩旭光口干停下来喝茶的时候，周文博抬起手腕看了看手表，这显然是在暗示韩旭光，时间已经不早了。韩旭光是精明人，立即起身道："周书记您要休息了吧，我下次整理份材料到省城去详细汇报吧。"周文博也并不再留，起身握手，而且并没有喊小刘，而是一路并肩地将韩旭光送到了宾馆的电梯门口。在韩旭光进电梯的时候，周书记还轻轻地拍了拍他的肩膀告别。

等到电梯门缓缓关闭，周书记在韩旭光面前最终消失的那一刹那，韩旭光才重重地舒了一口气。本来与周书记握手时便在裤子上擦干了汗珠的手心又沁出了丝丝汗水。“总算完了。”韩旭光低声自语道。等到电梯停稳，电梯门打开，韩旭光便匆匆地疾步离开了，他太疲惫了，想迅速逃离这种环境，回家冲个澡，然后舒服地睡觉。

然而，正当韩旭光匆匆奔向招待所大门的时候，他的背后被一只温热的手掌轻轻地拍了一下，这轻轻一拍让韩旭光不禁一颤。等他扭过头的时候，那个熟悉的脸庞咯咯地笑着，看着他道：“想跑，我就那么让人讨厌吗？”陈凌薇的揶揄让韩旭光一下六神无主，他结结巴巴地道：“陈小姐，这么晚了，你怎么还没走？”

“哟哟，几天不见，这倒生分了，还陈小姐呢！”陈凌薇佯作生气地道。其实在韩旭光心目中，此刻的陈凌薇已经让他感觉到万分害怕了，她与周文博的关系恐怕远非领导与演艺人员的关系那么简单，她很有可能便是周文博的枕边人。这种人，韩旭光实在是得罪不得，又亲近不得：“瞧瞧，我这紧张的，这张嘴真真该打。”

“我要罚你，请我吃顿夜宵吧。”陈凌薇粉面含春，微带怒容地娇羞道。“你不罚我，我也要请你呢。”

韩旭光带着陈凌薇到临江的一家环境雅致的西餐厅去吃饭，这显然是韩旭光心中盘算好的，这种雅致的环境显然不太可能横生枝节。陈凌薇亦感觉必须这样，毕竟周书记还在临江，倘或明明白白地给他戴上绿帽子，恐怕自己的日子也未必好过，所以就欣然应允了。

“我们可能成为同事呢！”陈凌薇咯咯地笑道。

“是吗？那将来还望陈小姐多多照顾啊。”韩旭光略带讥诮。

“瞧你说的，还要请韩董多多提拔呢。”陈凌薇微笑着说道。

“我只是总经理，陈小姐酒还没喝便醉了？”韩旭光木讷地呷一口那杯略带酸味的蓝山咖啡。“信不信？马上就是了。”陈凌薇扑哧一笑。

韩旭光便顾左右而言他，谈到化妆服饰、生活养生之类的杂七杂八的事上去了。直到午夜十二点，这家西餐厅要打烊的时候，韩旭光才摆脱了陈凌薇，一个人打了车径直回到了住处。

韩旭光本来想习惯性地给刘欣雨打个电话，然而看看表，已经十二点了，便放了一缸热水，舒舒服服地爬了进去。尽管今天已经疲惫不堪了，然而此刻韩旭光不能不思考所遇到的一切，韩旭光的脑子中，最清晰呈现的仍然是陈凌薇那张标致的脸。

想了想不禁一笑，这个陈凌薇虽然表面上看去人情世故了然于胸，而且每每表现出智高一筹的样子，然而这种女人恰恰又最傻。她居然天真地认为周文博会让她来昊天，而且按照她的想法，还会让她来做总经理。这又怎么可能呢？

看来这周书记对待女人，显然较自己技高一筹，韩旭光想。《韩非子》曰“娱其色而不行其谒”，这恰恰是周文博作为一个政治老手所秉持的一种态度。倘若将陈凌薇调到昊天，那么周文博与陈凌薇的关系还不传得满城风雨？即便周文博的诺言没有兑现，她陈凌薇又能怎样？她敢举报？莫说她没有这个胆子，即便她有这个胆子，床笫之事又何来凭证？不被周文博以诬告反咬她一口？更为重要的是，即便周文博所诺未践，陈凌薇这个女人还不是会像哈巴狗一样围在他的身边？这恰恰是女人的弱点，女人的虚荣与软弱使得她们总喜欢仰视一个她们需要而又不能征服的男人，然后心甘情愿地过着卑贱的生活。

其次在韩旭光的头脑中出现的便是周文博了。韩旭光清楚地记得周书记欲言又止的那句话，不给以关怀恰恰是在保护他。韩旭光仔细地回顾了周文博来西江省之后的所有行程，他惊奇地发现，周文博竟然跑遍了西江省的每个市，最后才来到临江市。按说，临江市是西江省的第一工业强市，周书记不应该最后才到，但偏偏他又最后一个来，这当中显然是一种政治上的谋略考虑。这临江作为工业强市自然是谭鹏飞最坚固的一个堡垒，周书记采用的显然是大迂回的战术。然而自己恰恰处于这个堡垒的内部，倘或周书记表现得同自己过于亲昵，早早地就将自己纳于他的卵翼之下，那么自己反而成为最为危险的人物了，所以周书记仅仅推荐了自己，然后并未给以特别的关心。直到今日，瓜熟蒂落，周书记才真正地把自己抬了出来，今天周书记的所作所为明天就将传遍整个昊天集团，沈修杰的好日子到头了。

当然，今天最让韩旭光感到意外的是，周书记或明或暗地表明了心迹，显然他想让整个昊天集团进行改革，而且是所有权方面的重大改革，这当中的意义到底何在？周书记在自己到来的时候将陈凌薇呈现于前，这是一种威胁与钳制，显然已经昭示了自己要为他做一些违反党纪国法的事。周书记虽然没有明示，但自己要有这个眼力见地。昊天改革，所有制改革，而且周书记又十分关注所有权的归属与分配的问题，天哪，一切都连成了串，周文博原来是想吞下昊天集团。

按照党纪国法，像周文博这样的官员是绝无可能充当一个公司的股东的，然而其中往往有某种缺口，这种缺口便是周文博的亲属是可以充当公司的股东的。韩旭光至今也没有弄清楚，法律为何要留下这种缺口。当然，这种做法有时太过张扬，股东名册就摆在那里，像周文博这种人的亲属出现在一家改制企业的股东名册上的时候，虽然不违背党纪国法，但禁不住捕风捉影、闲言碎语。于是，一般的领导在控股一个公司的时候，总是让其亲属与该公司的所谓大股东签订某种股权代理协议，那么这个官员的亲属虽然实际上为公司股东，此刻却衍化成了隐名股东，而且这种隐名股东又为法律承认。这样一来，像韩旭光这样名义上腰缠万贯的公司大股东，其实并没有几个钱，不过就是周文博的一个影子而已，这便是所谓的影子商人。

影子商人承受着所有的诟骂，其实他们并不富有，这是没有办法改变的事情。韩旭光拿起身边的一个喷头，朝着自己的脸上浇了一大股水，然而被水呛得一个喷嚏。他懒懒地从浴缸里爬了出来，用长毛巾拭干了身上的水珠，从床头柜中拿出两颗安眠药，径直到水龙头下接一缸子凉水，然后一饮而下，直到第二天闹钟将其震醒。

当韩旭光被周文博叫去的时候，沈修杰实际上已经知晓了。

这几天来沈修杰都过得相当郁闷，首先是他满怀信心地从医院里挪了回来，哪知道带队考察的人却变成了周文博。变成周文博就变成周文博吧，不就是一个所谓的上级考察嘛，没什么大不了的。然而他没有想到，这个周文博对自己竟然如此冷淡，仅仅以表示客气的态度与自己握了握手，而跟韩旭光的照片出现在了临江新闻上。沈修杰气得将一杯茶狠狠地摔在了地上，把秘书小遥都惊得不知如何是好，当小遥匆匆进来的时候，他只说是不小心打碎了。

等到韩旭光火急火燎地出去的时候，他就已经断定这是周文博叫的韩旭光。为什么没有叫自己？显然周文博是没有把自己当成自己人，就连平时嘻嘻哈哈找自己喝酒的钱秘书长，今日面对自己也只是略微笑笑，晚上亦没过来要求夜间活动。沈修杰想给谭鹏飞打一个电话，然而思来想去还是放弃了，显然魏承泽是谭鹏飞的死党，但今日魏承泽那张哭丧的脸已经向沈修杰昭示了谭鹏飞大势已去，此刻恐怕他自己都在寻求自保呢，给他打电话又有何用？

沈修杰明晓，像徐明美、赵辰逸这样的人个个都精明着呢，今天周文博的种种举动，他们岂能不看在眼中，想在心中？尽管在周书记走后，这二人看起来还算客气，然而此刻没有一个电话过来嘘寒问暖，打听消息。沈修杰知道，这两个人此刻是绝不可能睡去的，他们一定就在昊天集团总部的办公室，以便探听最新的消息，他们没有来电话显然是他们已经什么都悟出来了。特别是那个赵辰逸，他马上还要回到空调部，定然会将今天的所见所闻在空调部宣扬，坏事传千里，如此一来，我沈修杰在昊天还怎么待得下去？

哪个还听我的？

所谓褪毛的凤凰不如鸡，倘或没有了权力，岂不是任人宰割？特别是那个韩旭光，以前有谭鹏飞的这层顾虑，他也许还会手下留情，此时他岂能容我？俗语有云：别挡住别人发财的道。沈修杰一屁股瘫倒在那把旋转的办公椅上，长长地叹了一口气，看来只能这样了。他从抽屉中拿出了一沓昊天集团的专用信纸，此刻他才想到自己来昊天集团已经十五年了，昊天的一草一木，哪怕是这沓薄薄的信纸，自己都是有感情的。他抚摸着这沓薄薄的信纸，所谓人之将死，其言也善，他回想自己的所作所为，自己真的是愧对这个集团啊，利用职权，牟取私利，道德败坏，居然与足以做自己女儿的女人们拥抱在一起，真正是羞愧难当。君以此始，必以此终，这便是历史的定律，此刻落寞地、黯然地离开昊天集团，不能怪别人，自己是罪有应得。

沈修杰在抚摸了这沓信纸之后，从笔筒中拿出了一支钢笔，这支钢笔还是自己在南疆保卫战立功时组织上奖励自己的，那时候的自己是何等英勇啊！那时候还未到三十，随着部队首长的一声令下，保家卫国，何来顾虑？那时候的纯洁到哪里去了，自己为何会堕落成这样？沈修杰本来想换一支笔，然而没有这支笔怎么可能有今日的自己呢？沈修杰工工整整地写下了“辞职信”三个字，他以病重为由辞职了，直到他写到最后一个字的时候，一滴眼泪从他的眼角滑落下来，所以在“此致敬礼”四个字后面，留下了淡淡的泪痕。

第二天周书记早上八点便要离开，所以韩旭光闹钟定的是六点。当他起床的时候，沈修杰的秘书便打来电话，说沈修杰辞职了。韩旭光只得悻悻地来到沈修杰的办公室，显然此时已经人去楼空。本来韩旭光非常生气，这沈修杰一走让自己如何收场嘛，要走也应该等送完周书记啊，然而当看到“此致敬礼”后面那滴淡淡的泪痕的时候，他仰头一叹，掩面而思。想他沈修杰的今天，也必然是自己的明天，踏上玩弄权术的这条路，所谓的胜者都只能是暂时的，绝无所谓真正的胜者，即便如此，又偏偏没有人有勇气将其改变。

韩旭光对沈修杰的秘书道：“你把沈董的东西收拾一下，派人给他送过去，就说我祝他早日康复。”沈修杰的秘书轻轻地“嗯”了一声。等韩旭光扭头走出沈修杰办公室的时候，张珺瑶已经候在外面了：“韩总，车都安排好了。”韩旭光道：“直接去招待所吧。”

于是，张珺瑶扭头便走进办公室，将一包礼品提了出来。这包礼品实际上是昊天集团为奖励优秀员工而打造的几根镶了昊天集团标志的金条，有点儿沉，每根金条值两三万元。这是韩旭光思来想去最终决定送的礼物，一则这个东西价格够分量，二则作为纪念品送给周书记及其秘书也不至于太俗气。送礼的最高境界便是送的是礼，而不是礼品，送这样一根金条出去，是昊天的一份大礼了。

韩旭光看了看表，刚好六点二十分，想必到了市委招待所，大约是六点四十分。他估摸着既然书记八点左右要动身，刘秘书应该在六点半左右就起来了，于是韩旭光接过张珺瑶拿来的礼品，上了车。当他来到市委招待所的时候，恰好是六点四十分。果不其然，韩旭光轻轻地敲了敲刘秘书的门，刚好，刘秘书已经起来了。刘秘书一看是韩旭光，便笑呵呵地说：“韩总啊，这么早就过来了，书记恐怕还在休息呢。”韩旭光笑道：“我是专程来拜访你的哦。”小刘便赶忙将门拉开，邀韩旭光走了进去，然后将头探出门外左右一望，便迅疾将门关上了。刘秘书一边给韩旭光泡茶一边说：“韩总有事直接吩咐。”韩旭光压低了嗓门笑着道：“我们昊天集团给你准备了一份纪念品，还要请你笑纳啊。”说着便将一根金条掏了出来。刘秘书故作推拒：“本来周书记严禁我们搞这一套的，但这个纪念品又是韩总的一番心意，我也不好拂了韩总的这片心啊。”说着便将这盒金条摆在旁边的茶几上，客气地让韩旭光喝茶。

韩旭光又将另一包东西摆在刘秘书面前："这是我们给周书记的一点儿心意，也是一点儿小纪念品，还要烦劳刘秘书替我们转交呢。"刘秘书不禁心中一笑，好一个韩旭光啊，果真是个人精，先是给我送一份礼，此刻我不替你将这份礼送上去，能说得通吗？好在韩旭光送的这些玩意儿都是些说得过去的纪念品，加上他现在又是周书记面前的大红人，应该不会碰钉子。想到了这层，刘秘书便将这包东西置于身旁，呵呵地笑道："韩总您太客气了，有事您就吩咐，什么烦劳不烦劳的。"

正当刘秘书将韩旭光的东西收下时，房门上又轻轻地响起了敲门声。当刘秘书将门打开的时候，韩旭光瞥了一眼，原来是魏承泽，手里还提着一大包东西。韩旭光便立即说道："魏书记，你们先忙，我去旁边上个厕所。"说着便捂着肚子跑开了，刘秘书与魏承泽自然是聪明人，便由韩旭光去了。等到韩旭光在厕所里抽了半截烟，再次走出来的时候，魏承泽刚刚从刘秘书房里出来，手里依然提着刚才的那包东西，结合到昨天周书记的所有表现，韩旭光便已然明白，魏承泽的这个市委书记恐怕是干到头了。

果不其然，在送周书记离开的时候，魏承泽的脸阴沉沉的，不带一丝笑容，只是刻板地挥挥手。倒是市委副书记韩越明的笑脸像一朵花儿一样灿烂。几天后，临江市的百姓便得知魏承泽同志因为身体原因辞去临江市委书记，市委书记由韩越明同志暂时代任。棚户区居民们笑呵呵地搬进了新家，一切如初，当然这一切都是后话了。

送走了周书记，韩旭光疾步匆匆地回到了办公室。韩旭光知道，在他的办公室里，赵辰逸与徐明美肯定已经等得不耐烦了。

果不其然，韩旭光一踏出电梯门，张珺瑶便迎了出来，焦急地说："韩总，您总算回来了，赵总与徐总在您刚出门时便在办公室里候着了。我问他们什么事，他们说没事，我说您出去了，他们就在您办公室里等，这都等了三四个小时了，我都给他们换了几回茶了。”

“不碍事，我知道。”韩旭光诡谲一笑。

“您知道？”张珺瑶本来还想说什么，韩旭光却一个箭步就走进了办公室。张珺瑶望着韩旭光离去的高大背影，居然呆在了那里。这个男人总是神神秘秘的，他心中到底在想些什么呢？然而他越是神秘，张珺瑶对他就越是崇拜，这种崇拜衍生出了爱。张珺瑶常常对着镜子告诉自己，这个韩旭光，就是这一点最有男人的味道了。

其实赵辰逸与徐明美昨晚哪里敢睡，他们亦在昊天的办公室里候着，他们知道今晚周书记肯定会召见昊天集团的某个人，他们想在第一时间知道有关昊天的所有动向，这直接关系到自己的命运与前途啊。然而昨晚让这二位失望了，韩旭光的确被周书记叫过去了，但是一直到深夜十二点，韩旭光都没有回昊天。这二人估摸着，倘若周书记找韩旭光只是谈了一会儿，他必然会赶回来安排工作，然而到十二点都没有回来，想必是周书记与韩旭光谈了很久。谈这么久，一则显示了周书记对韩旭光的信任与态度，二则肯定是交代了什么大事。所以这二人只能悻悻地回到了家中，因为他们睡得晚，所以第二天他们起来的时候已经是七点了，简单洗漱过，便开车往昊天总部赶，等到他们来到昊天总部，韩旭光已离开总部去送周书记了。

不仅如此，这二人还知晓了沈修杰已经辞职，所以他们一直守在韩旭光的办公室里，谁也不想错过此刻先拜码头的机会。韩旭光自然是个精明人，对其中的机要他岂能不知，于是笑呵呵地打开了自己办公室的门，连忙笑着表示歉意：“本来我是想等回来再叫你们来开会的，没想到你们先来了，让二位久等了呢。”

徐明美心中想，如果等你回来，恐怕是要喊赵辰逸过来秘密商议了吧，她便应声道：“我们也是估摸着周书记交代了任务，才凑了过来，也是刚到。”韩旭光微笑着握住了徐明美伸过来的手，不觉在心中一笑，这个徐明美果真精明着哩。倒是一旁的赵辰逸有点儿不好意思的样子，韩旭光与徐明美握了手，接着便与赵辰逸握了握手。

此刻张珺瑶进来，往赵辰逸与徐明美的杯子里续了水，韩旭光便一屁股坐到了他的那把可以转动的老板椅上，等到张珺瑶给他把茶水端了过来，他呷了一口，然后缓缓地笑着道："周书记肯定了我们昊天已经取得的成绩，特别指明了这是各位管理人员的功劳哟。"

"哪里，我们哪里有什么功劳，全是韩总领导有方。"徐明美微笑着说道。"不过呢，周书记的意思是，让我们步子迈得更大些，争取更大的辉煌。"韩旭光微笑着说道。此刻徐明美显然在专心致志地听，然而她感到韩旭光语焉不详。韩旭光显然是欲言又止，难道他有所顾虑？这可并不是个好兆头。

韩旭光立刻看出了徐明美的疑虑："现在昊天的担子很重啊，沈董身体不好又辞职了，沈董倒是个好干部，特别是为昊天培养了很多好干部。你们要通知下去，要让大家齐心协力呢。"韩旭光瞟了一眼徐明美，徐明美在韩旭光的眼神中读出了其中的信息，便微笑着道："这个您放心吧，只有团结在韩总周围，昊天才有明天嘛。"旁边的赵辰逸不禁露出了轻蔑的笑容。

赵辰逸恍然明白了这是韩旭光的策略，先是故意欲言又止，给徐明美一种莫大的压力，然后又指出一条生路来，而乖巧的徐明美哪里能不明晓这条生路呢？"徐总这可真是过誉了，只要大家能精诚团结将事情办好，什么都是小事。"韩旭光又端起茶杯呷了一口。

"其实呢，我觉得我们企业应该在所有权上进行改制。"韩旭光压低嗓门轻轻说道，声音太轻，以至于徐明美连听带猜才真正明白。所有权改制，这可是个大问题啊，提议虽说是韩旭光所说，但这个提议恐怕是周书记首肯了的。徐明美面带微笑说道："是啊，各地都在搞改制，这改制是大趋势，昊天集团也早该进行改制了。"

韩旭光诚恳而微笑地问道："关于改制问题各位有何高见？在公司治理方面，我可实打实是个外行哦。"其实韩旭光是管理学硕士毕业，尽管多年都没有参与公司的经营管理，但对公司治理还是略知一二的。然而明知故问恰恰又是他的睿智之处，徐明美当然知道这一点，所以她缄默其口，默而不答。看徐明美不愿言语，韩旭光便将目光瞥向了赵辰逸："赵总，你是昊天的老革命了，有什么看法呢？"

赵辰逸自然也知道韩旭光是明知故问，他也不想回答，这改制是个大事，特别是其中的利益如何分配，牵扯到每个人的利益，非把人弄得剥掉一层皮不可。这点韩旭光显然是知道的，对徐明美，韩旭光还不十分放心，她默而不语便随她去吧，韩旭光只得将这个难题推到了赵辰逸头上。赵辰逸喝了一口茶，唯唯地说道："其实，我也是个大老粗，懂的没韩总多。不如我们从长计议，先做一些前期的准备，然后再开董事会讨论吧。"显然赵辰逸亦不愿意接这个头。韩旭光十分恼火，但硬生生地将怒火压了下去，跷起二郎腿微微一笑："那就先做一些前期准备吧。你们认为把孙瑾瑜调来做前期准备如何？就如《辛德勒的名单》中的那句台词嘛，人之所依靠者三：妙手的医生，宽容的牧师，精明的会计。改制关口，我们昊天最大的幸运，便是有一个精明的会计哦。"

徐明美立即对韩旭光的提议表示了同意。徐明美知道，此时她已经人微言轻了，倘若再跟韩旭光争执，岂不是自讨苦吃？赵辰逸则不然，他已经倒戈跟随韩旭光多时了，可以说几乎已经成了韩旭光的死党，说话亦可以不顾虑那么多，他便皱起眉头，欲言又止地说道："小孙在业务上肯定是没问题，可是他这个人……"

赵辰逸这话的意思韩旭光当然明白，就业务水平而论，孙瑾瑜不仅是中国注册会计师，亦是英国公认会计师，这种人才在当今中国尚不足千人，个个是年薪百万元的金领。然而，这孙瑾瑜有一个天大的弱点，也许是他长期读书的缘故，并不懂得人情世故，办事容易认死理，不知变通。

韩旭光是管理专业的硕士，对会计亦是相当熟悉，对《辛德勒的名单》中的那句人需要一个好会计感受很深。从很大程度上来说，会计是经济学中唯一真正靠谱的学问。比如微观经济学、宏观经济学，在理论上是可以自圆其说，实际上用处甚少；至于金融之类，看上去虽然派头十足，实际上虚无缥缈，既不能预测股票的涨跌、期货合约的多空与汇率的波动，亦不能对投资有实质性的帮助，连金融专家面对波动不停的金融市场，亦只能用随机漫步理论进行搪塞，其实本质上是揭示了金融理论的无用；会计则不然，它根植于管理活动与成本管理，如果一个管理者不懂会计，他对内管理就如同一个医生看不懂检验报告一样，对外竞争就像一个指挥官不懂军事地图一样随意指挥、肆意开炮。正因为如此，巴菲特通过阅读几张会计报表便成为亿万富豪，而彼得·林奇说只要读懂了会计报表，就意味着你迈入了富人阶层，导演斯皮尔伯格是深得其中三昧。

然而，韩旭光此刻需要一位好会计，是看重了会计另外一个方面的作用，这便是会计的魔术性。一个精明的会计师便是一个优秀的魔术师，他可以让一家濒临破产的公司在报表上看起来欣欣向荣，以至于欺诈上市；他亦可以让一个赚得盆满钵满的公司在报表上看起来一塌糊涂，以至于隐瞒公司的价值，低价购买。精明的会计在做出假账后便可以掩人耳目，而蹩脚的会计在做出假账之后会漏洞百出；精明的会计甚至可以在会计准则的框架下做出各种假账，而蹩脚的会计只能靠触碰法律的红线来作假。孙瑾瑜无疑是前者。

以孙瑾瑜的水平，只要韩旭光需要公司有多少资产、有多少利润，他就能魔术般地办到，而且还不违背法律，完全可以掩人耳目，这是韩旭光与赵辰逸都不曾怀疑的。然而孙瑾瑜会不会放弃一个会计的良知与操守如此去做呢？这一点赵辰逸感到怀疑，他对孙瑾瑜是了解的，这个人不通世故，不知变通。然而韩旭光此刻不再怀疑，这就犹如吴国的吕蒙一样，士别三日当刮目相看，好钢虽然需要好铁造，但关键还在于那个打铁者的水平与能力。在韩旭光的心中，张茹雪便有这种将镔铁锻造成钢的能力，韩旭光相信她。

“赵总的担心我知道，我觉得孙瑾瑜能够胜任，况且除了他，我们集团也没有第二个人能够担当这个重任了。”韩旭光缓缓地说道。本来韩旭光只想说前半句的，此刻他对孙瑾瑜的改变已经有了九成以上的把握，然而转念一想又说出了后半句，倘若孙瑾瑜果真还是不通情理，那么他亦可以用集团没有其他人可用而将决策的错误搪塞过去。韩旭光做事，每次都给自己留有退路。

既然韩旭光已经这样决定了，赵辰逸便立即呵呵笑道：“孙瑾瑜如果能够到昊天总部主持前期工作，自然是再好不过了。”正当三人谈得兴致盎然的时候，韩旭光办公室的门被咚咚地敲响了。

韩旭光应了一声“请进”，办公室的门便被轻轻地推开了。

“韩总，段总来了。”张珺瑶进门便说道。

此刻该谈的事情已经谈完，赵辰逸与徐明美便起身说部门有事需要先走，韩旭光也没有虚留，与他们握手后，他们便出来了。徐明美走出韩旭光办公室的时候，与段才良打了一个照面：“哟，段总来得真巧啊。”徐明美揶揄道，在一旁的赵辰逸心中不觉好笑，徐明美的这张嘴可真是了不得哩。“不得不巧一点儿啊，又没有近水楼台的便利不是？”段才良针锋相对地应了一句，随后便都各自走开了。

其实段才良已经知晓了周书记与韩旭光在招待所里谈了将近两个小时，他来一则是为了探听消息，二则他还想在洗衣机事业部的几个重要部门再安插几个亲信。按照规定，这些重要部门的人事任免需要韩旭光签字，所以今天早上他才急不可耐地来了临江。

段才良其实不知，周书记与韩旭光前一天晚上在招待所谈话之事在昊天集团上下早已传得沸沸扬扬、尽人皆知。本来孙瑾瑜还催着张茹雪来临江市的，但张茹雪是个聪明人，此时颠颠地去临江，不是明摆着你正观察着韩旭光的一举一动？二则领导并没有召唤你，你怎么能擅离职守，前去邀功请赏？得知空调部的张茹雪没有去，冰箱事业部的俞灵芸自然也是老手，装着糊涂，也安静地待在了原处。只有段才良自以为有点儿小聪明，还讥诮没来的二位是见识短浅呢。

事不凑巧，当段才良到达韩旭光办公室门口的时候，赵辰逸与徐明美偏又在韩旭光的办公室里。段才良折回电梯口等了一会儿，再一看表已经快十二点了，他估摸着此刻重要的事情已经谈完，再说十二点过去，韩旭光免不了要请自己吃顿饭，到时候自己将钱付掉，好歹也算是跟韩旭光攀了一次交情，两全其美嘛。于是在十一点五十的时候，段才良出现在张珺瑶面前。张珺瑶便进去请示了韩旭光，在得到韩旭光的允许后，张珺瑶让段才良进去了。

“韩总，不打扰您吧？”段才良笑得像个弥勒佛一样凑了过去。

“来的正是时候呢，事情刚刚谈完。”韩旭光伸出手，微微地笑道。“那就好，那就好。”段才良一边应着，一边凑过去与韩旭光握了手。

“段总这么老远来有事吗？”韩旭光冷冷地问道。韩旭光是何等精明的人，对段才良的来意已经揣度出了大半，而他本来就对段才良相当反感，但在表面上，韩旭光还是表现得并无异样。

“也没有什么大事，只是洗衣机事业部要进行些小的人事调动，需要韩总您签个字。”段才良便走过去将文件递给了韩旭光。

“你让秘书跑一趟就行了嘛，这点儿小事还要你亲自跑一趟？”韩旭光一边说一边瞟了一下那份文件。他清楚地看到财务总监、人事总监这几个职位上安插的均是段才良的人，于是又将准备伸手拿笔的右手缩了回来，撩开左手臂上的袖子，那块卡地亚手表便显露了出来：“呀，十二点了，段总还没吃饭吧，我们吃了饭再聊怎样？”

听到韩旭光说要吃饭，段才良不由得心里美滋滋的，这吃饭的空当三两杯酒下肚，不仅能探知周书记的安排布置，亦能跟韩旭光攀攀关系，何乐而不为呢？他原想着韩旭光一定会问他到哪里去吃的，他便会顺着韩旭光的意思说出一个高档的地方，趁着上厕所的机会就埋了单，也算是送个礼了。然而韩旭光就犹如知道他的所思所想一样，待到段才良应答了一声以后，便接着说道："昊天的食堂方便，如果段总不嫌弃的话，我们就到昊天集团的食堂去吃吧？"

既然韩旭光已经如此说了，段才良便也不好意思推辞，只能很不乐意地笑道："本来就应该在自家酒店里消费嘛。"韩旭光穿好西装，挪步出了办公桌，然后示意让段才良先出门，段才良哪里敢造次走在韩旭光前面，说什么也不肯，最后韩旭光执拗不过，只能走前面了。

待到出门，张珺瑶还在办公桌上整理着文件呢。张珺瑶已经做了近一年的秘书，对秘书工作也已经相当熟络，如果韩旭光没有出去，她断然是不会离开的。韩旭光微笑着凑过去道："珺瑶，还没吃饭吧，跟我们一起去吃饭？"张珺瑶本来想不去，然而韩旭光给她使了一个眼色，她便明白了一二，然而仍然微笑着推辞道："这不大好意思呢。""段总又不是外人，况且就在我们自己的食堂，不碍事。"段才良见韩旭光如此说，又知道韩旭光与张珺瑶的关系，尽管心中十分不乐意，却依然笑眯眯地朝着张珺瑶说道："是的呢，难道珺瑶把我当成外人了？"听到这一句，张珺瑶揶揄道："你不是外人，可是稀客哩。"便尾随着韩旭光与段才良去了食堂。

虽然张珺瑶知道韩旭光使的那个眼色的意思是让她跟着去吃饭，但是其中原因她并未知晓。韩旭光早就猜到了段才良的所思所想，就将吃饭的地点定在了昊天总部的食堂。昊天总部的食堂是刷卡的，段才良并没有卡，这样一来他便不能埋单，自己也就不会欠下段才良的人情。至于叫上张珺瑶，更是别有用心，像周书记与自己的谈话，大小也算是机密了，既然是机密，那么岂是能在张珺瑶面前脱口而出的？有了这层顾虑，段才良就只能三缄其口了。

果不其然，三人由韩旭光打头，段才良次之，张珺瑶走在最后，一齐来到了昊天食堂的二楼。韩旭光让段才良与张珺瑶都点了菜，然后又要了一瓶酒。张珺瑶并不喝酒，只点了一杯橙汁。在饭局上，段才良没能埋单，亦没能探知周书记谈话的内容，只能默默地喝酒。

“段总，我还要请你帮个忙呢。”正当段才良默默饮酒，感觉无趣的时候，韩旭光微笑着说道。

“韩总有话请吩咐，什么帮忙不帮忙的。”段才良爽朗地道。

“那我就不客气了。”韩旭光哈哈一笑，“现在沈董因为有病辞职了，空调部的葛洪涛先生来了几天了，你也知道他的脾气，我是非过去不可啊，赵辰逸也要跟我过去，思来想去，只能请段总留在总部帮忙照料几天了，就是不知道洗衣机事业部那边，你挪不挪得开？”

段才良听到此处，不由得心中一乐。他心中清楚，这沈修杰一辞职，董事长的位置便空缺了下来，偏偏此刻韩旭光让他打理总经理的事务，个中隐秘岂不是不言而喻？韩旭光将来升任董事长，而他段才良自然也就成总经理了，加上今年以来洗衣机事业部在金融危机的打击下依然可圈可点，段才良更加坚定了心中的这个信念。

“挪倒是挪得开，况且这都到年底了，那边的事情也不多。只不过，我这是新娘子上花轿头一回，就是怕给韩总坏了事。”尽管洗衣机事业部的人事任免亟待解决，段才良依然微笑着如此说。

“段总过谦了，都是些日常琐事，按章程办就是了。”

“既然韩总如此说了，我也就恭敬不如从命了。”

听到段才良微笑着应承下来，韩旭光便端起一杯酒道：“那就这样说定了，我下午就要去趟山阳县，今儿下午开始你就接班。”

段才良看到韩旭光端起了一杯酒，立即也将一杯酒端起来，伸了过去，矮于韩旭光的那只酒杯一碰，然后便一饮而尽：“好说好说。”

共生关系

第十五章

通过各种会计调节、关联交易，一大批的所谓企业家血腥发家，这便是后来的所谓中国民企之原罪

这顿饭吃完之后，三个人便回了办公室，待到将工作都交代给段才良之后，韩旭光才叫上赵辰逸，火急火燎地开车直奔山阳县。而段才良带过来的那份人事任免文件，则冷冷地躺在了韩旭光的桌上。

其实这一路上，赵辰逸非常不高兴，在赵辰逸的心目中，在昊天集团要么韩旭光将董事长、总经理一肩挑，除此之外，配当这个总经理的，就只有自己了。可是他万万没有想到，这段才良一个轻轻的马屁，就捷足先登了，此刻正神神气气地代理着总经理的职务。韩旭光将赵辰逸那阴沉的脸庞看在眼中，但他默默不语，等到赵辰逸似有意要开口的时候，韩旭光索性将眼睛一闭。赵辰逸看到韩旭光闭上了眼睛，便只能将话吞进肚里，心中憋满了闷气。

赵辰逸怎么也忘不了刚才他到韩旭光办公室的时候，段才良那趾高气扬、得势便猖狂的可笑情形。然而人就是这样，在得势的时候趾高气扬、有人攀附，在失势的时候则任人踩踏。赵辰逸不禁想起了前几天他读史书时看到的李斯的慨叹，这李斯原是守卫仓库的一个小吏，他在厕所中看到了一群老鼠，枯瘦如柴，只能捡食些秽物，然后他又联想到仓库中的那些硕鼠，不

禁仰天长叹：位置才决定了你的命运啊！

随着高速路边那棵棵杨树倒退过去，不多时，整个山阳县便呈现在了赵辰逸面前，他瞧瞧身边的韩旭光，虽然是闭着眼睛，却没有鼾声，一动不动。等到小车缓缓地驶入空调部的那个院子，韩旭光缓缓地张开眼睛，等到赵辰逸将车门打开，他便下来了。

因为韩旭光到来之前并没有通知张茹雪，故而张茹雪并没有来迎接，等到韩旭光出现在张茹雪办公室门口的时候，新任的秘书大叫一声："韩总，您来了。"随后便去敲了敲张茹雪的门，张茹雪笑呵呵地迎了出来，而在她的后面，还尾随着孙瑾瑜，显得很不好意思。

韩旭光不禁在心中微微一笑，果不其然，一切正如他所想。张茹雪初来空调部的时候，吴雅兰与鲁正梅虽然表面上对她和颜悦色，对张茹雪的吩咐也是立即应允，然而等到数日之后，张茹雪才发现，她所布置的任务居然原封不动地摆在那里，张茹雪只能苦笑一声。按照空调部的规矩，大事都必须由经理办公会决定，因为原有经理班子已经占了三席，所以张茹雪的提议总是被否决掉。张茹雪细心地发现，孙瑾瑜是个比较老实的人物，待得知他还单身之后，张茹雪便有意无意地接近他，因为两人在爱情的道路上都曾经磕磕绊绊，算得上是同病相怜，一来二去，张茹雪与孙瑾瑜的关系便由存心的利用衍化为朴实的感情，不久便如胶似漆。但在公司中为了掩人耳目，亦只能神神秘秘，只有张茹雪的秘书知道其中因由，所以当韩旭光来到的时候，这个新来的小秘书便大声一叫，她怕张茹雪与孙瑾瑜在里面做出什么出格之事，被韩旭光看见岂不尴尬？然而她显然还不懂她的这位上司，怎么可能在办公室里做出出格的事情呢？即便在私密场合，他们也是平淡如水。

当这个新任的小秘书朝着张茹雪呵呵笑的时候，她显然在期待着上司赞许的目光，毕竟自己也算是通风报信吧。然而张茹雪狠狠地向她瞪了一眼，这秘书也就没趣地去倒茶了。张茹雪何等聪明，但在她的心目中，韩旭光的聪明又高过自己十倍，这个小秘书的此地无银，他岂能不有所察觉？她便微笑着朝着韩旭光伸过手去："韩总、赵总，二位到来，怎么也不通知我一声呢？"

韩旭光咯咯地笑道："我这也算是半个主人了，来是常有的事，有什么好接的？"与张茹雪握手之后，韩旭光便将手伸向了孙瑾瑜，朝着一脸尴尬的孙瑾瑜道："孙总，你也在这里忙啊，最近可好？"

孙瑾瑜瞅着韩旭光好似没有丝毫察觉的意思，便唯唯地应了一句："最近还好，谢谢韩总的关怀，韩总您的气色也很好啊。"

说着一行人便走进了张茹雪的办公室，窗台上摆放着两盆兰花，在进门处还放了只金鱼缸。在张茹雪的办公椅后面，还有一幅黄山松的水墨画，文件都摆放得整整齐齐，收拾得干干净净。

"哟，这女总监就是不一样啊，我在这里的时候，将这个办公室弄得猪窝似的，你看看现在……"韩旭光一边啧啧称赞，一边朝着赵辰逸笑道。张茹雪在后面揶揄道："韩总是拐弯骂我文恬武嬉呢。"

随后大家便一阵笑声，本来张茹雪要韩旭光坐她的办公椅的，然而韩旭光硬是不坐，只是坐在了靠墙的一圈沙发上。不多时，秘书端过茶来放在了茶几上，张茹雪亲自拿起茶壶给韩旭光与赵辰逸奉了茶。孙瑾瑜尴尬地待在旁边，站也不是，坐也不是。

韩旭光显然看出了孙瑾瑜的尴尬，便微笑着道："孙总，你过来一下，我这回来主要是来请你的呢。"便指着身边的位置让他过来。孙瑾瑜拘谨地坐了过去，然后一脸严肃地答道："韩总，有事请讲。"

因为韩旭光找孙瑾瑜，张茹雪便准备退出去，韩旭光却笑着对张茹雪说："这是我们昊天的大事，茹雪，你也坐下来听听吧。"其实韩旭光正是借着张茹雪在这里，才想把请孙瑾瑜到总部做改制工作之事和盘托出的，他知道事后张茹雪肯定会给孙瑾瑜“点拨点拨”的。

“这个事情是个大事，你也先别急着回应，我说完后，你回去好好想想，等我过几天回去的时候，你再给我答复就行。”韩旭光喝了一口茶，然后拍着孙瑾瑜的肩膀，朝着张茹雪微微一笑。

“我们昊天集团准备进行所有权改制，可是在公司治理，特别是资本运作方面，我们几个都是大老粗，你是这方面的专家，我们想请你到总部协助我们做些企业改制的会计工作。”韩旭光诚恳地说道。

孙瑾瑜显然没有任何准备，他抿抿嘴正准备说话，韩旭光又接着说道：“当然啦，这是个大事，你先考虑考虑。”听到韩旭光如此说，孙瑾瑜便笑着说道：“我在空调部还有很多工作没有做完，不过我会回去考虑考虑的。”孙瑾瑜显然不想离开山阳县，他与张茹雪刚刚进入了火热的恋情之中，怎么愿意离开呢？

张茹雪显然要比孙瑾瑜聪明得多，她听韩旭光如此一说，立即猜透了韩旭光让孙瑾瑜考虑考虑背后的弦外之音。刚才韩旭光拍着孙瑾瑜的肩膀，对着自己的委婉一笑显然潜藏着某种深意。张茹雪从他进门的那一刻起就清楚，自己与孙瑾瑜的那种亲密关系韩旭光已经全知道了，此刻他让孙瑾瑜考虑考虑，无非是想让自己在背后点拨点拨，这企业所有权改制涉及各方的利益。孙瑾瑜性情耿直，也只有自己能使他放弃原则，唯韩旭光马首是瞻了。

“难得韩总如此器重孙瑾瑜啊。总部的事情比部门的事情重要得多，孙瑾瑜，你可要以总部事务为重啊。”猜透了韩旭光心思的张茹雪微微一笑。本来孙瑾瑜还想说些什么，看到张茹雪朝着自己瞪了一眼，便又将滑到嘴边的话全部咽了下去，只能板着脸不再言语了。

“张总真是深明大义啊。对了，这次我来还要亲自拜访一下葛洪涛先生呢，不知葛先生还好？”韩旭光殷勤地问道。“葛洪涛可好呢，他设计的商标图案我们都上市了，反响不错，今年空调部的业绩还能继续增长呢。”张茹雪带着灿烂的笑容，欢喜地回答道。“真的？那可得给你记功啊！”韩旭光对着一脸阴沉的赵辰逸说道，赵辰逸只得强行挂起了笑容，随声附和了几句。

原来葛洪涛来到昊天空调部的那一天，正是韩旭光为迎接省委考察团回昊天的那一天，韩旭光估摸着葛洪涛要到的那一刻，摸出手机跟葛洪涛通了个电话，告诉他今天有急事，来不了了，葛洪涛蛮不高兴。

倒是张茹雪机灵，说韩旭光昨晚还在山阳，本来刚才还在这儿站着迎接他的，后来总部打电话来十万火急地催着他回去，他才不得已离开。后来葛洪涛看了新闻，看到了韩旭光与周书记的合影，也就没有再嘀咕。

此刻，韩旭光与张茹雪，还有赵辰逸，一行人已经朝着葛洪涛的那栋别墅走去。葛洪涛在山阳县其实过得非常滋润，他住在靠近江边的一栋别墅里，而且饭菜的档次很高，加上他的那个小媳妇没有跟着过来，他便更加放肆起来。而张茹雪又是何等聪明，能够满足他的种种要求，他便快乐似神仙了。特别是在前几天，在昊天集团的运作下，葛洪涛又被评为了他梦寐以求的所谓艺术院的研究员，这让他心花怒放，更加惬意。

葛洪涛本来便小有名气，加上最近又评上了艺术院的研究员，由他设计的商标与空调款式便在上流社会颇受欢迎，一时间，昊天空调真可谓供不应求。韩旭光轻轻地按了下门铃，来开门的是一个小保姆。在韩旭光正准备踏进院子大门的时候，不料这个保姆将韩旭光挡在了门口，说葛洪涛正在画一幅人体画，她需要进屋去通报一声。

不久，只见几名妙龄女子从别墅的后门飘了出去，那个保姆便迎上前来，请他们进门。待到韩旭光迈进别墅大门的时候，葛洪涛正就着一只紫砂壶品茶呢，他亦不起身，韩旭光只得凑过去，葛洪涛亦没有站起来同他握手的意思，只是指着对面的一张沙发，韩旭光便小心地坐了上去。看着这番光景，赵辰逸与张茹雪哪里还敢坐，只得站在韩旭光的后面，特别是赵辰逸，憋了一肚子气。

“葛先生，上次有些俗务，怠慢了先生，这次特意来登门致歉，不知先生能否给个薄面，允许我请先生吃杯水酒？”然而葛洪涛一脸阴沉，似有似无地道：“不敢当啊，吃酒就那个金穗大酒店吧！”

韩旭光不由得皱了下眉头，之后又欣然应允了。这金穗大酒店其实是家歌舞厅。20世纪九十年代中期，舞厅在山阳这个小地方刚刚时兴。韩旭光并不是一个流连花丛的人，然而葛洪涛既然已经提出了这种要求，他亦不好拂葛的意思，只得不情愿地应承下来。

张茹雪觉得有些尴尬，她作为一个女人，怎么适合出现在那样的场所呢？偏偏又是葛洪涛所提，加上韩旭光是总部的总经理，她不去肯定是不行的。她不由得在心中暗自痛骂自己的这个老师风流成性，竟然如此不通人情。她只得在随着韩旭光他们上车的空当，给金穗大酒店打了个电话，让安排一个豪华、隐秘的包间。金穗大酒店的老板本是县委副书记的一个亲戚，因为昊天集团安排了不少干部的子女，他便对昊天集团甚为熟络，欣然允诺，将最大、最豪华、最隐秘的那个包间留给了他们。

葛洪涛的别墅离金穗大酒店其实也就十来分钟的车程，待到小车在金穗大酒店门口停稳的时候，金穗大酒店的胡老板便脸上绽花一样地迎了出来。此时韩旭光已经成了临江市的名人，全临江都知道他与周书记的关系好着呢，这胡老板哪能不在门口迎接呢？胡老板显然是懂行的，看到昊天集团共有两辆车，知道后面那辆车上坐的才是老板，就径直朝后面那辆车跑去。胡老板拉开后面那辆奥迪车的后门，韩旭光便微笑着走了出来，但是他并不走开，而是等着葛洪涛下了车。韩旭光的这个动作让胡老板弄错了，他居然将葛洪涛错认为韩旭光，直到韩旭光恭敬地叫了一声“葛先生请”，他才明晓旁边这位才是韩旭光。胡老板不由得心中一愣，他揣度着，韩旭光尚且对他如此恭敬，此人来头定然不小。

胡老板给他们一行人准备的包间在金穗大酒店的顶层，是一个隔音效果极好的包房。按照胡老板的介绍，这是专门接待大官用的，韩旭光听了这话，觉得胡老板的马屁拍到了马蹄子上。虽然介绍这间包房是大官所用的，可以抬高韩旭光一行的身份，但倘若内有不法之事，岂不是泄露了官员的秘密，看来这个胡老板还是不够老成啊。然而等到这四人走进包房，方知道胡老板所言不虚。这个包间的隔音效果极好，里面就是开枪，估计外面也听不到，而且这个包间是由后门进的，然后一部垂直升降的电梯直通于上，顶层仅此一间，保密工作做得甚是妥当。更让韩旭光惊诧的是，这间表面上的歌厅的暗格之中竟隐藏着一扇小门，从外面看绝难发现，里面的那间小房子隔音效果亦好，里面仅在中间摆放着一张奇奇怪怪的床。胡老板扶着门，朝着韩旭光诡异一笑，便不多言了。

之后胡老板说："难得韩总能够光临敝处，今日一切消费都包在兄弟身上。"韩旭光正准备推辞，胡老板忽然看到葛洪涛有让他过去的意思，他便凑了过去。韩旭光看着葛洪涛凑在胡老板的耳边一阵耳语，只见胡老板淫笑几声，便拍着葛洪涛的肩膀说道："想不到首长还有如此嗜好，这包在小弟身上了。"之后便退了出去。

韩旭光开了一瓶带来的 1982 年的帕图斯，这是他珍藏许久的，一直都舍不得喝。因为葛洪涛到空调部的时候他刚好要回总部，误了接待，才拿这瓶酒想在饭桌上赔罪的，想不到此刻来到了这个 KTV。韩旭光给各位倒了一点儿，张茹雪显然是懂行的，喝了一口便机灵地说道："这好酒就是不一样呢。"赵辰逸一听是好酒，便放慢了喝下去的速度，缓缓地品了又品。只有葛洪涛显然并不在意，韩旭光举杯向他致了歉意，他仅仅似有似无地一笑："好说好说。"然而并不去喝那杯酒，只静静地待着。

此举让韩旭光心里很不舒服。正在此时，一大群妙龄少女飘了进来。韩旭光瞅了一眼，大的不过二十岁，小的只有十三四岁，韩旭光的脸立即黑了下来，旁边张茹雪脸红得像个苹果。看到韩旭光阴沉的面庞，葛洪涛倒是一下子机灵了，拥着两个姑娘问道：“韩总知道孙思邈？”

因孙思邈是古代药王，韩旭光微微地点了头。“孙思邈的《千金要方》可曾读过？”韩旭光不知道葛洪涛为何会来此一问，况且他亦没有读过这本书，便微微地摇摇头。葛洪涛说道：“唉！《千金要方》中有言，夜御十女，闭固而已，益寿延年！”葛洪涛一边说，一边在身旁的一个少女脸上捏了一把。对于这种采阴补阳之术，韩旭光一直都认为甚为荒唐，然而他混迹多年，深知商场之中相信此说的大有人在。看着韩旭光疑惑的表情，葛洪涛立即给自己辩解道：“你别不信，为什么孙思邈活了一百四十九岁，那还不是因为这个？”

韩旭光看葛洪涛越说越荒唐，便推说上厕所走了出来。张茹雪与赵辰逸早就在那里如坐针毡了，看到韩旭光走了出去，便立即尾随其走了出来，然而在这间房的旁边，听到一个女孩在啜泣。

韩旭光定睛一看，原来是胡老板抡起了拳头，正准备对一个十六七岁的女孩大打出手。韩旭光看到这种情景，立即喝止：“胡老板，你这是干什么，不能打人啊！”胡老板扭头一看，原来是韩旭光，便按住了心头的怒火，哈巴狗一样地微笑道：“是，是！”

“你先去忙吧，这儿我应付就行了。”韩旭光毫无表情地对胡老板道。胡老板只得悻悻地离开了，临走还对着那个女孩恶狠狠地瞪了一眼。那个女孩耷拉着脑袋，依旧在那里默默地啜泣。

这个啜泣的女孩不笨，看到胡老板对这个人打躬作揖、和颜悦色，加上又是从这个特殊包间里出来的，便猜出了这个人的身份恐大不寻常。她在心中掂量，这个男子的话似有大义凛然之意，便一下蹿过来，扑通一下跪倒在韩旭光的脚边：“叔叔，你救救我吧！”

韩旭光不由得一下慌了神，好在旁边的张茹雪机灵，她一边将这个女孩扶起一边轻声道："妹妹，有什么事你尽管说。"于是这四人便下楼去了，胡老板虽然瞅见这个女孩走了，亦不敢阻拦，只得随他们去了。他们在山阳县找了一处咖啡厅，那个女孩才露出了笑容。

"你为什么在那里哭呢？"韩旭光给这个女孩一边倒茶一边问道。

"他们要我……"这个女孩欲言又止，羞愧地低下了头。

韩旭光显然明白了她话中的含意，喝了口茶，略带嗔怪地责问道："你怎么不在学校念书呢？跑到这种不三不四的地方干什么？"

"我家没有钱交学费，今年就不能去上学了，家里爸爸病了，亲戚介绍我到这里来上班，哪知……"这个女孩说着说着又落下泪来。

张茹雪坐在她的旁边，一边扶着她的肩膀，一边从桌上取出几张餐巾纸，给她拭泪："妹妹，你别怕，姐姐叔叔都会帮你呢。"

看到张茹雪如此和蔼，这个女孩一头扑到了张茹雪怀中，道出了真相。原来小女孩的父母以前均是山阳棉纺厂的职工，后来国企改制，这个山阳棉纺厂便卖给了私人。本来在国企的时候，工人上班都是磨洋工，技术本领全无，加上工作亦不用心，于是新来的私人老板一来便将大多数工人下了岗。这女孩的父母人到中年失去了工作，因为已经年过不惑，加上又没有手艺，买断工龄的安置费本就不多，所以没一两年光景，这个三口之家便陷入了困顿。于是，原本那个慈祥的父亲不见了，她回家之后只能看到醉醺醺的父亲在毒打自己的母亲，只能闻到恶臭的酒气，然后她快快地走进房门，待到醒来时，只能听到母亲的声声啜泣。这种惊天变故让这个女孩失却了往日的欢乐，乐观的她变得忧郁了，载歌载舞的她终于离开了表演的舞台，特别是名列前茅的成绩一落千丈。到后来，她的父亲干脆让她别读书了。

她回家之后，想找份工作，当她来到人才市场的时候，望着攒动的人头，失望地摇摇头。下岗是这个时代的一个特殊词语，数以千万计的国企职工买断了工龄，都在寻求工作，她一个高中还没有毕业的学生，哪里能找到工作呢？屋漏偏逢连阴雨，命运女神总喜欢肆无忌惮地欺负弱者，毫不留情地给这个本已困顿不已的家庭雪上加霜。那一日她得知在工地上工作的父亲从高空坠落下来，摔得终身残疾，而且还要不停地用药。偏偏那个包工头屁股一拍不知道跑哪里去了，建筑公司又毫不理会。于是她与母亲四处打探包工头的下落，人海茫茫，大海捞针，哪里能够寻得到包工头呢？

终于有一日，有个亲戚说跟金穗大酒店的胡老板很熟，她便被介绍来了这里。本来那个亲戚告诉她过来只是端茶递水的，哪里晓得，干的是如此事情。她得知以后万万不从，哪知道这胡老板是黑白通吃的人物，上有县委的人撑腰，下有地痞流氓充当打手，她向胡老板求情，然而这胡老板面若冰霜，狠狠地打了她一顿。这不，今天胡老板说有大人物驾到，便强行让她出台。

韩旭光听完，狠狠地捶了一下桌子，看着张茹雪说：“你能不能安排一下，让她先到你那里打个杂儿？”张茹雪听到这里，眼眶早已湿润了，重重地点了点头。说完后，韩旭光便拿出了胡老板刚才递给他的那张名片，恶狠狠地拨通了胡老板的电话，待到那边恭敬地接听，他才平静地说道：“胡老板吗？我想找您借个人，能不能把您的这个姑娘借到我们昊天集团？至于您的损失嘛，我们昊天集团会如数赔给您的。”其实这个姑娘来到金穗大酒店胡老板也没有掏钱，顶多也就吃了几顿饭。胡老板却呵呵笑道：“本来呢，她是我这里的头牌，别人来借，我是万万不会给的。不过既然韩总看得上，那我就只能忍痛割爱了，至于钱不钱的，提了真还伤了感情。”胡老板还想嘟嘟地说些什么，韩旭光已经一把掐断了电话，在心里恶狠狠地骂道：你他妈就是混蛋！

此刻这个女孩才知道她要去上班的地方是昊天集团，她便一下溜下沙发，待她要再次跪下的时候，张茹雪一把揪住她：“你这是干什么，让人看见像什么样子！”

待到这群人从咖啡厅里出来才刚刚晚上八点，想必这个葛洪涛正在夜御十女，于是韩旭光便不再管他。出门后，韩旭光打了一辆车，让司机将这个女孩送到家中，并且让张茹雪将一张名片给了这个小女孩。直到此时韩旭光才知道，这个乖巧可怜的女孩名叫林可欣。

之后韩旭光便与张茹雪和赵辰逸分手，打了一辆车走了。本来赵辰逸与张茹雪亦想立即打辆车离开，然而不巧，的士总是不来，于是赵辰逸与张茹雪只能一边散步一边等的士。张茹雪其实已经冷眼瞧着赵辰逸半天了，这半天当中，赵辰逸的脸都阴沉沉的，张茹雪便略带嗔怪地探问道："赵总，我们招待不周吗，闷闷不乐的？"

赵辰逸叹一口气说："哪有，张总你多虑了！"显然赵辰逸并不想提段才良的那件事。然而看到赵辰逸唉声叹气，张茹雪便说道："如果赵总方便的话，不妨将心事说给我听听，兴许我可以替你排解排解。"赵辰逸见张茹雪如此诚恳地说了，便将事情和盘托出了。

听完赵辰逸的话，张茹雪不禁在心中暗暗高兴，该死的段才良，想不到你也有今天啊。"赵总，你放心吧，今晚准备着，不多会儿韩总就会委你以重任。"张茹雪对着赵辰逸诡谲一笑，平静地说。

正在此时，赵辰逸的手机响起来，果不其然，是韩旭光打来的。显然韩旭光不知道此刻赵辰逸还在跟张茹雪在街上散步："赵总，你已经到宾馆了吧？如果方便的话，到我这里来一趟吧。"赵辰逸立即挂断了电话，朝着张茹雪微微一笑："张总，你还真神了哩！"

待到赵辰逸坐着一辆人力三轮车出现在韩旭光所住的宾馆楼下，忽然看到一个熟悉的身影走了过来，咦，那不是孙瑾瑜吗，难道这时韩总也叫了他，他来干什么呢？赵辰逸冲了过去，在孙瑾瑜的肩膀上拍了一下，孙瑾瑜扭过头来："原来是赵总，你也来了？"

"是啊！"此时赵辰逸已经完全明白了。他俩有说有笑地并肩上了楼，来到韩旭光的房门口。本来赵辰逸的职位略高，应该孙瑾瑜凑上去敲门的，然而赵辰逸瞅着孙瑾瑜似乎没有敲门的意思，他便笑呵呵地轻轻地用中指在门上叩了三下，听到里面说了声“请进”，赵辰逸才打开了门，孙瑾瑜却先走了进去，赵辰逸只得在后面摇摇头，尾随他一道进去。

赵辰逸与孙瑾瑜进来之后，韩旭光专门走过来与他们握了手，并亲自走到门边探出头去左右观望了一番，然后轻轻地关上了门，将一份绝密的任务交给了赵辰逸与孙瑾瑜，并且让他们现在就立即出发，一点儿也不能耽搁。等到赵辰逸与孙瑾瑜离去之后，韩旭光才在浴缸中放了一盆水，舒舒服服地躺了进去，再次陷入了沉思。

躺在浴缸里想最为棘手的问题，是韩旭光的一贯作风。今天晚上林可欣的事情对他触动太大了，事实上，还不知有多少个林可欣。而韩旭光此刻亦在考虑这件事，买断了工龄，的确是所有制改革中的休克疗法，然而昊天原有的职工会怎样呢？他们身无长技，在消耗完补助金后只能是困顿贫穷，甚至沦落到跟林可欣一样的悲惨下场，这是韩旭光所不愿意看到的。林可欣那可怜的眼神、瘦弱的面孔历历在目，挥之不去，尽管今日他将林可欣救出了火坑，但以他韩旭光的一人之力，即便倾其所有，又能挽救几个呢？

周书记是希望所有制改革的，韩旭光当然知道，他不可能去逆龙鳞。周书记将陈凌薇摆在自己面前，就已经给自己指明了道路，如果对他有所违拗，那么自己的下场恐怕就不是撤职丢官这么简单了。然而，韩旭光心中的良知仍然不停地拷问着他。他拿起身边的喷头朝自己的面部冲了一大股水，他想让自己淡忘林可欣的那张脸，然而他不能，他愈是想忘记，那张脸便愈是挥之不去。韩旭光只得痛苦地捶打着自己的太阳穴，他的头脑飞快地转动着，回想着改革开放以来的所有改革历程，他希望能在其中找到两全其美的方法。

韩旭光的头脑飞快地运转着，在昏昏欲睡之际，他整个儿地滑落到了浴缸中，在一阵扑打后，他兴奋地跃起——终于想到办法了！

第十六章 共生关系

在昊天集团，韩旭光就是法，你顺从他，法可以弯曲；你不顺从他，他就会轻而易举地用他所谓的法将你清理掉

早上七点，隐山县城还处在一片静寂中。

当保安徐徐地将洗衣机事业部的大门打开，一行人便拥了进来。保安定睛一看，领头的那个人一身西服，文质彬彬，这不是总部的赵总吗，他为何这么早就出现在隐山县？便赔着笑脸迎了过去："赵总来得很不巧呢，段总去临江市了。"

眼中布满血丝的赵辰逸笑着说道："不碍事，我们是来办别的事的。"说完疾步走了进去。他们爬上了洗衣机事业部所租用的办公室，一行人站在了财务室的门口。与此同时，另外两个人跟着孙瑾瑜扑向了仓库，他们来到仓库的时候，仓库管理员刚刚交接班。

正当仓库管理员准备走过来训斥的时候，他们拿出了总部的审计文件。此时人们才搞清楚，这一行人是专门跑到隐山县对洗衣机事业部进行审计的，而此时在临江市呼呼大睡的段才良浑然不觉。他哪里会想到，调他到临江市只是为了这一场审计呢。

自从实行了及时生产系统管理以来，洗衣机事业部的业绩蒸蒸日上，而段才良也凭借这个捞了不少好处。本来，他担心张茹雪会从中分走一杯羹，

没想到，张茹雪突然被调到了空调事业部，所以那天他没有去挽留张茹雪，甚至连去送也没有。他哪里知道，韩旭光将张茹雪这个精明人调走，无疑是斩断了他的左膀右臂，使得他成了一个睁眼瞎。更为可笑的是，在韩旭光让他留在昊天总部临时处理工作的时候，他俨然以总经理自居，趾高气扬、耀武扬威，甚至开始打起张珺瑶的主意来。有那么一句很有哲理的话，人在感觉身处天堂的时候，他离地狱也就不太遥远了。

本来，如果段才良不留在临江，他是有办法转圜的，以前几次审计他都蒙混过关了。在审计人员到来的时候，他十分好客地迎接，总要大摆筵席地喝上一顿，而在段才良陪着审计人员喝酒的时候，出纳便会与银行人员串通一气，办一个假的银行询证函；至于仓库这边，在那几个小时中，段才良已经从其他单位调集了存货，当审计人员进场进行存货监盘的时候，他们面对的自然是满满的仓库了。

不仅如此，在挪用公司资金，与公司进行关联交易的同时，段才良还私设了小金库，也就是卖的东西在账目上根本就不存在，而其中的钱则全部进了他个人的腰包。因为公司内部的审计人员水平有限，加上睁一只眼闭一只眼，段才良就瞒天过海了。

而韩旭光是个很精明的角色，特别是在财务报表方面，他更可以说是一个实打实的高手。韩旭光通过昊天集团的原材料进货量以及货物的价格，已经大致推算出了洗衣机事业部的收入，只不过与沈修杰暗斗的时候，他一直都隐忍着。

在韩旭光完成了权力整合之后，他渐渐觉察到了段才良的野心。段才良先是在洗衣机事业部内部办了部门报纸，将韩旭光的功绩一笔勾销，继而任人唯亲，在洗衣机事业部的各个岗位上都安插上了自己的人，使得总部针插不进、水泼不进。尽管韩旭光给了段才良改正的机会，然而段才良依然我行我素，不听劝告。不仅如此，他还在那个深夜摸到了韩旭光所住的宾馆，刺探空调部总监的位置，那一刻，韩旭光已经下定了扳倒段才良的决心。即便如此，韩旭光懂得凡事缓则圆、急则坏，于是借故先把张茹雪调到了空调部代理总监，他原以为段才良不会放人，哪知道段才良居然求之不得。在段才良被斩断手脚之后，韩旭光本已想动他，然而因为周书记来昊天考察，便耽搁了下来，一直拖到今天，韩旭光才发出最后一击。

此时，赵辰逸正堵在财务室的门口，而孙瑾瑜则带人给所有的存货都编了号，做了标记。待到财务总监李明出现在财务室的时候，他猛然一惊，没想到，赵辰逸正守在门口。赵辰逸说明了来意，见李明无动于衷，便大声吼道："你难道想坐牢吗?"

李明哪里见过这种阵势，只能哆哆嗦嗦地将财务室的门打开了。赵辰逸将所有的账目都"保管"了起来，这时李明闪了出去，偷偷地拨通了段才良的电话，段才良不禁大骂韩旭光。

等到将仓库的存货都标记了，孙瑾瑜亦来到了财务部。

孙瑾瑜简单地瞟了一眼账簿，微微一笑，显然知道问题出在了哪里。原来，李明的会计水平有限，尽管将部分销货款截留到了段才良个人的账上，然而成本亦是按照实际成本结转的，这样一来，洗衣机事业部的毛利率便只有百分之三不到。这个时候尽管有金融危机，但洗衣机行业普遍的毛利率仍有百分之五。况且昊天洗衣机事业部实行了及时生产系统，毛利率应该更高才对。孙瑾瑜将这个问题告诉了赵辰逸，赵辰逸在心中暗喜，这个孙瑾瑜果然是个难得的人才。

在赵辰逸的心目中，他一直以为所谓审计就是审查账簿，将成捆成扎、蒙着灰尘的所有账簿搬出来，然后审计师便审查账簿。实际上这只能叫作查账，并不能叫作审计。查账是一个很低级的审计助理都可以做的事情，真正的审计高手则不是这样的，他所关注的是宏观经济、行业环境与被审计单位的概况，在翻开被审计单位的账簿之前，便在心中对被审计单位的大致财务环境有了了解。当被审计单位的实际情况与他心中的估测相去甚远的时候，他便会产生某种职业怀疑与警觉，然后再考虑这种情况背后的会计科目之间的钩稽关系，之后便有的放矢，通过不同的审计程序获取审计证据，使得假账无处遁形。从某种意义上说，审计水平的高低并不取决于一个审计师的会计水平，而取决于这个审计师的知识广度，他的知识越广博，对经济事务的了解越深入，就越能成为一个审计高手。

无疑，孙瑾瑜就是这样的一个审计高手，他不仅了解国家的经济运行，更了解各个行业的大致状况，至于会计手法，更是炉火纯青，仅仅取得了会计中级资格的李明哪里是他的对手。孙瑾瑜并不翻看账簿，只是不停地比对着发货单与运输单，还有记账凭证。果不其然，有多笔记账凭证上的成本与原始凭证上的成本并不一致，很显然，李明有意毁损了会计凭证。经过孙瑾瑜的仔细分辨，虽然发货单与运输单均连续标号，然而记账凭证的新旧显然不一样，有些凭证是后来做报表时有意填补的，站在一旁的李明脸涨得通红。

李明的脸红显然引起了赵辰逸的某种警觉，他喝了一口茶，对着孙瑾瑜似有似无地微微笑道："你们做会计也不容易啊，做账什么的，都得听老板的。"赵辰逸的这句话明显是说给李明听的，李明扑通一声跪在地上，揪住赵辰逸的裤了，道："我对不起韩总啊，段总叫我做了假账。"

尽管此刻赵辰逸的心中不由得一阵喜悦，然而他在心中思忖道，就目前的情况来看，韩旭光很可能在昊天总部兼任总经理与董事长，而段才良显然不可能再回到洗衣机事业部了。就目下几个人，徐明美显然不是韩旭光的嫡系，她调到洗衣机事业部任总监的可能性不大；至于张珺瑶，倒是与韩旭光关系熟络，然而她办事毫无城府，亦不是组织管理的材料，调到洗衣机事业部任总监亦不太可能；数来数去，能够调来这洗衣机事业部任总监的，非自己莫属。

段才良在洗衣机事业部经营多年，举目四顾，洗衣机事业部基本都是其党羽，也就是说，在自己来到洗衣机事业部就任的时候，至少在初期还得依靠段才良原来的班底，即便要清除这些人，也需要假以时日，慢慢动手。如果动手太快，这些人集体撂挑子，那么洗衣机事业部岂不就立即停业了？那自己的这个总监还怎么干得下去？

于是赵辰逸将李明一把扶起，并将他带到了旁边的办公室，和颜悦色地说道：“知错能改就好嘛，你可以争取立功表现，我想韩总会给你一个改过自新的机会的。”赵辰逸似无意实则有意地提及了韩旭光，显然这句看似轻描淡写的话另有所指，它表达了是韩旭光下达的来这里查账的指示，自己来此查账实属无奈之举。赵辰逸之所以如此说，意在拉拢李明，他已经想好了，只要李明捞得不多，他便在韩旭光面前死保他，如此，自己来到这里，段才良的原有班底便不会疯狂反扑，毕竟赵辰逸死保住了李明，不太可能进行大规模株连。

听到赵辰逸这样说，李明一把鼻涕一把泪地诉说了事情的全部真相。原来，洗衣机事业部自实行及时生产系统以来财源广进，然而这些滚滚财源始终是国家的，段才良只能获得并不太多的工资奖金。段才良闷闷不乐，于是便时不时找财务部借点儿小钱，开始过几天就立即还上了，后来不仅借钱的数目越来越大，而且十天半个月也不见还上，再后来就干脆找李明做假账，私设小金库，套取国有资产。李明开始本是不大愿意的，后来段才良不仅给了他不少好处，而且还拍胸脯向他保证：你尽管做，出了问题还有我呢！

等到李明哭诉完，赵辰逸不仅默默不语，且不停地叹息，来回不停地在办公室里踱步。他沉吟半刻道：“段总一共从公司弄了多少钱？”

李明支支吾吾地说：“一两千万吧。”

“到底是一千万，还是两千万？”赵辰逸厉声呵斥道。

“具体记不清了，但是肯定不少于一千万。”李明畏畏缩缩地说道。

“那他给了你多少好处？要说实话。”赵辰逸严肃地说道。

“也没有多少，三十多万。”李明懊悔地回答道。

“你糊涂啊，大好人才怎么能做这样的事呢？”赵辰逸叹息地说道。李明听到此话觉得大势已去，瘫在了办公椅上。哪知道，赵辰逸忽然又递给他一支烟，补充道：“你也不要有太大的顾虑，在韩总面前，我会为你说情的。但是你这个事情也太大，不知道我在韩总面前是否有这么大的面子，我是会尽力的。”

显然赵辰逸在这里也给自己留有余地，他亦不知道自己能否保住李明，能保住固然很好，即使没有保住，这样说也算是尽了力。李明先是感觉到寒风阵阵，哪知道在绝望之际，赵辰逸又给他带来了春天般的温暖。他哪里知道，这是赵辰逸故意让他跌落到垂死的边缘再施以援手，以彰显自己对他的恩典。他立即站起来，感恩戴德地握住赵辰逸的手道：“赵总真是我的再生父母啊！”

李明给段才良打电话后，段才良便觉大势已去。他想立即收拾东西撒腿便跑的，哪知道他收拾完东西，准备开门离去的时候，几个彪形大汉闯了进来。还没有等段才良明白过来，这几个彪形大汉便堵嘴的堵嘴、套口袋的套口袋，硬生生地将其装进麻袋中，然后放在一只大箱子里，大摇大摆地走出了临江市委招待所。

等到段才良睁开眼时，他才发觉自己置身于临江市郊区的一处偏僻的平房中。绑架他的人居然是昊天总部的保安，至于这个命令到底由谁下的，恐怕就只有韩旭光清楚了。段才良在这个地方被关了大约七个小时，直到一辆警车将他带回临江市区。

罪证确凿，三个月后，段才良以贪污罪被判处了四年有期徒刑，审判时他在法庭上低头不语，亦没有请辩护律师为自己辩护，宣判日他也异常平静。但后来据同监的狱友讲，段才良在监狱里寻遍有关《孙子兵法》的书籍，将《孙子兵法》整整抄了五十遍，琢磨了四年。

因为段才良的沉没，洗衣机事业部的所有管理人员长长地舒了一口气，只有李明整日提心吊胆，后来赵辰逸给他打来电话：本来韩旭光准备将他告上法庭的，自己好说歹说并且作保，韩旭光才放了他一马。于是李明对赵辰逸感激涕零，并且到处为他歌功颂德。一个星期之后，赵辰逸被委任为洗衣机事业部的总监。当他到达隐山县那一天，他在洗衣机事业部受到了隆重的欢迎，一派祥和的气象。

孙瑾瑜倒是有点儿不高兴，他发现洗衣机事业部的账目真是一塌糊涂，在他看来，如果顺藤摸瓜，还会有很多大鱼将会浮出水面。不料韩旭光一个电话，催促他将剩余的工作交给赵辰逸，立即回到山阳。他只得丢下手头的查账工作，在晚上六点多沮丧地回到了山阳。

当孙瑾瑜下车的时候，一个熟悉的声音在他的背后响起："瑾瑜！"孙瑾瑜立即扭头望了过去，昏黄的路灯下，伫立着一个身材高挑的女孩。孙瑾瑜定睛一看，原来是张茹雪："你今天怎么打扮成这样？"

看到孙瑾瑜似乎并不通晓人情，张茹雪于是故意严肃地说："你刚刚到就这样兴师问罪，我还要问你呢，怎么这么晚才回来？"

"我，我……"孙瑾瑜显然没有看到张茹雪发过火，因张茹雪是个精明的女人，是从不会轻易发火的，此时他一下拘谨起来。

"老实交代！是不是约别的女人去了？"张茹雪扑哧一笑。

这时，孙瑾瑜才知道张茹雪是拿他开玩笑哩，便微微一笑："我这个样子，哪个女人会看得上哦！"张茹雪伸手捂住他的嘴道："呸呸呸，你这搞得像我瞎了眼似的，以后我不允许你再这样作践自己。"

孙瑾瑜只得轻轻地拍了拍自己的嘴："老婆大人交代，再也不说了。"张茹雪嘴朝上一撅，轻拍一下孙瑾瑜的头道："谁是你老婆？"

"走，回去做饭吧！"看着孙瑾瑜并不躲开，张茹雪说道。

张茹雪得知韩旭光让孙瑾瑜回来之后，便去菜场买了一条鲈鱼，又买了半斤五花肉、半斤杭椒外加三两荠菜。本来张茹雪不常做饭，她的厨艺水平自是不敢恭维，所以孙瑾瑜惊讶地朝天上看看，张茹雪瞅着孙瑾瑜正仰望天空，便嗔怪道：“跟你说话，你看啥呢？”

“我看月亮从哪个方向出来啊！”孙瑾瑜咯咯一笑，这时张茹雪才知道这个孙瑾瑜是在挤兑自己呢。她便狠狠地在孙瑾瑜背上捶了一拳，孙瑾瑜故意“啊”的一声，张茹雪便凑过来关心地问：“打疼了？”

看着凑过来的张茹雪，孙瑾瑜鼓足勇气贴到她脸上亲了一口，这还是孙瑾瑜第一次与一个女孩亲密接触呢。“你真坏！”张茹雪举起手要打的样子，孙瑾瑜便立即跑开，张茹雪便在后面追打，本来车站到孙瑾瑜的家就不远，不一会儿，他们就打打闹闹地到了家门口。

孙瑾瑜的房间以前本是杂乱不堪的，到处都是书，后来张茹雪给他打扫，也算是个家了。孙瑾瑜一进门便将外套脱去，张茹雪亦将外套脱去，进了厨房，孙瑾瑜亦尾随着跟了过去。其实孙瑾瑜也未曾下过厨房，更别说是蒸鲈鱼了，家里厨具也没有。后来还是孙瑾瑜灵机一动，将鱼去鳞洗净之后，盛在一只盘子中，然后将电饭锅加了水，将鱼放在电饭锅的蒸格上。没想到，这鲈鱼不仅蒸熟了，而且还有一种清新的香味，也算是一项专利了。

在经过顾东忘西的近一个小时的厨房大战之后，一桌奇异的饭菜总算做成了。尽管这桌饭菜只有那条鲈鱼尚能入口，然而二人均感觉到了一阵温馨。孙瑾瑜还在冰箱中寻出了一瓶拉菲，这是他从英国留学回来时带的，藏了五六年了。于是张茹雪点燃了蜡烛，就着这瓶红酒，孙瑾瑜与张茹雪开始了他们的烛光晚餐，其乐融融。

“可惜，你明天就要去昊天总部了。”张茹雪叹息一声。

“要不是你给我使个眼神，我才不愿意去呢。”孙瑾瑜嗔怪道。

“不去能行吗？你以为韩总是当真邀请你吗？他在我面前说请你，就是考虑到你可能不去，让我压你去的。”张茹雪皱着眉头说道。

“韩总知道你我的关系？”孙瑾瑜惊讶地张着口。

“韩总是那么精明的人，怎么可能不知道你我的关系。”

此时孙瑾瑜低头不语了，他将那小半杯红酒对着烛光缓缓地晃动，那红酒残留在杯壁上的红晕，透过红色的烛光，越发显出一种无奈来。张茹雪立即举杯：“你今天立了大功，来，干掉这杯。”

张茹雪一饮而尽，孙瑾瑜亦一口饮下：“别说什么大功了，本来我还可以顺藤摸瓜抓几条大鱼出来，韩总却把我调了回来。”

张茹雪扑哧一笑：“如果韩总像你一样笨，他就不是韩总了。”

此刻孙瑾瑜才从张茹雪口中得知，韩旭光让他到洗衣机事业部查账，不过就是搞掉段才良而已，并没有大肆株连的意思。张茹雪将这一层道出之后，不由得又深深地叹息：“你也要注意哦！”

“此话怎讲？”孙瑾瑜急切地问道。

“这所有权改制涉及多少利益，你能好过吗？”张茹雪叹道。

“我按规矩办事，有何不好过的？”孙瑾瑜呵呵一笑。

你听我一句话，不管韩总让你干什么，你就按照他的意思去做。我冷眼看去，虽然这韩总打击对手很无情，但对自己人还是不错的，比如对赵总就是如此。”张茹雪平静地说道。

“那岂不是违法了？”孙瑾瑜惊讶地问道。

“法，什么是法？法律不是权力的界限。马克思说法律是一种统治工具，在昊天集团，韩旭光就是法，你顺从他，法可以弯曲；你不顺从他，他就会轻而易举地用他所谓的法将你清理掉。你啊你，真是念书把整个人都念傻了。”张茹雪有些鄙夷地说道。

“唉！说不去吧……”孙瑾瑜一阵叹息。

“你又来了，不去能行吗？我说了，你去了唯韩旭光马首是瞻，有什么不清楚的问题，问我就行了，记住了吗？”张茹雪殷切地说。

孙瑾瑜看着张茹雪殷切的眼神，它清澈、透亮，散发着一种温馨的气息，透出一种火热的温暖，因此尽管孙瑾瑜心有顾虑，还是含情脉脉地点了点头。

孙瑾瑜离开山阳县的前个晚上，他与张茹雪一夜缠绵，自不必说。

早上六点，张茹雪起了个大早，将孙瑾瑜所用之物用一只皮箱装了一箱。孙瑾瑜现在才知道，张茹雪给他买了两套西装、五条领带，还有一双三接头的皮鞋。本来孙瑾瑜不愿意穿这样的行头，张茹雪硬是让他穿上了。你还别说，人靠衣装，当这身行头一上身，其貌不扬的孙瑾瑜立即精神了，虽然算不上大帅哥，也着实穿得妥妥帖帖、干干净净，加上一副新眼镜，俨然一个都市白领模样。

孙瑾瑜心想，家里还真是需要一个女人啊，不仅屋里收拾得整整齐齐，自己也被拾掇得干干净净。他不由得想起昨晚张茹雪说过的话，那些该死的会计准则又算得了什么呢？

张茹雪与孙瑾瑜七点出门，在楼下的早点铺里吃完了早饭，朝着山阳长途车站赶去。

尽管依依不舍，但终要分别，在执手相看泪眼之后，孙瑾瑜狠心地一转身，疾步迈上了车。他并没有坐在长途班车靠窗的位置，他不想让张茹雪看到红晕的眼圈，亦不想看到张茹雪的泪眼。张茹雪痴痴地站在长途班车的旁边，也并不张望，只是呆呆地站在那里。如果说段才良给了她爱的感觉，这个男人则给了她爱的真实。哪个少女没有憧憬过长相帅气、嬉笑怒骂的白马王子？待时间流逝，洗尽铅华之后，那种情场挑逗并不能再开启她紧闭的心扉，而孙瑾瑜的这份温存，恰恰是张茹雪朝思暮想、日夜期盼的那种爱恋。

这便是一个女人的成熟，不再孤芳自赏、自怨自艾，不再奢求一场轰轰烈烈的爱恋，不再目不转睛地盯着哪个帅气男人的一颦一笑，不再为那种情场蜜语而意乱情迷、神魂颠倒，不再流连于颠鸾倒凤的粗俗不堪，不再死死追求爱得卑微而不知放手，不再为爱神伤之后而不择手段、寻机报复。张茹雪是一个不幸的人，她曾经为爱羁绊、为爱折磨，甚至为爱沉沦；张茹雪又是一个幸运的人，至少她成熟得还不太晚，成熟于一个青春尚未远离的年龄，成熟于一段真正的感情还在身边的时刻，成熟于她事业的巅峰。这种成熟不同于单纯，心思明澈而又顺其自然；这种成熟又不同于世故，浑然天成而不工于心计。这便是一种真正的爱了，任其自然而然而不加心计操纵，活着真好！

张茹雪默默地看着车轮缓缓地滚动，待班车走远之后，她扬起手臂轻轻地挥了挥手，此刻孙瑾瑜才真正敢于回头，张茹雪那张清秀的脸庞缓缓地在他的面前消失。山阳离临江市其实不远，在高速路上，这辆班车颠簸了两个多小时后缓缓停了下来，临江市长途汽车站到了。孙瑾瑜无精打采地走下了车，等待搬行李。

正当孙瑾瑜低头弓腰在车底下摸自己的行李的时候，他的后背被人轻轻拍了一下。他以为是其他拿行李的人撞了他一下，亦没有太在意。直到他将行李从车底下拉出来并转身时，一张熟悉的笑脸正朝着阳光，灿烂地看着他微笑呢。“韩总，您怎么在这里？”

“韩总专程来接你呢！”旁边的张珺瑶微微一笑，轻柔地说道。

“这多不好意思啊，还让韩总亲自来接。”孙瑾瑜不好意思地挠了挠头，呵呵地傻笑着，此刻他突然发觉一个陌生的面孔疾步走了过来。

“韩总，已经站了这么长时间了，赶快走吧，都等着哩。”那个五短身材、有点儿微胖的男子笑呵呵地说道，并一把拿过了孙瑾瑜的行李。

“那走吧。”韩旭光一边示意让孙瑾瑜走在前面，一边微笑着说。

“哦，对了，忘了给你介绍了，这是张荣轩，总部新晋升的行政副总监。”韩旭光微笑着给孙瑾瑜介绍。张荣轩则立即放下手中的行李，拿手帕擦拭了一下手，伸手过去：“还要请孙总多指教呢。”

孙瑾瑜腼腆地与张荣轩握了握手："指教可真不敢当啊。"这一行四人呵呵地笑着走出了车站，司机老王已经在车站外等候多时了。他看到四人走了过来，便连按了三声喇叭，这四人顺着声音走了过去。

来接的一共是两辆车。张珺瑶走向前面那辆车，拉开门便上了车。张荣轩本想替孙瑾瑜拉开后车门，哪知道韩旭光一把将后车门打开，让孙瑾瑜坐到了司机后座的位置上，然后张荣轩便扶着车门，待韩旭光坐到孙瑾瑜的旁边，他才轻轻地关上了车门。之后张荣轩朝着前面的那辆车小碎步跑去，拉开副驾驶的门，坐了上去。

"来临江的路上还顺利吧？"在车辆跟随前面那辆车缓缓启动的时刻，韩旭光和蔼地看着孙瑾瑜，嘘寒问暖。

"一切还好，不多会儿就到了。"孙瑾瑜笑着说。

"本来是准备派一辆车去接你的，可是你们张总说什么也不让。"韩旭光一边说，一边拿出一包烟，递给孙瑾瑜一支。孙瑾瑜本不吸烟，便推掉了，韩旭光见孙瑾瑜不吸烟，亦将一包烟重新放回口袋。司机老王是个精明人，见此情景，赶忙将口中的烟放到烟灰缸中，死死地掐灭了，之后他瞅了一眼后视镜，只见韩旭光微微一笑。

"韩总真是客气了。"孙瑾瑜腼腆地答道，脸红红的。

不多会儿，这辆奥迪便跟随前面那辆车，缓缓地停在了临江市委招待所门口。临江市委招待所是临江最上档次的酒店，这一点孙瑾瑜相当清楚。韩旭光未曾询问便将自己带到如此高档的地方，孙瑾瑜更加觉得受宠若惊，他远远地便瞥见了徐明美站在那里。

待到轿车停稳，徐明美碎步跑了过来，给韩旭光的车开了车门。她本要待孙瑾瑜出来之后再松手离开的，哪知道韩旭光出来后便将她挤开了，亲自扶着车门让孙瑾瑜走了出来。"地方都订好了吗？"

徐明美当然是个精明人，她知道韩旭光刚走出来就问这句话是有所用心的，于是柔声回道：“都订好了呢，最高规格的贵宾房！”

“这，真的不用吧。”孙瑾瑜听徐明美说完后，结结巴巴地说。

“俗话说客随主便嘛，小孙你就不要推辞了。”韩旭光微微地笑道。这时孙瑾瑜才发现，前面的张珺瑶与张荣轩早已下车等在那里了，但他们并不往里走。韩旭光硬让孙瑾瑜走在前面，徐明美站在旁边用右手引导着孙瑾瑜一行往里走，张珺瑶、张荣轩立即跟了上来。

临江市委招待所最高规格的饭店是在顶层，四周墙面均为玻璃，加上市委招待所比较高，孙瑾瑜一进来便可以对临江市全貌一览无余了。孙瑾瑜被韩旭光推到了正对门的位置，待到他俩入座之后，众人才坐了上来。之后孙瑾瑜点菜，大家开始吃了起来。

“小孙啊，这昊天改制的事情，就要拜托你了。”韩旭光举起一杯酒，朝着孙瑾瑜说道。孙瑾瑜唯唯地答应后，便将这杯酒一饮而尽。

“你来昊天，办公室暂时没有收拾出来，你就用我那间吧。至于这助手呢，我让张荣轩给你打个下手。至于生活方面，珺瑶，你要悉心照料哦，这可是你茹雪姐的爱将。”韩旭光望着张珺瑶诡异地一笑。

“孙总，以后你可得多多指教啊。”张荣轩听完韩旭光的话，站起来，右手端着酒杯，左手托着杯底，对着孙瑾瑜呵呵地笑道。

“哪里哪里，以后还要您多帮忙呢。”孙瑾瑜拿起酒杯，正准备站起来，却被韩旭光死死按住了，他只得坐着将那杯白酒喝完了。

哪知道孙瑾瑜刚刚喝完，张珺瑶又端起一杯红酒说道：“孙总，有什么招待不周的地方，可要明说哦，我可不是外人啊。”孙瑾瑜便又是一杯，几巡酒之后，孙瑾瑜不由得有些眩晕了。韩旭光见状便给大家使了一个眼色，徐明美立即机敏地要服务员上米饭主食。

共生关系

第十七章

普通人可以庸庸碌碌平平凡凡地度过一生，位高权重者则不可，他们常常面临的是不可逆转的道路

喝完了酒吃主食，主食吃完又上甜点，之后还喝了几杯茶，不知不觉，这一顿饭竟然吃了三个多小时，之后韩旭光让孙瑾瑜休息一下。

此刻孙瑾瑜才由服务员带着，趺趺撞撞地走进了自己的房间。这是临江市委招待所最好的房间了，孙瑾瑜一进门，就扣上门，将领带使劲儿一拉，便和衣倒在了柔软的席梦思上，呼呼大睡起来。

也不知道过了多久，孙瑾瑜的手机响声才将其震醒。孙瑾瑜一看手机，有两个未接电话，均是张茹雪打来的。张茹雪不同于一般女人，在别人不接电话的情况下，她是不会轻易拨第二个的，而当她拨第二个的时候，就一定是急了。

“茹雪，我喝醉了！”电话一接通，孙瑾瑜便祈求原谅。

“怎么会这样呢？”孙瑾瑜估摸着张茹雪会数落他几句的，想不到张茹雪却如此平静。孙瑾瑜哪里知道，张茹雪此时正在担心孙瑾瑜的工作情况，根本没闲心跟他打情骂俏。

于是孙瑾瑜便将韩旭光如何亲自到车站去接他，又如何给他开车门，之后又如何请他到市委招待所吃饭的事情对张茹雪和盘托出。末了他还问张茹

雪，韩总让去他的办公室里办公，而且还让张总给自己打下手，自己想推辞也不是，不推也不好，感觉特别尴尬。

张茹雪默默地听着孙瑾瑜的叙述，心中默默地思忖，韩旭光肯定是要求孙瑾瑜做大事了，不然不会这样大礼相待。然而张茹雪又想到，做大事未必不违反法纪，虽说韩旭光与周书记的关系甚好，不会出事，可是不怕一万就怕万一,万一出了什么事情，韩旭光肯定会抛出孙瑾瑜来，让老老实实的孙瑾瑜做这只替罪羊。

韩旭光让孙瑾瑜用自己的办公室，让张珺瑶做他的生活秘书，倒也可以解释，可是又派一个总部的行政副总监屈就给孙瑾瑜打下手，是什么意思?张茹雪不禁皱起了眉头，在家中来回踱步之后，她猛然拍了一下脑门，原来韩旭光对孙瑾瑜还不放心，怕他做人做事太过实诚，所以派出一个处事圆滑的张荣轩给他做副手，名为副手，实则是给孙瑾瑜以某种钳制，特别是在关键时刻，不用请示韩旭光，张荣轩一个人便可以决定事情。这样韩旭光不仅能够洗刷得干干净净，而且张荣轩也一定会按照韩旭光的意思办事，这一点韩旭光肯定是心知肚明。想到这层，张茹雪不由得微笑起来。

既然韩旭光可以利用张荣轩，何不让孙瑾瑜亦利用张荣轩？张荣轩比孙瑾瑜的官职高半级，每当形成文件，孙瑾瑜可以将文件拿过去让他签字，这样不仅是一种尊重与礼貌，而且在昊天集团的制度上亦是理所当然的。到时候万一弄出了什么事情，纸包不住火的时候，孙瑾瑜可以借此减轻罪责啊。

“茹雪，你还在吗？”孙瑾瑜显然是等不及了。

“你猴急什么！仔细听我说，第一，韩总让你用他的办公室，让张荣轩给你打下手，让张珺瑶做你的生活秘书，你都不要推辞了。”

“为什么啊？”孙瑾瑜惊愕地问道。

“韩总给你的好处你不收，不是明摆着不愿上船吗？”尽管张茹雪用了上船这个隐晦的词，但一般人都能懂得这便是站队之意。

“哦！”孙瑾瑜若有所思地应了一声，“那么第二呢？”

“第二，你在整理财务报表的时候，在做任何事情之前都要请示张荣轩。如果张荣轩不置可否，你就磨洋工，什么也不做。如果张荣轩首肯了，你在做完后，一定要让张荣轩在文件上第一个签名。”

“为什么呢？如果他一直不置可否，那我岂不什么事也做不成？”

“他不会的！”张茹雪肯定地回答道。张茹雪清楚，这改制十有八九是周书记的意思。周书记显然是压着韩旭光的，韩旭光自然是要压着张荣轩的，而张荣轩不比孙瑾瑜，以孙瑾瑜的会计资格，他到哪里去都是个金领，而张荣轩算个什么？他是韩旭光从一个普通的车间主任特意提拔上来的，最大的本事也就是溜须拍马、左右逢源了，倘若他下岗了，还能到哪里去寻个这么大企业副总的职位？

“你听到了吗？”

“嗯！”孙瑾瑜肯定地回答了一声。

“千万千万，你一定要按我说的去做。再到关键时刻，不明白的事情，你就说先考虑考虑，晚上打电话跟我商量。”张茹雪叮嘱道。

看到天已经大亮，孙瑾瑜迅疾洗漱完毕，穿上西服，扎上领带，飞奔着往楼下跑。这是上班第一天，可不能迟到哦。谁知，他刚刚跑出市委招待所，司机老王便迎了过来：“孙总，这边，请上车吧！”

此刻孙瑾瑜才明白过来，韩旭光显然是安排得妥妥帖帖的。孙瑾瑜不禁感到惊讶，想不到韩旭光这么个大忙人，迎来送往的礼节居然想得如此周到。正在他思索时，车子已开到昊天总部大门口了。

孙瑾瑜准备下车的时候，车门突然被打开了，他抬头看见张珺瑶那张漂亮的脸上挂着微笑：“孙总，这么早就过来了？”孙瑾瑜瞅一下表，此刻已经七点半了，张珺瑶此话弄得他都不好意思了。

虽然孙瑾瑜是昊天的职工，但昊天有好几万人，故来总部他还是头一遭。张珺瑶不停地指指点点给他介绍，孙瑾瑜没有想到，总部居然会这么大。他与张珺瑶一起，乘坐电梯来到了顶楼。然后张珺瑶将孙瑾瑜领到了韩旭光的办公室："韩总几天前就叫人收拾好了，还特意叫人买了两盆花、一缸金鱼，给你接风呢。"

孙瑾瑜正对张珺瑶表示感谢，张荣轩看到办公室的门虚掩着，便轻轻地敲了三下门，待到孙瑾瑜扭头看他的时候，他笑着脸迎了进来，伸出右手，嘻嘻笑道："欢迎孙总啊，一切都靠你了！"

"哪里哪里，要靠张总指导呢，一切都听张总的。"孙瑾瑜赔着笑说道。在他们说笑时，张珺瑶机灵地倒来了两杯茶："张总、孙总，你们忙，我就不打扰了，有什么事情你们叫我一声，我就在门外。"

孙瑾瑜应了一声，张珺瑶便飘了出去。孙瑾瑜让张荣轩坐到老板椅上，然而张荣轩何等精明，他哪里敢坐，硬推着孙瑾瑜坐在了老板椅上。孙瑾瑜只得依了张荣轩，张荣轩便坐在了他的对面。孙瑾瑜呷一口茶道："张总，今天您给我安排了什么工作？"

孙瑾瑜如此一问，张荣轩那笑容可掬的圆圆的脸庞立即抽紧了，他对孙瑾瑜早就打听过，别人都说他是个实诚人，然而此刻他怎么会如此一问呢，难道他是大智若愚？"孙总可真会说笑话，我哪里有这个水平给你什么安排哦，韩总不是指示让我跟着你学习来了吗？"

"唉，您这没有什么指示，我都不知道该干些什么。"孙瑾瑜呵呵一笑。"那你就按你想的干，我也就是在旁边帮衬着。"张荣轩笑道。

"好的，那我可按自己想的干了哦！"听到孙瑾瑜如此说，张荣轩心中不由得又惊又喜，果不其然，这个孙瑾瑜果真是个老实人。于是张荣轩笑道："孙总，大胆地干，有什么事，我还帮衬着你呢。"

等到张荣轩出去之后，面对着从财务部搬来的一大堆账册，孙瑾瑜坐在那里除了看账册，并不做丝毫工作。张荣轩再次笑呵呵地走进来的时候，发觉孙瑾瑜只是看账册，于是他催促道：“孙总你可要抓紧呢，这事韩总催得急！”“我说吧，还是得您来指导着我干，不然我这也没有章程啊。”孙瑾瑜又是呵呵一笑。

此刻张荣轩总算是明白了，这个孙瑾瑜的阴阳怪气就是明摆着自己不指导，他是不会干的。孙瑾瑜是从空调部调过来的，不懂章程，不干肯定说得过去，到时候韩总亦不会直接怪罪于他，毕竟他不属于韩总直接管理，但事情完不成，自己的问题就相当严重了，轻则责怪降职。不，这是个大事情，是会下岗的，张荣轩思忖道。张荣轩对韩旭光心中的意思心知肚明，然而他又岂是吃素的，亦不想在这个问题上留下把柄，将来承担责任。他想，你孙瑾瑜可以将问题推到上级，难道我就不能要求他韩旭光给以指导吗？

于是张荣轩默默地从孙瑾瑜的办公室里走了出来，他拐了一个弯，在电梯的另一边，便是以前沈修杰的办公室。在孙瑾瑜要借调过来之前，韩旭光就将自己的办公室搬到了沈修杰的办公室。张荣轩整理整理西服，站在办公室门口，在门上轻轻叩了三声。可是奇怪，里面居然鸦雀无声，难道今天韩旭光没来上班？在张荣轩的印象中，韩旭光可是早起晚归的人，还没旷过一天工呢。

张荣轩想给韩旭光挂个电话，然而转念一想，倘若韩旭光生病了，给他挂电话岂不是搅扰了他的清净，给他留下不好的印象？他在办公室外思来想去地踱步一圈之后，猛然一拍脑门，这个问题应该去问张珺瑶啊，她肯定是知道的，于是他便匆忙地从那边折了回来。

“珺瑶，你知道韩总为什么没来上班吗？”张荣轩焦急地问。

张珺瑶拍了一下脑袋，道：“瞧我这记性，韩总昨晚便到省委党校参加封闭学习去了，特意交代，让您在他回来之前将事情做完呢！”

“韩总去学习几天？怎么联系他？”张荣轩紧张地问道。

“十天，联系不上，党校学习特意交代要住校，而且还不准带手机。”张珺瑶一边整理着文件，一边心不在焉地叙述着韩旭光的交代。

“啊！”张荣轩紧锁着眉头，牢牢地扶着桌子，他差点儿栽倒在地上。张珺瑶连忙转过来扶着他：“张总，这是怎么了，您没事吧？”

此时张荣轩才完全明白过来，他已经完全坠入了韩旭光的阴谋之中。自己从一个小小的车间主任一跃而升为行政副总监，当上行政副总监刚刚几天便被委以重任，参加所谓的改制的前期工作。那一刻张荣轩着实高兴，对韩旭光亦是感激涕零，他感觉到只要紧跟着韩旭光，自己的好日子就会开始。然而张荣轩哪里知道，以他溜须拍马的水平，如何能同韩旭光对抗？现在才考虑到这一切显然为时已晚。倘若他还是一个车间主任，这种改制的大事自然不会摊到自己头上，但现在自己已是行政副总监，改制的前期准备自是分内之事，推辞不得。张荣轩感觉到了一种处在高位的无奈与怅惘，他开始明白了为何李斯在被杀头的那一刻，祈望的竟是在上蔡的乡野，牵着一只大黄狗追逐猎物。身处高位虽然多了一份尊荣与奢华，然而正因为身处高位，往往肩负着更大的责任，亦潜在着更大的风险。普通人可以庸庸碌碌平平凡凡地度过一生，位高权重者则不可，他们常常面临的是不可逆转的道路。只能在这条路上跋涉行进，不能避让与退却。

张荣轩呆愣在沙发上的样子让张珺瑶感到相当惊愕：“张总，要不您先休息休息，还是我陪您上医院？”张荣轩孱弱地伸出了无力的手臂，在张珺瑶面前轻轻地摆了摆。张珺瑶只得给张荣轩倒过来大半杯茶，张荣轩握紧了茶杯，然而并不去喝。

到底怎么办，撂挑子吗？显然不行，看孙瑾瑜的这个样子，如果自己撂挑子，他必定也会撂挑子。秉公办事？这样的企业改制恐非韩旭光的想法，如果自己将问题办砸，韩旭光这一关过不去尚好说，周书记那一关过不了，可如何是好？周书记轻轻动一个手指头，自己就必将死无葬身之地。韩旭光的意思，或者更准确地说是周书记的意思，张荣轩自然心知肚明。所谓的富商巨贾，又有几个真正干净？为何他们能在顷刻间聚集亿万财富？不是勤劳，亦非智慧，其中缘由大家心知肚明。既然他人如此，那么我张荣轩又何必故作纯洁？张荣轩自嘲地笑笑，这叫识时务者为俊杰！

在沉思了片刻之后，那杯滚烫的茶水冷却了下来。张荣轩将这杯茶一饮而尽，堆上了勉强的笑容，朝着孙瑾瑜的办公室缓缓走去。

张荣轩在门上轻轻地敲了三声，待到里面应了一声“请进”，张荣轩便开门走了进去。

“孙总，我们明人不说暗话。”张荣轩将门反锁住，轻轻地说。

“张总您这是什么意思？”孙瑾瑜看着勉强笑着的张荣轩，将正在看的一本账册轻轻地挪开，带着惊讶而又疑惑的表情平静地问道。

“我什么意思，孙总不明白吗？”张荣轩阴险地一笑。

此刻孙瑾瑜默默地思忖道，韩总的意思已经不言自明了，难怪张茹雪让我凡事请教张荣轩，凡形成文件都让张荣轩签名，显然是不想让我陷进这个泥潭，张茹雪真是聪明啊。

“那张总就请吩咐吧，我按您的吩咐去做。”孙瑾瑜笑道。

“这个我是个外行，但我知道，最终的结果只有一个，就是让这家公司不怎么值钱，你就这么做账。”张荣轩看着孙瑾瑜，严肃地说道。

“这个我只能帮您出个主意，至于形成文件啥的，我人微言轻，还得张总把关，张总签字呢。”孙瑾瑜坏笑着看着对面的张荣轩。

张荣轩在心中思忖道，孙瑾瑜显然知道自己已无退路，而他是有退路的。如果自己拒绝，那么这个事情就算是谈崩了，谈崩了再去求他，那岂不尴尬？于是张荣轩微微一笑：“那是自然，出了问题都是我担着，不关孙总的事，所有形成的文件我都签名。”

孙瑾瑜不禁感激地一笑："这样就好。"然而孙瑾瑜直到晚上才从张茹雪口中得知，张荣轩既然必须蹚这滩浑水，那么与其表现出一种不愿意的神情，何不故作大义凛然，在孙瑾瑜面前留下人情呢？

直到此时，整个昊天集团改制工作的前奏才真正开始。昊天集团好几年的账册灰扑扑的，成捆成扎地被搬运到了总经理办公室。在这个总经理办公室里，也就是张荣轩选定的靠得住的三五个财务人员，默默地从事着一项龌龊而卑劣的会计造假工作。

即便如此，当这群财务人员真正着手会计造假的时候，才明白这项工作并没有想象中的那么简单，至少要比做真账复杂得多。稍微熟悉会计程序的人都会知道，会计循环的起点是原始凭证，比如发货单、运送单、采购单，甚至我们日常报销的火车票、飞机票、吃饭后的发票以及工资单。凡此种种，都是所谓的原始凭证。这些原始凭证便是会计循环的起点，在做真账的时候，会计先取得这些原始凭证，然后分析其经济实质，找到适当的会计科目，将其用借贷记账法填列到三栏式、多栏式、数量金额式等记账凭证上，然后将其按照不同的会计科目进行分类汇总，这样便形成了所谓的明细科目。这些明细科目除银行存款、现金之外，通通装订为一册，称为会计明细账。至于银行存款、现金这两个十分重要的会计账户，则另备一册，称为银行存款日记账、现金日记账，交由另一位会计进行审核。如此一来，一个普通的财务会计所要做的工作便宣告完成，然后交由会计主管。

会计主管将这些附有原始凭证、记账凭证的分类账摘抄在一本总分类账册中，然后在年底时将各种会计科目加工整理，形成所谓的会计三表一附注。在今日，这一切过程都可以通过计算机软件来完成，方便快捷。一个并不熟悉会计账册的人在会计软件的引导下，三五天便可以速成。然而一个真正要做假账的会计，必须熟悉手工账的制作过程，明白其中的原理与漏洞，否则这一切都不可操作。让孙瑾瑜感到幸运的是，当时的昊天集团还是手工账。

然而问题不仅如此，会计造假不仅要做出会计想要的结果，更重要的是，这种造假不能为审计人员所察觉，能够瞒天过海。如此一来，造假者水平的高低直接取决于造假者审计水平的高低，而不取决于他会计水平的高低。一个不能通晓审计流程的会计，根本谈不上编制假账，所以财务部的几个员工在有组织地编制假账的时候，都面面相觑，不知如何下手。此刻孙瑾瑜给大家道出了假账的真谛：一切假账与真账的做法是完全不同的。真的账册做账的先后顺序是这样的：原始凭证、记账凭证、会计明细账、总分类账，然后再至报表，环环相扣，若中间出现纰漏，则会因为复式记账的原理而两边不平。做假账则不是，它的流程完全相反：它由报表开始，到总分类账，再到会计明细账、记账凭证，然后比照记账凭证而编制虚假的原始凭证，然后根据这些凭证想办法，比如通过挪动、串通来调度安排仓库中、厂房中、银行中的所有实物。如此一来，便形成了一种会计的串通舞弊，面对这种串通舞弊，一般的审计程序就无能为力了。

即便孙瑾瑜如此明白地向几个财务人员道出了做假账的秘密，几个财务人员仍旧只是两眼圆睁，如坠云雾中，显然这些人对于孙瑾瑜这样一个会计高手的简单论述不能了解其详。孙瑾瑜只能手把手地教这些财务人员做账，先是确定今天需要有多少所有者权益，然后比照这个所有者权益计算需要多少净利润，然后按照行业一般的毛利率推算需要确认多少收入，结转多少成本，至于不够的地方，则用非经常性损益进行调节。将报表编制完成之后，再顺藤摸瓜地交给底下的几个财务人员去编造总分类账与会计明细账，然后再创造记账凭证与原始凭证。而张荣轩则负责推算仓库中需要有多少货物，将多余的货物挪到租用的仓库，让多余的现金通过别的账户游离于集团之外。

显然，要大规模地让所有者权益减少，让利润减少，从而使得昊天集团值更少的钱，仅靠对今年一年的会计账目进行调节操纵是远远不够的，还需要对以前若干年的会计账目进行差错更正。就这样，这一群人夜以继日地工作了好几个工作日，一系列崭新的财务报表便宣告出炉了。按照这些财务报表，价值数十亿元的昊天集团被估价为仅几亿元。也就是说，百分之七十的国有资产就此流失，轻而易举地进入了将来购买者的私人腰包，这不能不说是孙瑾瑜的“功劳”。

更让大家感觉到会计魔术的奇特之处在于，孙瑾瑜不知不觉中在这些会计报表上提取了大量的减值准备，这样不仅能让昊天集团值更少的钱，更为重要的是，昊天集团一旦被私人购买，这种减值准备便可以反向冲回，形成新的年度的企业利润。如此一来，国企私有化之后的头两年公司便可欣欣向荣。殊不知，这一切都只是一个会计魔术。国企私有化只是改革的一种办法，绝非解决国企困境的灵丹妙药。事实上，在同年国企私有化的浪潮中，大量国有企业如昊天集团一样被贱卖，国有资产被侵蚀。而一小撮人则扶摇而上，成为豪商巨贾。数年后，这些行径被党中央发觉而坚决叫停。

在孙瑾瑜与张荣轩在昊天集团焚膏继晷地玩着会计魔术的时候，韩旭光正躲在省委党校，揣摩着昊天集团的前途与未来。

事不凑巧，韩旭光刚刚来到省城住进党校宿舍，省城便飘飘洒洒地落下了雪花。韩旭光一个人蜷缩在党校宿舍的角落里，恍然大悟，今天已经是周六了。各位来学习的干部大多趁着周六，到省城里去闲逛了，有的去拜访老领导，有的则被人邀去吃饭，还有的灯红酒绿，自有去处。韩旭光掐指一算，来省城也快十天了，他居然没有到家里去走一趟。于是他简单地收拾了一下行李，然后便提个包匆匆走了出去。

街上也没几个人，韩旭光轻而易举拦到了一辆的士，这辆的士穿过冷清的街道，一会儿便汇入了滚滚的车流中。路上滑，虽然人不太多，车祸却不少，所以的士走走停停。韩旭光恍恍惚惚，忽然，他才想起来忘记了点儿什么，他让司机拐个弯开进了商务街。韩旭光显然发觉，这么远回家，居然忘记了给刘欣雨买礼物。

买什么呢？面对王府井百货琳琅满目的商品，韩旭光居然没有了主张。买衣服吧，刘欣雨没有跟来，合身不合身自然不知晓；买首饰吧，也不是很恰当，首饰之类一般是情人之间或者谈婚论嫁的情侣之间卖弄感情的俗物；忽然韩旭光想到了买花，然而当他迈步走向花店那边时，不禁哑然失笑，花店前面围着的都是十七八岁的小伙子。是啊，老夫老妻的，还送什么花啊。最终，韩旭光想到了陈凌薇曾经向自己提出的：男人看表，女人看包。他便迈进了一家女士包包店，给刘欣雨买了一个包，不是太贵，亦不是太便宜。韩旭光高高兴兴地付了钱，然后走出商场，打了一辆的士，径直回家了。

一晃又是一年了，虽然这一年中韩旭光回过几次家，但到底是聚少离多。韩旭光疲惫地拿出钥匙，将那扇熟悉的门打开，门开了之后，黑豆便扑了过来。显然这条德国牧羊犬是忠心的，不管韩旭光如何远离家门，它依旧是那么亲近自己的主人。韩旭光将其一把抱起，它便用舌头在韩旭光的脸颊上舔了又舔。

“今儿怎么回家了？”在里屋拖地的刘欣雨解开围裙说道。

“党校学习，今天也算是要结业了，就回家了。”韩旭光一边抖掉身上的雪花，一边换上了一双棉质拖鞋，微笑着对刘欣雨说道。“你在家还好吧？”韩旭光轻声一问。

“还好！”刘欣雨一边给韩旭光拿过来衣服，一边洋溢着笑容说道。

当刘欣雨走过来的时候，韩旭光将一只袋子拿了出来，一边递给刘欣雨一边笑呵呵地说道：“这个你看看，也不知道你喜不喜欢。”

“说过不买东西了，每回回来都买东西！”刘欣雨一边喜笑颜开，一边嗔怪着韩旭光，将袋子缓缓打开，“瞧瞧，这个包肯定很贵吧？”

“也不太贵。”韩旭光会心一笑道，他知道这是刘欣雨在感谢他。

“乱花钱，有什么用处哦。”刘欣雨一边唠叨着一边走进里屋。

“以后再坚决执行老婆的命令。”韩旭光打趣道，其实他上次亦是如此说的。刘欣雨亦不对他的这句话进行反驳，男人嘛，不喜欢被女人当面戳穿谎言，这一点刘欣雨自然是心知肚明的。

“对了，今天上午，你们公司有个姓张的副总来电话了。我说你没在家，他跟我说公司的事情都办妥了，让你回来就给他回个电话。”

“哦。”韩旭光皱着眉头道，他知道，昊天集团所有的账目都按照自己的意思完全安排妥当了。然而让他更加难办的是他的昊天改制计划。上次在山阳县，林可欣那张满是泪痕的脸已经让他下定决心，绝不搞那种职工下岗、企业买断的缺德事。韩旭光已经想好了，不管是丢官弃职，还是身陷囹圄，他都要让每个在职的职工在昊天集团享有一份股份。他的意思是，把工人按照工龄、职位、贡献折算成一定的奖金，然后由集团将这部分奖金发给职工，职工只能用这些奖金购买昊天集团的股份。如此一来，职工即便下岗，他们在昊天集团亦占有一份股份，而且昊天集团的会计报表实质上是将集团资产低估的，那么将来一旦上市，这些原始股的价格也定然不菲。

虽然韩旭光只是一个普通的公民，对国家大事无能为力，但在他心中始终有一种恻隐之心，这种恻隐之心被林可欣的那张泪脸一刺激，已经收不住了。当然，正所谓大隐隐于朝，一个所谓的好人并不只是不知死活、横冲直撞地为了做好事而九死不悔，而是要学会转圜，先存身，然后再行善，这便是所谓的大善善于心，而非善于行，亦非善于事。刘欣雨说完，韩旭光默默地坐在沙发上。

“出什么事了吗？”刘欣雨急切地问道。

“没什么事，我饿了，你先弄点儿饭给我吃吧。”韩旭光笑呵呵地回答，然后借着做饭将刘欣雨支开了，他不想让她胡乱担心。

第十八章 共生关系

世界上最难做的、最没有好下场的恰恰就是好人

此刻让韩旭光寝食难安的，是如何通过周文博那一关。

韩旭光忖度着，从周文博的年龄来看，他继续高升的可能性已经不大。那么此时，他介入昊天集团的改制中，显然是基于一种利益的考量，自己的这个改制方案，周文博会全盘接受吗？

显然是不会的。如果让每个职工都持股，也就相当于将辛辛苦苦通过会计手段低估资产的那一部分利益无偿地让予了职工，如此而为不啻于抢夺了周文博的利益。在利益者面前，抢夺利益的行为往往会让其无法容忍。韩旭光点燃一支烟，狠狠地抽一口，吐出了烟圈。

当然这还只是其一，其二是韩旭光自己辛辛苦苦地到了昊天集团，处心积虑地扳倒了沈修杰集团，殚精竭虑地将昊天集团拖出了金融危机的泥潭，倘若自己不在其中牟取利益，那一切岂不是白做？这一年来的焚膏继晷、废寝忘食到底又是为了谁辛苦，为了谁奔忙？

韩旭光在沉思片刻后不禁站了起来，不停地在客厅里踱步，现在所有的问题都已经归拢到了一点：职工分多少股份，韩旭光分多少股份，周文博又分多少股份。韩旭光的思考是这样的：全体昊天职工分百分之五十的股份，

剩余的百分之五十则在名义上划归自己，而自己与周文博签署股权代理协议，将划归自己名下的百分之五十的股份让给周文博百分之三十，这样一来，想必周文博会通过吧？韩旭光正思考的时候，刘欣雨轻轻地喊了一声：“旭光，过来吃饭了。”韩旭光轻轻地应了一声，将剩下的半截烟放在烟灰缸中，用力死死地摁灭了。

“今天的生活真是充满阳光啊！”韩旭光微笑着说。

“也就是几样小菜，你回来前又没有先说一声，我也没有买菜。”刘欣雨一边盛饭一边微笑着对韩旭光说，显然充满着愉悦之情。

还没等刘欣雨把饭端过来，韩旭光就迫不及待地用手在那盘小炒肉中拈起一块肉来，一边往嘴里放一边笑道：“老婆的手艺长进了呢！”

“瞧你这张嘴甜的。”刘欣雨一边将一碗米饭放在韩旭光面前，一边呵呵地笑道，然后坐在饭桌旁边，呆呆地看着韩旭光狼吞虎咽。

“你怎么不吃？”韩旭光瞟了一眼看着他吃饭的刘欣雨问道。

“我还不饿。”刘欣雨掸了掸衣服，心不在焉地说道。

此时，韩旭光又定睛看了一眼刘欣雨。妻子虽然着意掩饰，然而她那挂着笑容的脸潜藏着担心与疑虑。韩旭光心中明白，她这是在担心自己工作中的事情。自己的一举一动，刘欣雨都关注着，然而因为事关工作，自己不愿意说，她亦不会问。韩旭光喝了一口水，拿起汤勺，一边往碗里舀汤一边淡淡地说道：“工作方面，出了一点儿事。”

“什么事？”刘欣雨微微一笑。

“昊天集团要改制，我可以发一点儿小财，但就是有些不合法规。周书记那边，也是这个意思。”韩旭光皱紧了眉头，叹气道。

“周书记？”

“是的，我去昊天集团，就是周书记鼎力推荐的。按理说，我应该还他这个人情，可是我又不能让工人损失太大。”韩旭光苦恼道。

“那又怎么样呢？”刘欣雨疑惑地问道。

“我不知道怎么向周书记说。千难万难，给领导提意见是最难的。给领导提意见的难不在于你的意见是否在理，不在于你敢不敢提意见，不在于你敢不敢秉公直言、毫不掩饰。”韩旭光摇头叹息。

“那在于什么？”刘欣雨又疑惑地问，这正是刘欣雨的狡黠之处，她总是在韩旭光面前装出一副永远不懂的样子，让韩旭光在她面前尽量表现出他的男子汉气概，从而让韩旭光的心理得到一种被认可的满足。

“在于揣摩领导的心思哦，揣摩领导想要你怎么说。比如领导是一个好利的人，你如果跟他提意见让他去争名，他会觉得你矫揉造作，岂会重用你？如果领导是一个重名的人，你却给他提出意见让他看重利，领导还不认为你低级恶俗，贪财市侩？领导还是会疏远你。倘若领导表面上重名，而实质上重利，那就最难办了。如果你提议让他去争名，他就会表面上表扬你，而实质上会疏远你，有名无实，得不到实惠；如果你提议让他去争利，他又会表面上斥责甚至疏远你，而实质上重用你，你虽然得到些实惠，但也得背个黑锅。”

“那又如何呢？”刘欣雨给韩旭光的茶杯里加了一点儿水问。

“我冷眼观察，这周文博就是第三类人，这种人可难伺候呢。”

“哦，你想怎么办？准备怎么跟周书记说？”刘欣雨担心道。

“唉，我也正为这个事犯难哩。”韩旭光放下了碗筷，拿起刘欣雨续完水的茶杯，呷一口茶，叹一声气，无奈地瘫坐在座椅上。

此刻，刘欣雨才知道机智的韩旭光显然是力不从心了。怪不得他从自己提到张荣轩的电话后便魂不守舍、闷闷不乐的样子，这的确是个棘手的问题。周书记可是个翻云覆雨的人物，在这个问题上处理不好，韩旭光岂不在周书记面前失了宠？周书记岂能不怀疑韩旭光的能力？那么，韩旭光会不会成为沈修杰第二？这一系列问题都让刘欣雨不寒而栗，她可不想让自己的丈夫有丝毫不安和危险，更不愿意让自己的丈夫因为这样一件小事而前途尽毁。

刘欣雨其实是一个绝好的妻子，虽然身体有病，但她始终保持着一个妻子的温柔与德行。尽管韩旭光长期在外，她独居于家，然而她依然作风正派地孤守着这个家，绝无那种中年妇女的寂寞难耐与招蜂引蝶。她总是尽量不去打搅韩旭光的工作，亦不因为琐事而分韩旭光的心。更难能可贵的是，虽然她的身体有某种天生的缺陷，但正因为如此，她在感叹人世不公的同时，又在不自觉中体察了尘世纠葛，使得她对机变权谋了然于胸，然而她从未在人前卖弄。

“那你慢慢考虑吧。屋里的马桶老是漏水，老张来修两次了，每次都不尽心，他年纪又大，我又不好驳了他的面子。我现在要去他家里，跟他老婆说一声，还好他老婆跟我是牌友。”刘欣雨将收拾完的碗筷放进了碗柜中，然后在屋里换上了胶靴，就匆匆地关上门出去了。

待到刘欣雨的关门声砰然一响，韩旭光猛地拍了一下脑袋。

老婆啊老婆，你可真是用心良苦哩，韩旭光不由得自言自语地叹息道。他愈加感觉到，当年娶了刘欣雨真是自己的荣幸。刘欣雨出门前的那句话显然是有用意的，解决问题的办法她已经了然于胸，却又没有将计策明显地提出来。如果刘欣雨明明白白地提了出来，一个妇人尚且能够想出的解决办法，韩旭光一个大男人竟会想不出来，岂不让他感到一种难堪与羞愧？刘欣雨这样聪明的女人显然知道，在男人面前撒娇与撒泼都不是最要紧的，最要紧的是不要损了男人的颜面，所以刘欣雨便用了一个修马桶的相近事例，悄悄地告诉了韩旭光解决之道。她知道，以自己丈夫的聪明伶俐，定然能够参透其中的玄机，觉察到解决的办法。

韩旭光立即来到书房，将自己想到的股权分配方案工工整整地写了下来，然后用一个文件袋仔细地封好。韩旭光看着面前的这个文件袋，不禁暗自好笑，他的这个文件袋并不准备直接呈到周书记面前，而是准备送到周书记家中。这样一来，如果周书记对文件的内容不满意，他便会佯装没有收到，不理不睬，即便韩旭光不识趣地问起，他亦会用未曾看到文件搪塞；如果周书记对文件的内容表示满意，则会立即同意韩旭光的意见，最终方案便宣告敲定。

韩旭光拿着这个文件袋，出了房门。他知道，今天周书记到外地考察去了，于是便开着他的那辆破北京吉普，准备驶向省委大院的宿舍区。在车刚刚启动的时候，韩旭光不禁猛地一拍脑门，怎么这么糊涂啊，首次去周书记家，加上周书记又不在家，怎么能不带点儿礼物呢？虽说周书记再三叮嘱过不要送礼，但毕竟礼尚往来，不送礼肯定是说不过去的。然而送礼亦不太好办，送什么呢？韩旭光思忖道，虽说周书记的爱人在家，但是送女人用的东西显然是不合适的，周书记知道会如何想？当然送男人用的东西亦不合适，周书记爱人会不会认为自己太市侩，因为她不是领导便只给周书记送礼？看来只能送家庭的公用之物。钱是不行的，首次见面尚不熟络便送金钱是送礼的大忌，烟酒茶水之类周书记家定然不缺，再说拿着也俗气；至于保健品之类，稍有文化的人便知道所谓保健品实则是害人品，而且首次见面就送保健品，不是明摆着说别人身子虚吗？别看电视广告天天吹嘘，其实净是胡说八道，过年过节最忌讳的便是送保健品。食品安全令人担忧，万一吃出问题，那岂不弄巧成拙？即便不是，年关送药，一年尽病，这是自古以来的送礼大忌。韩旭光思忖半天，又折回家，拿了一对乾隆年间的做工精致的民窑粉彩观音净瓶，好在买的时候古董店的老板还给了他一只精致的盒子，韩旭光便轻轻地包起来。如此礼品，送给周书记那样级别的干部，自然再合适不过了。

拿了礼品，走出楼来，韩旭光开车不一会儿就来到省委大院宿舍区了。

韩旭光明白，在山腰上的那栋别墅就是周文博的家了，于是他将这辆破北京吉普停在离省委大院宿舍区很远的位置，交给武警他的工作证，然后他走到门房，门房中的一个中年人又给周文博家中挂了一个电话，便让韩旭光走进了这个院子。韩旭光思忖着，这个门房瞅着有些面熟，然而他在脑子中搜索，却怎么也想不起来，想必是认错人了吧。

院内苍松翠绿，尽管今天下了雪，但路上的积雪都被环卫工人细致地打扫过。韩旭光明显地感觉到，越是往山腰上爬路越是干净，按照一般惯例，山腰上行人少，积雪应该更深，然而并不是这样，而是干干净净的。他不由得觉得好笑，就连大院中的清洁工都知道趋炎附势，难怪苏秦感叹：人生世上，势位富贵，盍可忽乎哉?

周文博家，韩旭光还是第一次来。其实这栋二层小楼是省委去年刚修的别墅，省委以前亦修过别墅群，供在职的官员居住，然而卸任的官员在任期满之后并不搬走，有的还进了省委顾问委员会，加上都是老领导，自然不便让其搬出来。几度春秋，官员轮回，别墅就不够用了，所以省委去年决心再修上几十栋。而周书记现在住的这栋别墅，便是新修建的一栋，巍然矗立于山腰上。

韩旭光走到周书记所住的那栋别墅的门口，站在门外面摁了三声门铃。不久，一个扎着麻花小辫儿，穿着翠绿色上衬勾线莲花小袄，年约二十的小姑娘走了过来。韩旭光心想，周书记家的保姆自然与众不同，这个扎着麻花小辫儿的女孩虽说来自农村，却没有穿着大红大紫的俗气棉袄，一时觉得自己带那对净瓶是带对了。“请问，您是?”那个小保姆一边开门，一边疑惑地问。

“我是韩旭光，刚才打电话约好的。”韩旭光比划着打电话说道。

“哦，快请进吧，刘阿姨刚才还在念叨着您呢，说这下大雪的，您还客气地来一趟。”小保姆甩过麻花小辫儿，领着韩旭光往里走。

韩旭光不禁思忖道，看来周书记的爱人姓刘，而且似乎是一个并不简单的角色。这个小保姆口齿伶俐，自然不可能是周文博的功劳，想必是刘女士调教的。想到这里，韩旭光不禁有点儿发怵。

韩旭光跟着小保姆，一直走到门口。门口有一块红色的“欢迎光临”的垫子，韩旭光在上面抖掉了脚上的泥水。小保姆连忙拿来一双绿绒的棉拖鞋，帮韩旭光换上，然后才轻轻地开了门。待韩旭光在沙发上坐定，小保姆才麻利地倒来了小半杯茶水，径直上了楼。不一会儿，一声笑声飘然而来：“韩总，真是太客气了哦！”

随着笑声一同出现的，是一位五十开外的妇人，不施粉黛，不戴首饰，一件得体的玄色的衣袄，下配一条玄色的裤子，还未坐下，便朝着韩旭光伸出一只手来，笑着说道：“韩总，常听文博夸您呢！本来一直想请您过来坐坐，不想文博忙，也就给耽搁了。”

韩旭光迅疾站了起来，与其握手道：“周书记这是谬赞啊，您真是过奖了。”说完，这位妇人便指着沙发道：“韩总，您快快请坐。”

“您可是个大忙人，吃饭了没？”妇人看看表问道。

韩旭光这才瞅了一眼钟表，他暗自责怪自己，怪自己不爱吃早饭，中饭便吃早了，想不到来到周书记家才一点钟，别人能不这样问吗？

“吃了哩！”韩旭光只得微笑着答道。

“您是来找老周的吧？可惜，老周今天下去了。”妇人殷勤地笑道，但从她的眼神中看，她似乎知晓了韩旭光的来由。

“本来是想来找周书记的，可是现在周书记不在，也不是什么大事，就是交一份文件给周书记。我这几天集团有些急事，要回临江一趟，还要麻烦您转交一下呢。”韩旭光故作叹息，似有些遗憾地说道。

“我一般是不大参与公事的，笨手笨脚的，怕弄错。”这位妇人拿起面前的那碗菊花茶，端起放在嘴边呷了一口，轻描淡写地说道。

“您显然是说笑了。”韩旭光淡淡地说道，“哦，对了，我来时得了一样玩意儿，也不知道真假。我常年在外，摆在家里糟蹋了。”

韩旭光一边说一边将那只小盒子在茶几上推过去。刘女士轻轻地瞅了一眼漏了一条缝隙的盒子，虽然并不大识得古董文物，但想必韩旭光不会弄个假的来糊弄，便边收下边说：“这个不大好吧！”

“有什么不好的？我一个人常年在外，这个东西摆在家里，我那内人又是个毛手毛脚的，要是磕着碰着，岂不是可惜了？您肯收下，倒是给我帮了大忙了。”韩旭光微笑着说道，脸上渗出了丝丝汗珠。

“那——我就先替你保管着？”刘女士笑着回答道，让小保姆将这个东西收了进去，然后淡淡地请韩旭光吃茶。

“小韩是山东人吧？”她轻轻一问。

“您也是？”韩旭光惊异地应道。

“哦，我不是呢，不过我们文博在山东干过，算是半个山东人。”刘女士一边瞅了一下表，一边拿起韩旭光的那个文件袋，“要是别人的话，我是万万不会递的，如果小韩信得过，今天我为你破个例。”

“当然信得过，信得过。”韩旭光一边笑道，一边看了一下表说，“哎呀，这天也不早了，我还有点儿急事，就下次来拜访吧。”

“本来是应该留你吃晚饭的，可文博又不在，你一个人也闷得慌，那就下次再补上了。”刘女士一边伸手与韩旭光道别，一边笑着说。

“好的，一定。”韩旭光结结巴巴地答道。之后他又跟着那个小保姆，沿着老路走了出来，直到走到宿舍区院子外，心才平静下来。

要是在平常，韩旭光是一个送礼高手，今天却险些误事。

直到韩旭光惊魂甫定的那一刻，他才暗自觉得，这个姓刘的女人给人一种奇怪的感觉，她的那份笑容中夹杂着一种特有的威严。本来韩旭光准备先将礼物送上，然后再将文件放下的，如此一来，水到渠成，然而韩旭光在慌慌张张中却弄反了，先拿出了文件，刘女士自然借口搪塞了。还好韩旭光机灵地意识到了问题的所在，而且选的礼物不仅够分量，说话也得体。最关键的是，刘女士的话说得倒也有转圜的余地，最后那一句“要是别人的话，我是万万不会递的”，不仅将之前的尴尬冲刷得痕迹全无，而且还卖了个人情。

韩旭光走了老远，终于坐上了那辆破旧的北京吉普。他坐在上面，点燃了一支烟，默默地仰头休息。看来，要做好一个官员的家属，也不是一件容易的事情啊。在平静片刻之后，他才开车缓缓地回到了家。

韩旭光将文件送到的当天晚上，周文博便回到了家中。吃过晚饭，老婆将韩旭光送来的文件递到了他手里。周文博脸上立即绽开了笑容，带着这份文件，缓步走上楼去，然而他越往上走脚步越快，最后迫不及待地打开了书房的房门，迅疾地翻开了这份文件。

在周文博的心目中，他是想得到昊天五成的股份的，剩余的股份由昊天的其他干部平分。周文博知道，吃独食是仕途的大忌，在吃饱之余，留点儿残羹剩饭给其他人，不仅能够邀买人心，还能拖人下水，大家都得利，事情便也办得周密了。然而这份文件，周文博越是看到后面，越是感觉气愤，看到最后的时候，他更是愤愤地将拳头重重地捶在了桌子上，好你个韩旭光啊！

事实上，韩旭光的这份文件写得不可谓不用心良苦，先将股权改革之难详细叙述，然后说人多口杂，让职工分一部分利不仅会让他们歌功颂德，更能让改制变得顺利易行。这样一来，便没有了阻力，这是对周文博的好处。问题在于，如此一来，周文博的股份由五成变成了三成，周文博将有巨大的损失，他岂能不愤怒？

周文博端起一杯浓茶，咕噜喝了一大口，然后拿起一支钢笔，亦不打开笔帽，只是用笔帽的前端在雪白的稿纸上比划，这是周文博惯用的思索方式。怎么办？直接告知韩旭光他不满意？这成何体统，就像一个市场买菜的老妇一样斤斤计较。默默承受，不再争取？这样会让偌大的一块利益白白流失，而且周文博早就打定主意，即便韩旭光送来的改革方案符合自己心意，他也会流露不快。这便是一种敲打，让韩旭光能够知晓权力的雷霆之威，弄成这样还不闻不问，那将来在自己退下去后，韩旭光还不翻天？周文博早已思忖好了，自己的年龄已到，这恐怕是自己政治生命中的最后一站了，必须慎重。

思考了近半个小时之后，另一层的意思忽然浮现在周文博的脑海中。韩旭光为何不将这份文件交给我，或者交给我的秘书，而是送到了自己家中？很显然，韩旭光知道自己的行程，而且定然知道这一天我并不在家，这个行动是有意的。如果将这份文件直接交给我，这件事情我定然是很难做，顶多批评他几句。至于交给我的秘书，那么世人都明白，秘书慑于领导的权力，哪能粗心大意地将文件给遗漏了呢？至于交到家里，交到我老婆的手里，显然他是有意的。哦，原来他是一种试探，若我同意这个方案，我便会立即给他答复；若我不同意这个方案，也可以装作糊涂，对这个问题不闻不问，鬼知道我老婆将这份文件交给我没有？原来一切是这样。

周文博在愤怒中想到这里才讪然一笑，看来韩旭光还真是个聪明人，凡事都考虑得圆融通透，滴水不漏。既然这样，事情便好做了，我暂且就不闻不问，看他韩旭光之后做何处理。

然而，即便如此，周文博还是不得不有第二层的顾虑。韩旭光就任昊天总经理刚刚一年，虽说他在昊天集团完成了权力整合，而且功绩也摆在那里，然而正所谓谈钱伤感情。如果学别的改制方法，由管理层通过关联交易，将昊天的资金转移出去，然后管理层再将昊天集团买入，虽然职工有所不满，亦没有什么发泄的由头。你有本事，你也可以掏钱买啊，既然你买不起，那就只能怪你穷了。

周文博相当清楚，世界上最难做的、最没有好下场的恰恰就是好人。虽然韩旭光此举表面上看似乎是心安理得了，然而他哪里知道工人非至善至仁的圣人，朝三暮四必然引起工人的不满。周文博缓缓地坐在了座位上，皱起了眉头，沉思片刻后，拨通了身边的电话。

韩旭光正在家静静地等待着回音。在知道周文博回到省城两天之后，依然是音信全无，韩旭光已经意识到，对于这个改革方案，周文博是不同意的。韩旭光其实已经估摸到了周文博的底线，他大概是想要五成的股份，然而若将五成股份给他，自己倒是愿意让出一成来，但几万职工，五成尚且不多，又如何让一成？

“旭光，家里好像没有盐了。”在里面正准备做饭的刘欣雨喊了一声。“哦，我这就去买。”沉思中的韩旭光心不在焉地应了一声。

韩旭光披上大衣，穿上胶靴，咚咚地下楼了。这几天，西江省城一直白雪飘飘，韩旭光一走出单元楼便感觉到寒气逼人。他不得不将手放在嘴边吹了一口气，然后笼进袖子中，一头扎进了风雪中。韩旭光抬头看看天空，雪还没有停的意思。

韩旭光所住的这个小区是个老小区，人住得密密匝匝。一家小卖部在巷子的顶头，本来也不太远，平时走过去十来分钟便可，然而今天下了雪，韩旭光走得很慢，这段路程他竟然走了半个小时。他买了几包盐，然后顺便给自己买了两包烟，因为天有些冷，售货的老张便嚷着让韩旭光在这里喝一杯茶。老张与韩旭光相识多年了，加上韩旭光新近当了昊天的总经理，成了名人，所以最近他对韩旭光特别殷勤。

本来一杯茶喝完，老张还嚷着让韩旭光多喝一杯的。韩旭光想着刘欣雨还在家等着盐做饭呢，便说什么也不再喝了。老张拗不过他，韩旭光便又一头扎进了风雪中，向着自己的家缓缓走去。

当韩旭光从巷子的另一头折回来的时候，砰的一声枪响划破了黑夜。虽然这声枪响来自韩旭光所住的那个院子，然而他并没有太在意。因为临近年底，虽说政府三令五申不让人们放炮仗，但院子里的孩子特别顽皮，总是三三两两地拿着炮仗，没事在楼下炸雪玩。

当韩旭光逐渐靠近院子的时候，他发觉有些不对劲了。院子门口不仅停着两辆闪烁着警灯的警车，而且一大群人围在院子的门口。“老韩，欣雨出事了。”李大婶一看到韩旭光走过来，便结结巴巴地说。

“啊！”韩旭光并没有多问，挤过人群，撒腿向自己家里跑去。

在韩旭光的那栋楼下面，两个警察拦住了韩旭光。忽然，两个法医抬着一具尸体从他旁边擦肩而过，韩旭光不顾一切地扑了上去，扯开白布。胡安邦，怎么会是他？韩旭光不由得一阵眩晕，他没有多想，挣脱开警察，急急地往自己的家里快步跑去。

“欣雨，你没事吧！”韩旭光跑进门，一把揪开刘欣雨身边询问的警察。刘欣雨哆哆嗦嗦地指着沙发那里，啊，原来是黑豆，黑色肚皮上的血已经凝固，眼中的泪水已经干涸，肚子旁边有一大滩血，然而它的眼睛依然圆睁着。

原来胡安邦整个下午都守候在韩旭光家门外，等到韩旭光离去，他便拿着刀闯了进来。自从跟韩旭光的那次商战之后，他倒了大霉。东江省委觉得他让省委颜面尽失，便对兴发集团的财务进行了大规模检查。胡安邦在担任兴发集团老总的时候捞了不少好处，这一查便原形毕露了。还好他是个有心人，将这些好处分给了不少干部，所以最后东江省委投鼠忌器，来了个从轻发落，判刑一年，缓刑三年。就这样，胡安邦总算是逃过了一劫。

虽然免去了牢狱之灾，但他毕竟成了“刑余之人”，工作也没有了。正当胡安邦以酒浇愁、闷闷不乐的时候，西江省委家属大院忽然给他来了一个电话，问他愿意不愿意到省委家属大院来看大门。胡安邦本来款也被罚了，工作也丢了，生活陷入了困顿，想都没想，立即答应。后来他才惊奇地发现，请他到这里来工作的，竟然是周书记的秘书。

一时间，胡安邦对周书记的秘书感激涕零。他从周书记的秘书那里得知，原来他安排胡安邦在这里工作，是因为他对韩旭光亦相当不满，于是二人意气相投，一拍即合。前一天晚上，周书记的秘书来找他，说是要给韩旭光一点儿颜色。本来这杀人放火、烧杀抢掠之事，胡安邦是不敢干的，但周书记的秘书跟他说，你只要将韩旭光的老婆绑出来，吓唬吓唬韩旭光，然后放掉就行，做得人不知、鬼不觉，也算出口恶气。

胡安邦本来就对韩旭光恨之入骨，加上周书记的秘书在一旁煽风点火，他灌了几杯酒，便拿了只套袜、一把长刀埋伏在了韩旭光的家门口。起初他想冲进去，可看到韩旭光在里面，冲进去免不了一场搏斗，恐怕有死伤，弄成那样反倒不好收拾。于是他潜伏在楼梯间，苦等着韩旭光从家里走远，然后他才蒙上套袜，闯了进去。

胡安邦首先骗开了门，在刘欣雨将门缝打开的时候一下冲了进去。这时，屋里的一只大狗扑了过来。胡安邦并无防备，这只大狗死死地将胡安邦扑倒在地。而刘欣雨急忙跑进屋里，拨打了报警电话，待到她走出来的时候，胡安邦已经在黑豆的肚子上捅了一刀。

尽管如此，黑豆咬住胡安邦手的血盆大口仍然没有松开，胡安邦便又用刀子向黑豆的肚子上又捅过去。刘欣雨瘫倒在地上，正在她觉得濒临绝境的时候，楼道上响起了咚咚的杂乱的脚步声。胡安邦显然知晓警察已经到来，他快步跑上前去，正当他准备冲过去劫持刘欣雨时，冲进来的警察以为他持刀是准备去杀死刘欣雨，便开了一枪。伴随着刘欣雨啊的一声，胡安邦应声倒下了。刘欣雨泪流满面，呆呆地蹲在那里，眼睛木然。

“欣雨！”看着刘欣雨指着黑豆的那只手垂了下来，韩旭光撕心裂肺地叫了一声，然而刘欣雨不再动弹。韩旭光立即抱着刘欣雨，疾步往楼下跑去，还好楼下还有一辆警车没有走。韩旭光便闯进警车，一路飞驰，来到了省城的人民医院。

当刘欣雨被推进手术室的那一刻，韩旭光彻底崩溃了。忽然，韩旭光发觉自己的手机在响，他瞅了一眼，是周文博打来的："唉，旭光啊，你想开点儿。"周文博说了一些安慰的话，便挂上了电话。韩旭光瞅了一眼表，此刻正是晚上九点，他的大脑中立即呈现出一个不祥的感觉，周书记怎么会如此及时地知道这件事？还有胡安邦，为何会出现在西江省？此刻他才想起两天前到省委家属大院周书记家的时候，那个守门人有点儿面熟，似乎在哪里见过，原来是他。

周书记为什么要这样做？韩旭光沉思起来。韩非说，思考问题的时候，一定要从对方的利益出发。假如胡安邦跟自己搏斗，那么，显然自己在昊天集团的地位会提高不少，毕竟韩总为了昊天集团，连自己的家里都遭此大难。如此一来，昊天集团的改制会顺利不少。

周文博啊周文博，你这只老狐狸，你这是在用我和刘欣雨的生命做赌注。我出什么事固然是死有余辜，但刘欣雨要是有个三长两短，我定然不会放过你。韩旭光用力地攥紧了拳头，就在这一刻，手术室的灯熄灭了，医生垂头丧气地黑着脸站在了韩旭光面前："韩总，对不起，我们已经尽力了，你还可以进去和她见一面。"

韩旭光发疯似地扑进了手术室中。这个手术室是这么熟悉，至少有两次，刘欣雨都被推了进来，结果又化险为夷，被平平安安地推了出去。韩旭光以为，这一次定然也是有惊无险，想不到，这次竟成了诀别。韩旭光不愿意相信这个事实，扑倒在刘欣雨床前。

"旭光，天网恢恢，疏而不漏……"刘欣雨饱含着痛苦，断断续续地说出了最后的遗言，说完后，眼睛就沉沉地闭上了。韩旭光栽倒在刘欣雨身上，他用手捶打着床沿，泪水不觉喷涌而出，模糊了双眼。